헌정사

내 죄 때문에 수치를 당하시고 십자가에서 돌아가신 사랑하는 주님께 이 책을 바칩니다. 살아계신 주님은 사랑을 받을 만한 자격이 없는 나에게 오늘도 사랑으로 자신을 나타내 보이십니다. 과거에 나는 주님과 어떤 관계도 맺고 싶어 하지 않았지만 그럼에도 불구하고 주님은 나를 원하셨고 내 일생의 자랑이 되셨습니다. 사랑하는 예수님, 이 책을 기쁘게 받아 주십시오. 주님만이 이 선물을 받으실 자격이 있습니다. 이 책은 제가 드릴 수 있는 최고의 예물이며 모든 영광은 주님이 받으셔야 합니다.

The Jesus Book
by Michael Koulianos

Copyright ⓒ 2011 by Bridge-Logos
Alachua, FL 32615 USA
All rights reserved.

Korean Translation Copyright ⓒ 2011 by PureNard
2F 774-31, Yeoksam 2dong, Gangnam-gu, Seoul, Korea
The Korean edition is published by Arrangement with Bridge-Logos All rights reserved.

본 제작물의 한국어판 저작권은 Bridge-Logos와의 독점 계약으로 한국어 판권은 '순전한 나드'가 소유합니다. 저작권자의 허락 없이 이 책의 일부 또는 전체를 무단 복제, 전재, 발췌하면 저작권법에 의해 처벌을 받습니다.

예수의 책

초판발행 | 2013년 2월 10일

지 은 이 | 마이클 코울리아노스
옮 긴 이 | 김광석

펴 낸 이 | 허철
편　　집 | 박에스더
디 자 인 | 이보다나
인 쇄 소 | 고려문화사

펴 낸 곳 | 도서출판 순전한 나드
등록번호 | 제2010-000128
주　　소 | 서울 강남구 역삼2동 774-31 2층
도서문의 | 02) 574-6702 / 010-6214-9129
편 집 실 | 02) 574-9702
팩　　스 | 02) 574-9704
홈페이지 | www.purenard.co.kr

Printed in Korea

ISBN 978-89-6237-135-2　03230

예수의 책

마이클 코울리아노스 지음 | 김광석 옮김

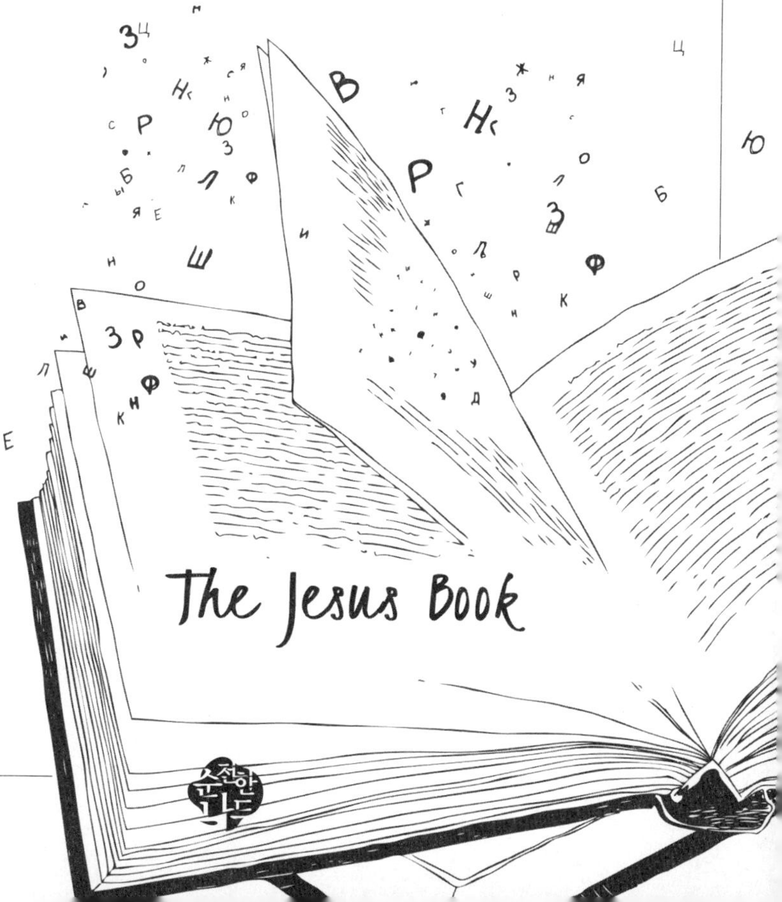

The Jesus Book

기도

하늘에 계신 아버지,

이 책의 페이지마다 당신의 귀한 아들을 성령을 통해 나타내 주셔서 마음 깊이 주님과 사랑에 빠지게 해 주십시오. 오직 예수님만이 굶주린 영혼을 아버지께로 인도하실 수 있습니다. 아버지여, 당신의 자녀를 사랑의 팔로 감싸주시고 이 궁핍한 마음을 채워주십시오. 아름다우신 예수님, 당신이 베푸신 은혜에 마땅한 상(reward)을 받으시옵소서. 그들로 당신을 영원히 사랑하게 하소서. 아무도 대적할 수 없는 예수님의 이름으로 기도합니다. 아멘.

목차

기도
4

들어가는 말
6

Chapter 1 연인	Chapter 2 추적자	Chapter 3 하나님	Chapter 4 왕
11	39	60	80

Chapter 5 주	Chapter 6 목자	Chapter 7 공급자	Chapter 8 전사
101	113	129	146

Chapter 9 친구	Chapter 10 치유자	Chapter 11 종	Chapter 12 버림받은 자
165	183	197	214

Chapter 13 죄수	Chapter 14 고난받은 자	Chapter 15 구세주	Chapter 16 세례자
236	254	283	302

에필로그
319

들어가는 말

보배로우신 성령님이 내게 이 책을 쓰라는 비전을 주셨을 때, 나는 무엇을 써야 하는지와 그 메시지에 담아야 할 핵심이 어떤 것인지를 바로 알 수 있었다. 그것은 우리를 진정으로 사랑하시는 분, 영광과 경배를 받으시기에 합당하신 분에 대한 것이었다. 그분의 이름은 예수이시다.

이 책은 저자인 나와는 아무런 상관이 없다. 나에겐 당신의 삶의 문제를 풀어줄 아무런 해답이 없다. 나는 다만 나의 텅 빈 마음을 변화시키신 예수님을 당신에게 소개해 주고 싶을 뿐이다. 예수님은 실제로 존재하는 분이기 때문에 당신은 주님과 사랑할 수 있다.

예수님을 사랑한다는 것은 당신의 일생에서 가장 위대한 성취이자 가장 높은 곳으로의 부르심이다. 예수님은 당신이 목적지에 도달하기 위한 하나의 방편이 아니다. 주님 자체가 당신의 목적지이다. 주님은 구원을 경험하기 위한 방편이 아니다. 예수님 자체가 구원이시다. 그렇다면 《예수의 책》(The Jesus Book)은 무엇인가? 이것 또한 온전히 예수님에 관한 것이다!

"다른 것이 있지 않은가?"라고 당신은 질문할지 모르겠다. 아니다. 오직 예수님뿐이다.

"그렇지만 그것만으로 충분한가?" 이 여정이 끝날 무렵, 당신은 주님이 충분 이상이라는 것을 발견할 것이다. 한 때, 교회들마다 사람들로 가득하고 신앙이 유행처럼 번졌던 시대가 있었다. 그런데도 당시의 사람들의 삶은 그 어느 때보다 공허했다. 그러므로 어떤 다른 것이 아닌 예수 그리스도의 인격의 실재하심(reality)이 다시 한 번 모든 것의 중심이 되어야만 한다. 교회는 자기 피로 교회를 사신 예수님 중심이 되어야만 한다. 왜냐하면 그리스도가 곧 기독교이기 때문이다.

예배는 예배를 받기에 합당하신 주님에 대한 것으로만 가득차야 한다. 기도도 우리가 기도하는 대상이신 주님에 대한 것으로 충만해야 한다. 성경도 자신의 아들 예수를 이 땅에 보내심으로 확증하신 하나님 아버지의 사랑에 대해 말하고 있다.

나는 예수의 책이 성경을 읽는 시간을 대신하기를 바라지 않는다. 나는 단지 성경이 증언하는 주님을 당신에게 소개하고 싶을 뿐이다. 하나님의 말씀은 이 책의 가르침의 근원이다. 이 책은 단지 내게 글을 쓰라는 비전을 주신 주님의 성품을 다뤘을 뿐이다. 더군다나 나는 예수님의 모든 성품을 다 다뤘다고 생각하지 않는다. 왜냐하면 주님은 정말로 무한한 분이시기 때문이다. 이 세상에 어떤 책도 주님의 충만하심을 다 담거나 설명할 수는 없을 것이다.

하나님의 성령이 당신의 손을 잡고 주님의 발 앞으로 당신을 인도하시도록 허락하라. 주님은 당신이 이전과 다르게 주님을 발견하고 사랑하길 간절히 원하신다. 나는 성령님이 만물이 시작되었고 우리의 여정이 끝나는 그곳-예수 그리스도-으로 당신을 다시 데려가시길 기도한다.

이 책을 쓰라는 비전을 내게 주셨을 때, 나는 승리와 성공의 시간에 있지 않았다. 오히려 패배와 낙망의 시간을 보내는 중에 그 비전은 탄생했다. 내 기도는 응답되지 않았고 인생의 성공은 희미해져 가는 것처럼 보일 때였다. 수개월 동안 주님께 기도하며 응답을 구했을 때, 진실로 나를 사랑하시는 주님이 놀라운 방법으로 내 마음에 들어오셨다.

당신이 지금 읽고 있는 이 책은 하나님과의 사랑의 관계에서 나온 산물이다. 그러나 만일 주님이 친구들과 가족, 그리고 영적 지도자들을 사용하셔서 내 삶을 만져주시지 않았다면 이 책은 결코 세상에 나오지 못했을 것이다. 이들은 내가 어렸을 때에 나에게 하나님을 소개해 주었고, 지금도 계속해서 나에게 많은 영향을 주고 있다. 나는 그들에게 영원한 빚을 졌다. 그들 중 어떤 이들은 나를 주님께로 인도해 주었고, 다른 이들은 인생의 여정 가운데 함께 하며 나를 주님께 더 가까이 데려다 주었다. 나는 이들 모두를 깊이 사랑한다.

이 책 읽기를 시작하려는 당신에게 하나님이 이 순간을 계획하셨다는 것을 말하고 싶다. 당신이 태어나기도 전에 하나님은 당신이 바로 이 시간에 이 페이지를 읽고 있을 것을 아셨다. 성령님은 매우 특별한 방법으로 예수님을 당신에게 소개하길 원하셨고, 이 시간을 간절히 기다리셨다. 주님은 이에 대한 보답으로 단지 당신의 사랑만을 원하신다.

이제 성령님은 당신을 위해 죽으신 예수님의 못자국난 발 앞으로 당신의 손을 잡아 이끄실 것이다. 나는 당신이 이 책을 읽는 동안 두 가지가 이루어지길 기도한다. 첫째는 당신이 예수님의 사랑을 아는 것이고, 둘째는 예수님의 사랑에 대한 보답으로 당신이 주님을 깊이 사랑하는 것이다.

- 죄 씻음을 받아야만 하는 당신, 구세주(Savior)에게 나오라.
- 병든 몸을 치유 받아야만 하는 당신, 치유자(Healer)에게 나오라.
- 무명인 당신, 종(Servant)이신 주님에게 속하라.
- 길을 잃은 당신, 목자(Shepherd)이신 주님을 붙들라.

- 중독자인 당신, 전사(Warrior)이신 주님의 구조를 받으라.
- 외로운 당신, 이 신실하신 친구(Friend)를 찾으라.
- 이유도 모른 채 고난을 당하는 당신, 고난 받으신 주님(Sufferer)을 만나라.
- 궁핍한 당신, 공급자(Provider)이신 주님은 변하지 않으셨다.
- 모든 사람에게 거절을 받은 당신, 버림받으신 주님(Outcast)을 발견하라.
- 하나님의 능력이 부족한 당신, 세례를 주시는 주님(Baptizer)이 당신을 기다리고 계신다.
- 세상과 세상의 미래를 두려워하는 당신, 이 왕(King)을 신뢰하라.
- 당신 마음에서 일어나는 하나님의 추적을 피할 수 없는 당신, 당신을 좇는 자(Seeker)를 위해 잠시 멈춰서라.
- 기독교에 뭔가가 더 있어야만 한다는 것을 아는 당신, 감옥에 갇히신 주님(Prisoner)을 풀어드려라.
- 너무나 오랫동안 자기 자신을 위해 살아온 당신, 이제 그만 주님(Lord)께 항복하라.
- 대양과 밤하늘을 경이와 경외감으로 바라본 당신, 위대하신 하나님(God)을 경배하라.
- 사랑받을만한 가치가 없다고 느끼는 당신, 당신의 영혼을 사랑하시는 연인(Lover)과 사랑에 빠져라.

이분이 누구신가? 그 이름은 예수님이시다.

— 마이클 코울리아노스

The Jesus Book

Chapter 1

LOVER

예수께서 이르시되 네 마음을 다하고 목숨을 다하고 뜻을 다하여 주 너의 하나님을 사랑하라 하셨으니 이것이 크고 첫째 되는 계명이요

마 22:37-38

1732년, 당시 이십 대 초반이었던 요한 레오나르드 도버와 다비드 니취만(두 사람은 독일 사람이다-역자 주)은 직장과 가족을 떠나 최초의 모라비안 선교사가 되었다. 이 두 젊은이는 아프리카에서 삼천 명의 사람들이 노예로 끌려 와 서인도 제도의 한 섬에 있는 사탕수수 농장에서 일하고 있다는 이야기를 들었다. 이 이야기를 들은 두 사람의 마음에 하나님은 역사하셨다. 그 섬에서 강제노동을 하고 있는 노예들에게 복음을 전해야 한다는 부담감을 주신 것이다.

그러나 문제가 있었다. 노예들의 주인인 영국인은 무신론자로 어떤 선교사도 섬에 들어오지 못하게 하는 사람이었다. 그는 단호하게 말했다. "전도자나 목회자는 이 섬에 결코 머물지 못하오. 만일 그런 사람이 난파되었다면 우리는 그를 떠날 때까지 별채에 따로 둘 것이오. 그는 결코 하나님에 대해 우리 중 누구에게도 말할 수 없소."

두 청년은 선교사로는 그 섬에 갈 수 없었다. 그 섬으로 들어갈 수 있는 방법은 오직 한 길 뿐이었다. 그것은 그들 자신을 노예로 파는 것이었다. 그래서 그들은 영국인 농장주에게 자신을 팔기로 결정했다. 만일 그들이 노예들에게 복음을 전하고자 한다면 그들 자신이 노예가 되어야만 했다.

이것은 몇 년 후에 그들이 다시 돌아올 수 있는 그런 종류의 것이 아니었다. 그것은 그들이 평생 그 섬에서 노예로 일해야 하고, 살아생전 다시는 결코 집으로 돌아올 수 없을지도 모르는 일이었다.

그들의 가족은 그들의 이 같은 결정에 충격을 받았고, 그런 극단적인 결정을 이해할 수 없었다. 그들은 주님을 섬기기 위해 너무나 놀라운 방법을 택했고, 자신의 자유와 미래 전체를 희생했다. 그들은 주님을 기쁘시게 해 드리기 위해 노예들에게 복음을 전하고자 했고, 자신의 생명을 드림으로써 하나님의 부르심에 응답하는 것 이상의 헌신을 하길 원했다.

1732년 10월 8일, 두 선교사의 가족들은 눈물로 그들을 배웅했다. 가족들은 그들을 결코 다시 볼 수 없다는 것을 알았다. 두 젊은이를 태운 배가 항구를 떠나자 그들은 서로 팔짱을 끼고서 멀리 사라져가는 사랑하는 자들에게 외쳤다. "죽임 당하신 어린 양이 고난의 보상을 받으시길!"

이 말은 그들의 뒤를 따르기로 한 수많은 선교사들의 찬송과 영감이 되었다. 이러한 사실을 모른 채 떠나간 두 젊은이는 선교운동을 태동시켰다. 그 이후로 백 오십년 동안 모라비안 교도들은 전 세계에 이천 명의 선교사들을 파송했다.

만약 당신이 "예수님을 사랑한다는 것이 무슨 뜻인가?"라고 묻는다면, 당신은 방금 그런 사랑을 보여주는 가장 순전한 예화를 읽은 것이다. 이 책 전부가 내게 특별하지만 내게 가장 특별한 장은 지금 당신이 읽고 있는 바로 이 장이다. 왜냐하면 내가 예수님을 생각할 때에 내 마음에 떠오르는 첫 번째 성품이 위대한 사랑이기 때문이다. 사실, 주님은 사랑이시다! 하나님은 당신을 향해 상상할 수 없이 큰 열정을 가지고 계신다.

그리스도는 당신이 따뜻하고 부드러운 주님의 마음 가운데로 들어가는 이 여정을 시작한 사실에 대해 전율하신다. 주님은 당신이 주님을 당신의 참된 사랑(True Love)으로 빨리 경험하길 간절히 원하신다. 나는 당신이 이 책을 계속해서 읽어 나가면서 정말 중요한 두 가지 특권을 경험하길 기도한다. 첫째는 주님이 당신을 얼마나 많이 사랑하시는지를 깨닫는 것이다. 둘째는 이에 대한 보답으로 주님과 깊은 사랑에 빠지는 것이다. 이 두 가지는 영원히 함께 연결되어 있다.

가장 중요한 계명

위에서 언급한 마태복음 22:37-38 말씀은 그리스도께서 가장 중요하게 여기시는 계명이 무엇인지를 보여준다. 실제로 예수님은 한 유대인 율법 전문가가 던진 질문에 전혀 망설임 없이 대답하셨다. 주님은 바로 핵심으로 들어가셔서 하나님을 사랑하는 것이 가장 크고 첫째 되는 계명임을 선언하신다.

하나님을 향한 우리의 사랑과 관련한 주님의 마음과 동기를 함께 자세히 살펴보자. 성경에는 수많은 계명들이 적혀 있다. 권면의 말씀의 경우에 그것은 많은 정도가 아니라 정말 방대한 양이다. 하나님의 거룩한 말씀을 연구하다 보면 그 율법과 요구사항들이 너무 많고 세밀한 것에 놀라게 된다. 그러나 "네 마음을 다하고 성품을 다하고 뜻을 다하여 주님을 사랑하라"는 하나님의 한 가지 명령-이 말은 당신의 전 존재로 예수님을 사랑하라는 것을 의미한다-이 가장 두드러진다. 하나님의 아들이 이 명령을 확증하셨다. 그러므로 우리는 그 명령에 따라 살아가야 하며, 그런 삶을 살아가는 것이 우리의 가장 큰 갈망이 되어야 한다.

이제 가장 중요한 질문을 해보자. 왜 이 명령이 "가장 크고 첫째"되는 계명일까? 지금은 이 대답이 매우 간단한 것처럼 느껴지지만, 사실 나는 서른 살이 되어서야 주님께 그 해답을 얻을 수 있었다. 열두 살 때 처음 주님을 내 마음에 영접하면서부터 지금까지 복음을 전해 왔지만 이 위대한 진리를 발견하지는 못했었다.

주님께서는 예수님이 우리에게서 가장 원하시는 것은 우리의 사랑이라는 것을 알려 주셨다. 즉, 예수님에게 가장 소중한 것은 우리의 사랑이라는 것이다. 그래서 주님은 하나님을 사랑하는 것을 모든 명령 중에 가장 으뜸이 되는 명령으로 삼으셨다. 하나님이 선택하실 수 있는 모든 것 중에서 우리의 사랑에 목말라 하신다는 사실은 생각만 해도 숨이 막힌다. 바로 지금 예수님은 당신이 자신과 무모한 사랑에 빠지길 원하신다. 주님이 간절히 원하시는 것은 바로 당신의 사랑이다. 당신은 주님께 기꺼이 당신의 사랑을 드리겠는가? 사랑하는 사람을 기쁘게 하기 위해 언제나 그가 원하는 것을 주는 것이 진정한 사랑이다.

사막으로의 여행

내가 주님을 그토록 사랑하는 많은 이유 중 하나는 주님의 단순함(simplicity)을 좋아하기 때문이다. 나는 주님이 종교적이지 않으신 분임에 감탄한다. 주님은 우리가 주님의 사랑을 발견할 수 있는 길을 매우 분명하고 간단하게 만들어 놓으셨다. 나는 그 길의 여정이 쉽다고 말하는 것은 아니다. 단지 주님은 한 번도 그 길을 찾는 방법을 복잡하게 만들지 않으신다는 것을 강조하고 싶을 뿐이다. 주님은 언제나 명쾌하고 직접적인 답을 주시기 때문에 주님 앞에서 우리의 혼돈은 평화와 안식으로 바뀔 수 있다.

나의 인생에 혼돈과 걱정으로 가득한 시절이 있었다. 내가 캘리포니아에서 목회하고 있을 때였다. 나는 내 사역의 시간이 끝나가고 있다는 것을 감지할 수 있었다. 나는 하나님이 내게 시키실 다른 많은 일들을 내 앞에 예비해 놓고 계시다는 것을 알았다. 그렇지만 나는 정작 어떻게 해야 주님이 원하시는 일을 할 수 있는지는 알지 못했다. 나는 이 책이 내 가슴 속에서 활활 타오르는 것을 느꼈지만, 출판까지는 말할 것도 없고 이것을 어떻게 써나가야 할지도 몰랐다. 내가 아는 것은 단지 예수님이 실존하시는 분으로서 매우 생생하게 느껴진다는 것과 주님이 저 지평선 너머에 뭔가 새로운 것을 준비해 놓고 계시다는 것뿐이었다.

그러던 중, 나는 며칠 동안 주님과 홀로 시간을 보내고 싶어서 애리조나 피닉스에 위치한 마리아의 자매들(the Sisters of Mary) 수도원을 방문했다. 마리아의 자매들 수도원은 수녀 바실리아 슈링크(Basilea Schlink)가 창설한 단체로 복음주의 수녀들로 구성되어 있다. 바실리아의 글들은 하나님이 주신 선물이며, 삶을 변화시키는 책들이다. 성령님은 그녀의 사역을 통해 나를 그리스도에게로 더 가까이 이끄셨으며 다시 한 번 주님과 사랑에 빠지게 하셨다. 그녀는 2001년에 세상을 떠났지만, 나는 지금도 우리가 함께 했던 추억을 소중히 간직하며 그녀가 나의 삶에 미친-아직도 계속되고 있는-영향에 대해 하나님께 감사드린다.

마리아의 자매들 수도원에 있는 레베카와 피네아 수녀들 역시 나와 내 아내의 마음에 깊숙이 다가왔다. 그들은 내 마음의 외침과 당시에 내가 겪고 있는 것들에 대해 마음을 열고 들어주었다.

나는 지금도 내게 닥친 혼돈을 정리하려고 애쓰면서 사막의 정원 나무 아래에 앉아 있던 그 때를 잊을 수가 없다. 그 때, 두 수녀가 내게 다가왔고 마음을 다해 나를 섬겨 주었다. 내가 그들에게 무슨 말을 하든지 두 사람은 계속 그리스도의 사랑과 나를 향하신 주님의 마음으로 나를 돌아가게 해주었다. 그들에게 문제의 크기는 중요하지 않은 듯했다. 왜냐하면 그 크기로 인해 그들의 대답이 바뀌지 않았기 때문이다. 그들은 단지 "예수님의 사랑을 믿고 그 사랑에 대한 보답으로 주님을 사랑하라"고 말했다. 내 인생을 뒤돌아 볼 때, 그것은 지금까지 내가 받은 조언 중에 최고의 조언이었다고 확실하게 말할 수 있다.

"오직 한 가지"

그들이 길 갈 때에 예수께서 한 마을에 들어가시매 마르다 이름하는 한 여자가 자기 집으로 영접하더라 그에게 마리아라 하는 동생이 있어 주의 발치에 앉아 그의 말씀을 듣더니 마르다는 준비하는 일이 많아 마음이 분주한지라 예수께 나아가 이르되 주여 내 동생이 나 혼자 일하게 두는 것을 생각하지 아니하시나이까 그를 명하사 나를 도와주라 하소서 주께서 대답하여 이르시되 마르다야 마르다야 네가 많은 일로 염려하고 근심하나 몇 가지만하든지 혹은 한 가지만이라도 족하니라 마리아는 이 좋은 편을 택하였으니 빼앗기지 아니하리라 하시니라 (눅 10:38-42)

이 말씀에서 이 세 단어를 기억하기를 바란다. 즉, "한 가지만이라도 족하니라"란 말을 결코 잊지 말라. 예수님께서 가리키시는 이 "한 가지"란 무엇인가?

그 대답은 마리아가 무엇을 하고 있는지에 들어 있다. 그녀는 주님 발 앞에 앉아 주님의 임재를 기뻐하며 주님을 사랑했다. 그녀는 일과 분주함에서 자유로웠으며, 자칫 대규모 종교 집회에서 받을 수 있는 스트레스도 없었다.

이와 같이 그녀는 마르다와 같이 분주한 사역과 일로 소진되지 않았다. 마리아의 시선은 사랑하는 주님께 고정되어 있었다. 그녀가 원하는 것은 단지 주님께 가까이 나아가 주님을 만지고 주님의 위로의 음성을 듣는 것이었다. 그녀는 무엇보다도 예수님을 원했으며, 주님을 섬기는 것보다 주님 자체를 더 원했다.

사랑하면 그 사람과 더 가까이 있고 싶어 하게 마련이다. 성경 기자는 사랑에 빠진 사람이 느끼는 갈망을 아름답게 표현한다. "나를 주의 날개 아래 감추소서"(시편 17:8). 이것이 바로 우리 모두에게 필요한 "한 가지"이며, 결코 빼앗겨서는 안 되는 보물이다. 그 보물은 당신을 사랑하시는 주님께 드리는 당신의 사랑이다. 이것을 깨닫게 되면 당신은 "나는 내 사랑하는 자에게 속하였고 내 사랑하는 자는 내게 속하였다"고 외칠 것이다(아 6:3). 그 사랑은 당신의 마음속에 있는 거룩한 보물이며 값비싼 진주이다!

당신은 주님을 받아들이고 주님 역시 당신을 받아들여 주신다. 이 얼마나 놀랍고도 아름다운 특권인가! 어떤 사람들은 당신에 대해 거짓말을 하면서 당신의 명성에 해를 입히고 당신의 재산을 훔치고 당신의 인생 전체를 파멸시키려 할지 모른다. 그래서 결국 그들은 당신이 오랜 세월 동안 수고하여 이루어 놓은 것을 빼앗아갈 수 있다. 그러나 그들이 당신에게서 결코 빼앗아갈 수 없는 "한 가지"가 있다. 이 "한 가지"는 당신과 당신 영혼의 연인(the Lover)을 위해 따로 준비된 것으로 그들이 결코 범접할 수 없는 것이다. 그것은 하나님이 친히 지키시며 보호하시는 내게만 허락된 보물이다.

하지만 당신은 이렇게 물을지도 모르겠다. "제 인생에서 단지 예수님을 사랑하는 것보다 더 많은 것을 해야 하지 않을까요? 제가 다른 사람들을 사랑하고 인류를 위한 삶을 살아야 하지 않나요? 그리고 자신의 꿈을 좇는 인생에 대해 어떻게 생각하세요?"

만일 당신이 그리스도를 사랑한다면 이 모든 것들을 행할 수밖에 없을 것이다. 성 어거스틴은 "먼저 사랑하라. 그리고 나서는 당신이 하고 싶은 대로 하라"고 말했다. 예수님을 향한 사랑이야말로 주님을 섬길 수 있는 원천이 된다. 당신이 예수님을 사랑하면 결국 주님이 원하시는 것을 당신도 원하게 될 것이다. 주님을 사랑하는 사람은 주님의 마음을 아프게 하고 싶어 하지 않는다. 당신의 삶에서 죄를 제거하고 싶은가? 그 열쇠는 바로 하나님을 깊이 사랑하는 것이다. "너희가 나를 사랑하면 나의 계명을 지키리라"(요 14:15).

주님에 대한 사랑이 커지면 커질수록 당신은 지금까지 꿈꾸었던 것보다 더 위대해진 자신을 발견하게 될 것이다. 당신은 주님을 마음에 모시고 있기 때문에 옳은 방법으로 일을 할 것이다. 또한 주님을 위해서 일을 성취하고자 하기 때문에 결코 주님을 창피하게 하거나 실망시키는 행동을 하지 않을 것이다. 예수님이 기뻐하신다면 기꺼이 자기를 희생해서라도 주님이 원하시는 모습으로 변하게 될 것이다.

아이러니하게도 많은 사람들이 예수님을 잊어버린 채 주님을 섬긴다. 그리스도께서는 "자기 목숨을 얻는 자는 잃을 것이요 나를 위하여 자기 목숨을 잃는 자는 얻으리라"고 말씀하셨다(마 10:39). 만일 당신이 주님에 대한 사랑 없이 성공하고자 시도한다면 당신은 "탈진"하고 말 것이며, 결국 원하던 결과도 이루지 못할 것이다. 사도 바울도 "…내 몸을 불사르게 내줄지라도 사랑이 없으면 내게 아무 유익이 없느니라"(고전 13:3)고 지적한다.

예수님과 사랑에 빠져 마리아처럼 그 발 앞에 앉아 있는 것은 우리의 존재와 우리가 하는 모든 일의 기초가 되어야 한다. 이제 눈을 감고 당신을 산만하게 하는 모든 것을 마음에서 없애라. 그런 다음, 이 "한 가지"가 당신의 궁극적인 갈망이 되게 해 달라고 간구하라. 믿음으로 주님의 발 앞에 나오라. 주님이 당신과 함께 계신다는 것과 문자 그대로 당신이 주님의 임재 안에 있음을 믿으라. 당신은 지금 주인 되신 주님과 함께 있는 것이다. 그러므로 다른 어떤 것도 중요하지 않다. 주님께 "예수님, 제가 원하는 건 당신입니다. 축복도 아닙니다. 바로 당신입니다. 도움도 아닙니다. 바로 당신입니다"라고 고백하라.

사랑하는 친구여, 이것이 바로 주님이 기쁘게 응답하시는 기도이다.

당신의 기도에서 그 무엇보다도 예수님 자체를 구한다면 당신은 진짜 기도를 한 것이다. 이렇게 그리스도를 알아갈 때 주님은 당신의 마음에 생생하게 다가오실 것이다. 그러면 당신은 주님의 놀라운 사랑에 압도되어 그 사랑에 대한 보답으로 주님을 사랑하기 시작할 것이다. 이 사랑이 시작되는 곳이 바로 위대한 성취와 참된 성공이 시작되는 장소이다. 예수님을 찾고자 애쓰고 주님을 뜨겁게 사랑하는 사람은 언제나 성공적인 인생을 살게 될 것이다. 왜냐하면 그 사랑이 영원하기 때문이다(고전 13:8을 보라).

주님은 당신을 사랑하는 것을 사랑하신다

당신을 향한 주님의 사랑은 당신이 지금까지 경험했던 어떤 사랑과도 같지 않다. 주님의 사랑은 감정에 그치는 수준의 것이 아니며, 인간의 사랑처럼 오늘 있다가 내일 사라져 버리지도 않는다. 또한 그 사랑은 당신의 은행계좌나 주거지, 당신이 교회에서 보내는 시간이나 암송하는 성경 구절의 개수, 당신의 외모나 나이와 학벌과도 아무런 상관이 없다. 주님의 놀라운 사랑은 무조건적이고 영원하며 완전히 우리의 이성을 초월한다.

하나님은 "내가 영원한 사랑으로 너를 사랑하노라"고 약속하신다(렘 31:3). 이 말은 주님의 사랑이 측량할 수 없을 정도로 크며 시작도 끝도 없다는 의미이다. 가장 기쁜 소식은 예수님이 당신에게 자신의 사랑을 보여 주시길 말할 수 없이 기뻐하신다는 것이다. 주님은 "네가 내 마음을 빼앗았구나"라고 말씀하신다(아 4:9). 주님의 가장 큰 기쁨은 당신에게 자신의 사랑을 주시는 것이다.

이제 당신이 하나님의 마음을 사로잡았다는 사실을 깨달았는가? 혹시 당신에게는 비명을 지를 때까지 안아주고 싶을 정도로 사랑스러운 사람이 있는가? 아플 때까지 껴안아 주고 싶은 그런 너무 좋은 사람 말이다. 하나님도 자신의 모든 각각의 자녀들에게 이와 동일한 열정을 가지고 계시다. 실제로 주님의 사랑 때문에 당신은 인생의 지금 이 순간까지 왔다. 이 책을 읽게 된 것도 주님의 사랑 때문이다.

그리스도의 사랑이 문자 그대로 당신을 하나님께로 이끄신다. "우리가 사랑함은 그가 먼저 우리를 사랑하셨음이라"(요일 4:19). 당신이 하나님을 사랑하고 싶어 하는 이유는 당신을 향한 주님의 사랑이 당신을 친밀함 가운데로 이끌고 계시기 때문이다. 하나님은 1초라도 지체하지 않고 당신의 마음을 얻고 싶어 하시며, 바로 지금 이 순간에도 당신에게 사랑을 고백하고 계신다. 그리고 마음껏 베풀어 주는 사랑을 받은 하나님의 자녀들이 하나님께 자신들의 사랑을 돌려드리길 소원하신다. 제발 주님의 제안을 거절하지 말라.

예수님은 자신의 사랑을 입증하셨다

하나님의 아들은 아무런 이유 없이 자신을 사랑하라고 하지 않으신다. 성경 기자는 "당신을 사랑함이 마땅합니다"라고 고백한다(아 1:4). 예수님은 사랑받을 만한 가치가 있는 분이시다. 어쩌면 주님을 사랑하는 것보다 더 마땅하고 옳은 일은 없을 것이다. "주님은 만만의 사람 중에서 가장 아름다우시다." 주님의 아름다움은 독보적이며 당신의 사랑을 받으시기에 가장 합당한 분이시다. 주님은 사랑 받으실 만한 모든 것을 갖추신 분으로 주님께 우리의 사랑을 돌려드리고자 함에는 어떠한 반론도 있을 수 없다. 주님은 우리를 얼마나 깊이 원하시는지를 알려주시기 위하여 너무나 오랫동안 참으셨고 고통을 받으셨다. 예수님의 지상에서의 삶은 자기를 부인한 사랑, 그 자체였다. 주님의 탄생과 고난 그리고 죽음에 이르기까지 주님의 삶 전체는 사랑의 실체를 보여주는 것이었다. 주님은 자기의 백성을 향해 가지신 뜨거운 열정으로 모든 기적과 치유를 베풀어 주셨다. 또한 주님은 무한한 사랑으로 등에 채찍을 맞으시고 십자가를 참아내셨다.

나는 당신이 이 책을 읽어 나가면서 주님을 발견하고, 주님이 마음 깊은 곳에서부터 말씀하시는 이 말을 들을 수 있기를 기도한다. "나는 온 마음을 다해 너를 사랑한단다. 이것을 입증하기 위해 나의 모든 것을 희생했지. 나는, 나의 생명을 버렸단다."

요한복음 3장 16절은 온 세상 사람들이 사랑하고 암송하는 말씀이다. 하지만 그들이 정말 시간을 내어 이 말씀의 참된 의미를 생각하고 소화했는지에 대해서는 의문이 든다. "하나님이 세상을 이처럼 사랑하사 독생자를 주셨으니 이는 저를 믿는 자마다 멸망치 않고 영생을 얻게 하려 하심이라." 하나님께서 당신을 그냥 사랑하신 것이 아니라 "이처럼" 사랑하셨다는 사실에 주목하라. 믿을 수 없을 정도로 압도적인 사랑 때문에 하나님은 자기의 소중한 외아들을 죄 많은 세상에 보내어 죽게 하셨다.

놀라운 사랑

나는 큰아들 데오(Theo)가 어렸을 때, 그 아이와 놀아주다가 경험했던 일을 결코 잊지 못한다. 나는 종종 데오를 높이 쳐들어 마치 그가 날

아다니는 것처럼 해주었는데, 아이는 그 놀이를 무척이나 좋아했다. 한 번은 내가 너무 높이 들어 올리다가 데오가 벽에 부딪히게 되었다. 그 때였다. 자기 아들을 십자가에 죽도록 내어주시고 치욕의 십자가에 들리도록 허락하신 하나님 아버지의 모습이 갑자기 눈앞에 보였다.

그 순간 나는 충격을 받았다. 나는 스스로에게 물었다. '나는 나의 원수들을 위해 내 아들을 내어줄 수 있을까?' 이 생각을 하자 몸이 얼어붙었다. 나는 나의 두 아들 데오와 베니를 말할 수 없이 사랑한다. 원수는 커녕 친구를 위해 그들을 죽음에 내어주는 것도 나는 상상할 수조차 없다.

성경은 우리가 하나님과 원수 되었을 때, 예수님이 우리를 위해 자신의 목숨을 내어주셨다고 분명히 가르친다(롬 5:10을 보라). 당신을 향한 하나님의 마음에 대해 다시는 결코 의문을 품지 말라. 하나님의 사랑은 너무 커서 그런 생각 자체가 말이 안 되며, 이성의 힘으로는 도저히 이해할 수 없다. 이것은 참으로 놀라운 사랑이다.

예수님이 오신 사건 자체가 하나님이 홍수와 같은 사랑으로 인류를 사랑한 증표이다. 주님은 당신을 위해 고난 받으러 오셨고 기꺼이 그렇게 하셨다. 그리스도가 이 땅에 오신 목적은 이러한 하나님의 마음을 표현하시고, 당신을 위해 행하신 모든 것을 확실히 이해하고 깨닫게 하기 위함이다. 예수님은 자신이 겪어내야만 하는 고난을 피하고 싶은 마음은 없으셨을까? 만약 피하시고자 했다면 피할 수 있는 방법을 찾으실 수 있었을 것이다. 그러나 주님은 자신의 사랑을 보여주기로 결심하셨다. 예수님은 우리에게 너무나 확실하게 입증된 사랑을 주신 유일한 분이시다. "사람이 친구를 위하여 자기 목숨을 버리면 이보다 더 큰 사랑이 없나니"(요 15:13).

우리의 남편

"내게 입맞추기를 원하니 네 사랑이 포도주보다 나음이로구나"(아 1:2). 이 구절은 예수님을 사랑하는 사람의 소중한 마음을 드러낸다. 여느 신부들과 같이 우리는 주님 곁에 머물기를 원하고 주님의 얼굴에 입 맞출 정도로 가까이 있길 바란다.

당신은 신실한 성도들이 하나님과 결혼한 사이라는 것에 대해 깊이 생각해본 적이 있는가? 주님은 "내가 네게 장가 들어 영원히 살리라"고 말씀하신다(호 2:19). 또한 우리는 "이는 너를 지으신 이가 네 남편이시라"는 말씀을 듣는다(사 54:5). 성령께서 이 진리를 당신에게 계시하시면 당신은 새로운 깊이에서 주님을 경험하게 될 것이다.

아내는 오직 남편에게만 속한다. 마찬가지로 우리는 남편이신 하나님이 우리를 향한 큰 사랑 때문에 질투하신다는 것을 알 필요가 있다. "내 신부는 잠근 동산이요"(아 4:12). 예수님은 당신과 자신 사이에 어떤 경쟁자도 용납하지 않으신다. 주님은 우리 모두가 주님께 속하길 원하신다. 실제로 주님의 이름 중 하나는 "질투의 하나님"이다(출 34:14).

예수님은 "무릇 내게 오는 자가 자기 부모와 처자와 형제와 자매와 더욱이 자기 목숨까지 미워하지 아니하면 능히 내 제자가 되지 못하고"라고 말씀하셨다(눅 14:26). 모든 남편이 그렇듯이 주님은 우리가 주님만 바라보길 기대하신다.

나는 자기 아내가 다른 남자에게 관심을 가질 때 질투하는 남편들을 많이 보았다. 남편은 자기 아내의 사랑이 자기 것만이 되길 원하고 그것을 주장할 권리를 가지고 있다. 하나님은 우리의 온전한 사랑을 받으시기에 합당한 분이시다. 우리는 결코 물건이나 돈이 아니라 주님만을 사랑해야 한다. 주님은 여러분 모두가 자신에게 속하길 원하신다.

예수님과 함께 하는 시간

만족스런 결혼생활을 하기 위해서는 부부가 시간을 함께 보내야만 한다. 그들은 얼굴을 맞대고 사랑의 말을 은밀하게 교환해야만 한다. 서로 조용한 시간을 갖지 않고 어떻게 결혼생활을 유지할 수 있단 말인가?

어떤 부부들은 "둘만의" 시간이 필요함을 간과했기 때문에 한 마음이 되는데 어려움을 겪는다. 그들의 관계는 너무나 "피상적"이다. 상대방을 처음 만났을 때 흥분되고 신선했던 기억은 아득한 과거의 일이다. 혹시 이 말이 당신에게 친숙하게 들리는가?

우리와 예수님과의 결혼생활도 다르지 않다. 주님도 당신이 주님에게 마음을 처음 주었을 때에 나눴던 그 둘만의 친밀함이 회복되길 갈망하신다. 주님의 간청을 들어보라. "나의 사랑하는 자가 내게 말하여 이르기를 나의 사랑, 내 어여쁜 자야 일어나서 함께 가자"(아 2:10). 연인들은 서로 사랑을 갈구한다. 주님을 사랑하는 사람은 주님이 자신을 다른 사람들과 달리 특별하게 봐 주시길 원한다. 그들은 주님이 "나를 눈동자 같이 지키시길" 구한다(시 17:8).

혹시 당신은 주님에게서 멀어졌는가? 그렇다면 주님은 당신이 주님께 다시 한 번 마음을 열고 마음을 나누길 갈망하고 계신다는 것을 기억하라. 당신의 영원한 남편과 소중한 시간을 보내는 것보다 더 가치 있는 것이 무엇이란 말인가?

만약 이와 같이 친밀한 관계를 유지하고 발전시키지 않는다면 예수님과 당신의 결혼생활은 어떤 부부들과 같이 고통 속에 놓이게 될 것이다.

그리스도는 지금까지도 그러셨던 것처럼 언제나 완전한 남편이 되실 것이다. 주님은 보호하시고 공급하시며, 결코 당신을 버리지 않으신다. 그러나 주님의 임재 가운데서 시간을 보내고 계속해서 주님 가까이에 머물라는 주님의 제안을 받아들이는 것은 우리의 선택에 달려있다.

처음 사랑

우리는 하나님이 우리에게 원하시는 사랑–또한 하나님이 우리를 위해 가지고 계신 사랑–을 온전히 붙들고 있어야 한다. 예수님은 흡족할 만큼의 열정적인 사랑, 즉 특별한 사랑을 원하신다. 그 사랑이 모든 것의 기준이 되야 하며, 우리의 삶의 모든 순간마다 최고의 우선순위는 예수님이 되어야 한다.

사실 주님은 오직 그와 같은 사랑만 받으신다. 우리는 그것을 처음 사랑(First love)이라 부른다. 이는 그리스도의 마음이 당신이 하는 모든 일과 생각과 말 가운데 가장 중요하다는 것을 의미한다. 우리는 계속해서 스스로에게 "이것이 주님의 마음을 아프게 할까 아니면 기쁨이 될까?"라는 질문을 던져야 한다.

처음 사랑은 모든 사람보다 그리고 그들의 요구사항보다 더 중요하다. 그래서 당신은 이 과정 중에 테스트를 받는다. 하나님은 주님에 대한 우리의 사랑을 측정할 수 있는 방법으로 순종이라는 것을 주셨다. 주님은 다음과 같이 말씀하셨다.

나의 계명을 지키는 자라야 나를 사랑하는 자니 나를 사랑하는 자는 내 아버지께 사랑을 받을 것이요 나도 그를 사랑하여 그에게 나를 나타내리라 … 사람이 나를 사랑하면 내 말을 지키리니 내 아버지께서 그를 사랑하실 것이요 우리가 그에게 가서 거처를 그와 함께 하리라 나를 사랑하지 아니하는 자는 내 말을 지키지 아니하나니 너희가 듣는 말은 내 말이 아니요 나를 보내신 아버지의 말씀이니라 (요 14:21, 23-24)

주님께 순종하고 주님을 사랑하는 것에 대한 보상이 놀랍지 않은가! 하나님 아버지는 우리를 사랑하시고 예수님은 자신을 우리에게 계시하실 것이다. 성부와 성자 하나님 두 분이 우리와 함께 사시고 거처를 우리와 함께 하시겠다고 약속하신다. 우리가 단순히 "처음 사랑"-주님을 우리의 모든 것으로 삼는 사랑-을 소유하기만 하면 이 놀라운 축복은 우리의 것이 된다.

당신의 모든 것 되신 분

기도하는 동안에는 친구나 가족을 곁에서 치워두거나 당신과 가까운 사람들을 화나게 할 결정들을 해야 할지도 모른다. 우리는 지금 영혼의 구세주를 처음 만났을 때 가졌던 그 사랑에 대해 이야기하고 있다. 그 때에 주님은 당신의 모든 것이었으며 당신 마음의 초점이었다. 또한 연인이 되신 주님을 위해 살면서 열정적으로 주님을 마음의 보좌에 높여 드렸었다.

예수님은 요한계시록 2장에서 에베소 교회에게 말씀하실 때에 이 처음 사랑에 대해 말씀하신다. 에베소교회는 "사랑이 없는 교회"로 알려져 있지만, 이 교회 역시 다른 많은 교회들이 겪은 어려움을 경험했다. 아마 당신도 동일한 경험을 했을지 모르겠다. 에베소 교회는 믿음의 진리를 위해 싸웠으며 교회를 파괴하려는 거짓 세력들을 대적했다. 그들에게는 선한 행위가 있었고, 많은 고난을 받았지만 인내했다. 또한 거짓 교사들을 시험하여 거짓된 것을 드러냈고 악에 강하게 대항했다. 그러나 이 모든 선한 "일"에도 불구하고 예수님은 기뻐하지 않으셨다. 그들의 이와 같은 모든 행동들은 주님을 만족시키지 못했다. 그들의 행동의 동기가 사랑이 아니었기 때문에 주님은 그들의 행위에 대해 관심을 잃으셨다. 그래서 예수님은 "너의 처음 사랑을 버렸느니라"라고 선언하셨다(계 2:4).

연인으로서 우리의 모든 행위는 하나님을 향한 처음 사랑에서 비롯되어야 한다. 이것이 없으면 일은 공허해지고 우리의 행위가 주님보다 앞서기 시작한다. 주님은 주님을 향한 우리의 사랑이 크면 선한 일들은 자연스럽게 뒤따를 것이고, 때마다의 시험을 견딜 수 있을 것이라는 사실을 아셨다. 다른 모든 노력은 실패할 것이며 일시적인 것이다.

최고의 영예는 하나님께 단지 쓰임만 받는 것이 아니다. 우리는 하나님께 쓰임 받았던 사람들이 또한 하나님께 심한 형벌과 심판을 받았던 것을 성경에서 찾아볼 수 있다. 그런 사람들 중, 유다를 살펴보자. 그는 다른 제자들과 함께 기적을 행했으며, 가난한 자들을 구제하기도 했다. 그는 그리스도의 사역자 중 한 사람이었다. 그러나 유다에게 없는 것이 한 가지 있었다. 그것은 처음 사랑이었다. 그래서 그는 예수님의 제자였음에도 사역비에서 돈을 훔쳤고(요 12:6을 보라), 결국 그는 주를 배반했다.

거짓된 사랑

당신은 주님을 위해 열심히 일하면서도 주님을 사랑하지 않을 수 있다. 이런 사람에 대한 심판은 두렵다. 에베소 교회를 향해 주님은 만일 그들이 첫 사랑을 회복하지 않으면 "내가 네게 가서 네 촛대를 그 자리에서 옮기리라"고 경고하셨다(계 2:5).

주님이 말씀하시는 것은 무엇인가? 말씀에 따르면 "일곱 촛대는 일곱 교회이다"(계 1:20). 예수님은 주님에 대한 사랑을 잃은 교회에서 축복과 능력을 옮길 수 있는 모든 권리를 가지고 계신다. 이는 생각만 해도 무서운 일이다. 하지만 성경이 사실인 것처럼 이 또한 사실이다.

당신이 출석하고 있는 교회가 이와 같은 상황을 경험하고 있다면 그리스도께서 당신을 사용하여 성도들의 마음에 "처음 사랑"을 심어줄 수 있도록 기도하라. 주님께서 나귀와 나귀새끼를 사용해 종려주일에 예루살렘에 입성하신 것처럼, 주님은 당신의 기도와 삶을 사용하셔서 당신 교회의 성도들의 마음에 하나님의 임재를 채우실 수 있다.

당신의 목표가 단지 하나님께 쓰임 받는 것이 되게 하지 말라. 오히려 "처음 사랑"을 갖는 것을 당신의 목표로 삼으라. 그러면 주님께 쓰임 받는 것은 자연스럽게 뒤따를 것이다. 처음 사랑은 다소 많은 요구처럼 보일지 모른다. 아마도 당신은 예수님께서 당신에게 너무 많은 것을 요구하신다고 생각할지 모른다. 그러나 이런 사랑을 요구하시는 분이 누구신지 기억하라. 주님은 하나님이시다. 주님은 당신을 위해 죽으신 당신의 영원한 남편이시다. 이처럼 주님은 당신의 사랑을 요구할 모든 권리를 가지고 계시다.

궁극적인 가치

친구가 한 외국 소년의 실화를 들려주었다. 그 소년은 진심으로 자신의 구주를 사랑했다. 그러나 예수와 그의 가르침을 싫어하는 어른들과 맞닥뜨렸는데, 그들은 자신들이 사는 지역에서 기독교를 몰아내기로 결심한 자들이었다.

이 성난 어른들은 소년에게 그리스도를 버리라고 요구했다. 소년은 자기가 사랑하는 주님을 거부하기를 거절했다. 그러자 그들은 소년의 두 팔을 잘랐다. 다시 그들은 예수님을 버리라고 강요했다. 그러나 소년은 그들의 말을 따르지 않았고, 그들은 소년의 두 다리를 잘랐다. 세상의 어떤 것도 영혼의 연인이신 주님으로부터 소년을 등 돌리게 할 수는 없었다. 결국 그들은 소년의 몸을 두 동강냈다.

오직 처음 사랑만이 이와 같은 고통을 이겨낼 힘을 주며, 핍박을 이겨낼 힘을 주는 유일한 능력이 된다. 예수님은 우리가 주님으로 인해 핍박을 당하게 될 것이라고 말씀하셨다. 주님의 재림이 다가올수록 핍박은 더욱 분명해지고 강화될 것이다.

질문이 하나 있다. 당신에게는 주님을 떠날 만한 이유가 있는가? 아니면 당신은 이 소년이 직면한 것보다 훨씬 작은 일 때문에 주님을 떠났었는가? 만일 그렇다면 주님께 돌아가 당신의 사랑을 다시 한 번 맹세하라.

하나님 몰래 바람피우기

당신은 하나님 몰래 바람을 피울 수 있다는 사실을 알고 있는가? 대부분의 사람들은 그들이 실제로 하나님의 아들 몰래 바람을 피우고 주님의 마음을 아프게 할 수 있다는 사실을 결코 알지 못한다. 어떤 신부라도 자기 남편을 슬프게 하고 싶지는 않을 것이다. 주님과 열정적인 사랑에 빠진 사람은 자신의 연인이신 주님의 마음을 아프게 한다는 생각만으로도 소스라치게 놀란다.

주님은 이스라엘을 창기라고 부르셨다. 왜냐하면 그들이 다른 신들과 우상들을 좇았기 때문이었다(호 9:1을 보라). 오늘날 우리 문화는 우상들로 가득하며, 그들을 좇아가기 쉽다. 우리 사회에서 우상들의 모습이 약간 다르게 보일 뿐이다. 사회적 지위, 돈, 자동차, 집, 직장, 가족, 심지어 우리 교회가 우상이 될 수 있다. 풀타임으로 기독교 사역을 하는 사람들의 경우에 그 사역이 당신의 우상이 될 수도 있다. 예수님과 사역은 분명히 구분되어야 하는데, 주님을 사랑하는 것이 먼저여야 한다.

주님은 우리가 그리스도보다 더 사랑하는 것을 우상이라고 하시며, 우리가 주님보다 이런 것들을 더 구할 때에 우리는 주님 몰래 바람을 피우는 것이 된다. 수천 년 전과 지금의 우상은 다르게 보이지만, 우상을 섬기는 우리의 모습을 보는 주님의 마음에 드는 실망감은 동일하다. 주님은 당신과의 결혼생활에서 이것을 부도덕한(unfaithful) 것, 일종의 배신으로 보신다. 그리고 그것은 주님의 마음을 정말 아프게 한다. 주님은 우리의 신실함(faithfulness)에 대해 극도로 예민하시다.

예수님과 사랑에 빠지는 법

하나님이 우리 아버지가 되시는 참 표적은 우리가 예수님을 사랑하는가 안 하는가에 달려 있다. 주님께서 자신을 비난하는 종교지도자들에게 말씀하신 것처럼 우리에게도 말씀하신다. "하나님이 너희 아버지였으면 너희가 나를 사랑하였으리니 이는 내가 하나님께로부터 나와서 왔음이라 나는 스스로 온 것이 아니요 아버지께서 나를 보내신 것이니라"(요 8:42).

당신은 십자가의 공로로 인해 예수님이 받으시는 보상이 당신의 사랑이라는 것을 깨달았는가? 주님은 날마다 그 사랑을 갈구하신다. 만일 주님의 사랑에 한 번도 보답하지 않았다면 매우 옳지 않은 일이다. 죽기까지 사랑한 자들에게서 사랑을 받지 못한다는 것은 얼마나 끔찍한 일인가? 당신의 사랑은 주님의 희생에 대한 트로피(trophy)이다.

우리가 더 나아가기 전에 먼저 당신은 다음의 질문에 답해야만 한다. 당신은 정말로 예수님이 당신을 얼마나 사랑하시는지 알았는가? 하나님이 우리를 먼저 사랑하셨다는 사실과 우리가 보답하는 사랑은 단지 주님의 사랑에 대한 반영이라는 것을 기억하라. "우리가 사랑함은 그가 먼저 우리를 사랑하셨음이라"(요일 4:19). 성령께서, 오직 성령께서만 하나님의 사랑을 당신에게 계시하실 수 있다. "우리에게 주신 성령으로 말미암아 하나님의 사랑이 우리 마음에 부은 바 됨이니"(롬 5:5).

지금은 성령님께 도움을 구할 절호의 기회이다. 단지 이렇게 말하라. "고귀한 성령님, 예수님의 사랑을 제 마음에 나타내 주옵소서." 그리스도와 정말 사랑에 빠지려면 당신은 먼저 당신을 향한 주님의 크신 사랑을 깨달아야만 한다. "사랑은 여기 있으니 우리가 하나님을 사랑한 것이 아니요 하나님이 우리를 사랑하사 우리 죄를 속하기 위하여 화목 제물로 그 아들을 보내셨음이라 사랑하는 자들아 하나님이 이같이 우리를 사랑하셨은즉 우리도 서로 사랑하는 것이 마땅하도다"(요일 4:10-11).

당신이 예수님을 전혀 갈망하지 않았을 때에도 주님은 당신을 사랑하셨다. 당신이 예수님과 아무런 관계도 맺길 원치 않았을 때에도 주님은 당신의 모든 것을 원하셨다. 당신이 예수님에게서 도망칠 때에도 주님은 당신을 향해 달려오셨다. 세상이 예수님을 미워했을 때에도 주님은 모든 이들을 위해 죽으셨다. 진정으로 그리스도를 사랑하려면 우리는 우리의 죄가 주님을 십자가로 보냈다는 사실을 받아들여야만 한다. 우리의 더러운 죄 때문에 끔찍한 상황이 벌어졌고, 주님은 고난을 받으시고 생명을 버리셨다.

만일 당신이 죄의 크기를 온전히 이해하지 못한다면, 당신은 결코 주님을 향한 열정적인 사랑도 알 수 없을 것이다. 당신은 개인적으로 당신의 죄에 대한 책임을 질뿐만 아니라 하나님이 당신의 죄를 영원히 지우시기 위해 행하셔야만 했던 일에 대해서도 책임을 져야 한다. 나아가 당신은 예수님의 순전함과 우리 죄의 가증스러움 둘 다 이해해야 한다. 당신의 죄 때문에 고통당하신 주님의 마음이 느껴지게 해달라고 간구하라. 우리가 이러한 고통을 경험할 때에 우리는 하나님을 참되게 사랑하는 길을 걷기 시작할 것이다.

당신의 많은 죄가 용서되었다

당신의 죄가 예수님께 전가되었기 때문에 하나님 아버지는 자신의 아들을 심판하셨다. 우리의 죄가 얼마나 그리스도를 아프게 했는가! 주님은 얼마나 큰 대가를 치르셨는가! 하나님이 보시기에 우리의 죄는 너무나 심각해서 그 빚을 갚기 위해선 상상할 수 없는 대가를 치러야했다.

아마도 당신은 자기의 죄는 대수롭지 않게 생각하고 다른 사람의 죄는 더 크게 생각할지 모른다. 제발 그런 함정에 빠지지 말기를 바란다. 성령님은 하나님의 눈에 당신의 죄가 어떻게 보이는지 느끼게 해주실 것이다. 그때에야, 오직 그때가 되어야 당신은 비로소 주님과 사랑에 빠지기 시작할 수 있다. 당신의 "많은 죄가 용서되었다"는 것을 깨닫는 때는 바로 그 순간이다. 주님과 사랑에 빠지는데 있어서 이것은 매우 중요한 단계이다. 참된 사랑이 바로 곁에 다가온 것이다.

이 지점까지 오는데 아플 수도 있지만 그럴만한 가치가 있다. 또한 정죄와 죄책감으로 인해 울지도 모른다. 하지만 이런 과정이 필요하다. 이것은 매우 소수의 사람들이 걷기 원하는 사랑의 길이다. 당신의 죄를 깨달으라. 그러면 당신은 하나님께서 그 죄를 십자가에 못 박으셨다는 것을 발견할 것이다. 그리고 당신은 더 이상 죄짓기를 원하지 않을 것이다. 당신이 죄를 용서해달라고 구할 때, 주님이 평안과 사랑으로 그렇게 하실 것을 알게 될 것이다.

당신은 주님이 결코 당신의 죄를 다시 생각나게 하지 않으신다는 사실을 발견할 것이다. 그리고 주님도 당신의 죄를 기억하지 않으시며, 당신을 얼마나 원하시는지를 깨닫게 될 것이다. 또한 주님이 당신을 사랑하시며 "어여쁜 자"로 보고 계신다는 것도 알게 될 것이다. 당신은 주님이 당신의 과거와 상관없이 당신을 받아 주셨다는 사실에 놀랄 것이다. 마침내 당신은 자신이 얼마나 많은 죄를 용서받았는지 깨닫게 되고, 사랑이 탄생한다. 이제 당신은 지극히 사랑하는 사람이 되었다! 다음의 말씀에 열쇠가 들어 있다. "이러므로 내가 네게 말하노니 그의 많은 죄가 사하여졌도다 이는 그의 사랑함이 많음이라 사함을 받은 일이 적은 자는 적게 사랑하느니라"(눅 7:47).

인내의 사랑

자비를 설명해 주는 하나님의 말씀 중에 가장 강력한 예들 중의 하나는 베드로의 삶이다. 그는 주님이 십자가에 달리시기 전에 주님을 세 번이나 부인했던 제자였다. 주님이 부활하신 후에 베드로는 예수님을 만났다. 그는 배에서 뛰어내려 헤엄쳐서 예수님께로 갔고, 갈릴리 해변에서 주님이 차려주신 아침을 먹었다. 베드로는 주님께 용서받아야 할 것이 많이 있다는 것을 알고 있었다. 그는 며칠 전, 그리스도를 부인한 후에 자신이 심히 통곡했던 때를 기억했다(마 26:75를 보라). 그는 자신이 주님을 얼마나 많이 마음을 아프게 했는지를 알고 있었지만, 지금은 구속의 시간이었다.

나머지 제자들은 뒤에 남아 주님이 베풀어 주신 막대한 양의 물고기를 끌어당기느라 바빴지만, 베드로는 물속으로 뛰어들어 헤엄을 쳐서 주님께로 갔다. 그는 많은 물고기에 사로잡히지 않았다. 그는 자신의 연인을 다시 찾길 원했다. 그는 주님의 축복보다 주님을 원했던 것이다.

아, 우리 모두가 예수님이 우리에게 주시는 것들보다 예수님을 더 갈구하면 얼마나 좋을까! 베드로는 모든 사람보다 앞서가서 주님을 만났다. 어떻게 이런 열정과 열심을 갖게 되었을까? 그는 자신의 많은 죄가 용서되었고 이제 그가 많이 사랑할 차례라는 것을 알았다. 베드로는 자신이 일으킨 모든 골칫거리와 고통에도 불구하고 주님이 여전히 그를 원하시고 해변에서 주님의 곁으로 자신을 부르고 계시다는 사실에 많이 놀랐을 것이다.

제자들이 모두 모였을 때에 그리스도는 시몬 베드로에게 물으셨다. "네가 나를 사랑하느냐?"(요 21:15). 주님은 이 질문을 한 번이 아니라 세 번 반복해서 물으셨다. 다른 제자들이 그곳에 앉아 대화를 듣고 있었기 때문에 베드로는 창피했다. 그들은 베드로가 주님을 세 번 부인한 것을 알고 있었다. 그러나 이제 예수님은 그를 용서하시고 그에게 또 다른 기회를 제공하셨다. 그렇다. 베드로는 공개적으로 주님을 세 번 부인했지만, 지금 하나님은 그에게 공개적으로 그의 사랑을 세 번 선언할 기회를 주신 것이다.

우리의 사랑하는 남편이신 예수님은 주님의 아내인 우리 모두에게 동일한 질문을 할 권리가 있으시다. 주님이 베드로에게 기회를 주시자 그는 예수님의 사랑으로 다시 불타올랐다. 하나님의 사랑이 며칠 전에 주님을 부인했던 베드로에게 나타난 것이다. 이런 순간에 사랑이 탄생한다. 베드로는 그리스도의 사랑이 자신의 실패를 덮으셨다는 것을 깨달았다. 또한 그가 주님께 가한 고통에도 불구하고 주님은 여전히 자신을 원하신다는 것을 알았다.

이런 종류의 사랑은 앞뒤가 맞지 않고 하나님에게도 공평하지 않다. 그래서 그 사랑은 값을 계산할 수가 없다. 예수님께서 원하시는 것은 오직 베드로였다. 그리고 이제 베드로가 원하는 것도 오직 예수님이었다. 이것은 참으로 "놀라운 사랑(amazing love)"이다.

베드로는 수치심으로 도망치는 대신에 자신이 상처를 준 분에게 달려갔다. 갈릴리의 파도도 온유하신 그리스도에게 달려가는 베드로를 막을 수 없었다. 그는 바른 결정을 내렸고 결국 십자가에 거꾸로 달려 순교하기까지 주님을 향해 헌신했다. 진정으로 하나님을 사랑하는 자들만이 힘 있게 생을 마감한다. "나의 힘이신 여호와여 내가 주를 사랑하나이다"(시 18:1). 베드로는 젊은 여인의 질문에 주님을 부인했던 때와는 전혀 다른 사람이 되었다.

"어떻게 이와 같은 변화가 있을 수 있는가?"라고 질문할지 모르겠다. 성령께서 베드로의 마음에 그리스도에 대한 거룩한 사랑을 탄생시키셨다. 하나님의 사랑만큼 사람의 마음을 변화시키는 것은 없다. 그것은 어떤 것과도 비교할 수가 없다. 당신이 주님의 마음을 얼마나 많이 아프게 했는가에 상관없이 주님의 사랑은 바로 이 순간에도 당신에게 필요하다. 주님께 달려가라. 그러면 당신은 이전과 결코 같지 않을 것이다.

사랑하는 예수님,

당신은 저에게 얼마나 사랑스러운 분이신지요! 저는 매 순간 당신의 사랑에 놀랍니다. 저는 제가 당신을 잊었을 때에도 당신이 저를 위해 기꺼이 죽으려하신 것을 믿을 수가 없습니다. 당신이 저를 있는 모습 그대로 원하신다는 것은 너무 좋아서 믿기 어려울 정도입니다. 그래서 저는 당신의 사랑에 대한 보답으로 당신을 영접합니다. 저는 신부가 자기 남편을 사랑하듯이 당신을 사랑하기 원합니다. 저는 다시 당신과 사랑에 빠지길 원합니다. 계속해서 저에게 저의 죄악된 길들을 보여주십시오. 그러면 저는 항상 당신을 더 많이 사랑할 것입니다. 저로 하여금 결코 십자가를 잊지 말게 하시고 당신께서 저의 사랑을 얼마나 많이 원하시는지를 기억하게 도와주십시오. 지금 순간부터 제가 매일 당신과 사랑에 빠지게 해 주십시오. 저의 온 마음을 다해서 말입니다. 아멘.

Chapter 2

SEEKER

인자가 온 것은 잃어버린 자를 찾아 구원하려 함이니라

눅 19:10

당신은 예수님을 찾기 위해 이 책을 읽고 있는가? 당신이 진정으로 주님을 찾고자 한다면 당신은 지금 아름다운 땅에 위에 서 있다. 당신은 당신 인생에서 가장 중요한 기회를 잡은 것이다. 하나님의 아들께서는 "찾으라 그리하면 찾아낼 것이요"라고 말씀하셨다(마 7:7). 또 다시 성경은 "그러나 네가 거기서 네 하나님 여호와를 찾게 되리니 만일 마음을 다하고 뜻을 다하여 그를 찾으면 만나리라"(신 4:29)고 기록하고 있다.

그러므로 당신이 진정으로 찾는 분이 예수님이라면 찾게 될 것이다. 그러나 단지 교회나 종교를 찾고 있다면 당신은 주님을 찾지 못할지 모른다. 또 만일 이 땅에서의 부요함를 원한다면 당신은 주님을 만나지 못할 것이다. 그러나 당신이 그리스도 주님을 원한다면 예수님은 찾아오셔서 당신의 그리스도가 되실 것이다.

거룩한 순간 모든 것이 변할 것이며 당신은 지극히 아름다우신 분을 만날 것이다. 예수님은 당신의 영원한 목적과 열정의 대상이 되실 것이다. 당신도 힘든 길을 지나 여기까지 오는데 많은 노력을 기울였겠지만 당신을 먼저 "찾은" 자가 하나님이시라는 사실을 알아야만 한다. 그리고 하나님은 지금 이 시간까지 당신을 간절히 찾고 계시다.

먼저 이 여정을 시작하시고 당신을 초대하신 이는 주님이시다. 성경은 다음과 같이 말함으로써 이 진리를 설명해준다. "당신께서 저를 인도하여 주십시오. 우리는 당신을 따라 달려가겠습니다"(우리말 성경을 문맥에 맞게 다시 역자가 번역했음-역자 주, 아 1:4). 먼저, 주님은 우리를 인도하신다. 그러면 우리는 주님을 따라 달려갈 뿐이다. 당신이 먼저 시작했다고 생각하겠지만 실제로는 추적자이신 주님의 초대에 응답한 것뿐이다. "오호라 너희 모든 목마른 자들아 물로 나아오라"(사 55:1).

주님이 당신에게 오셨다

예수님을 추적자로 이해하려면 먼저 주님의 삶의 기초들을 살펴봐야만 한다. 주님이 이 땅에 오신 것은 얼마나 놀라운 일인가! 당신은 주님을 찾으러 하늘에 올라갈 필요가 없다. 먼저 지구로 내려오셔서 당신을 위해 죽으신 분은 주님이시다. 예수님은 당신에게 하나님의 사랑을 보여주시기 위해 기꺼이 영광의 자리를 떠나 이곳까지 오셨다.

만일 당신이 하나님을 찾기 위해, 천국에 들어가는 길을 찾기 위해 완벽해야만 한다고 상상해 보라. 그렇다면 우리는 영원히 길을 잃어버릴 것이고 결코 하나님을 찾지 못했을 것이다. 그러나 가장 겸손하신 예수님이 참된 추적자이심을 증명하기 위해 사람이 되기로 결심하셨다. 예수님이 이 땅에 다니시며 사역하시는 동안 주님은 잃어버린 자들을 찾기 위해 계속해서 자신의 필요를 간과하셨다.

성경은 자신을 필요로 하는 사람들을 찾기 위해 예수님께서 하신 결심을 아름답게 그리고 있다. 사람들은 예수님이 갈릴리에서 많은 사람들의 병을 고쳐주시고 자신들을 도우신 후에 자신들과 함께 머물도록 설득하려 했다. 피곤하고 힘든 사역 일정 후에 사람들의 요구대로 그렇게 하는 것이 예수님에게는 더 편했을 것이다. 주님은 한 곳에 머물러 잠시 쉬실 수도 있었지만 그리스도는 대답하셨다. "내가 다른 동네들에서도 하나님의 나라 복음을 전하여야 하리니 나는 이 일을 위해 보내심을 받았노라"(눅 4:43).

땅과 하늘을 바꾸시다

예수님은 자신이 창조하신 피조물을 구원하심에 있어 자신을 아끼지 않으셨다. 예수님은 하나님 아버지께서 가길 원하시는 모든 도시를 찾아갔으며, 육체적 고갈도, 그 어떤 것도 주님의 구원 행진을 멈추게 할 수 없었다. 우리는 주님의 이 놀라운 사랑의 가치를 조금도 떨어뜨릴 수 없다. 이를 이해하기 위해 이 땅의 참담한 모습과 성경이 묘사하는 천국의 아름다움을 비교해보라.

사람들의 입에서 나오는 더러움을 생각해 보라. 예수님 당시에 땅을 덮었던 증오와 전쟁들을 생각해 보라. 창녀들이 많은 도시의 거리에 줄서 있고 거짓과 속임이 창궐했다. 성전에는 강도들로 가득했다. 세상의 악은 절정에 달했고 주님이 개입하실 수밖에 없었다. 예수님이 우리에게 다가오시기 위해 무엇을 버리셨는지 생각해 보라. 주님은 가장 악한 죄를 지은 사람에게나 합당한 대우를 받으셨다. 하나님은 이제 그의 백성에 의해 엄청난 죄에 포위되셨다.

성경은 천국에는 정금으로 된 길과 진주 문, 그리고 유리바다가 있다고 설명한다. 그곳은 죽음도, 더러움도, 증오도, 탐욕도 없는 완전한 곳이다. 그리스도께서는 우주의 보좌에 앉으셔서 계속해서 경배를 받으신다. 천사들이 영광의 왕을 흠모하며, 이십 사 장로는 보좌 앞에 앉아 엎드려 거룩한 경배를 드렸고 그들의 금면류관을 던진다.

천국은 너무나 숨이 막힐 정도로 놀라운 곳이어서 바울은 "내가 말할 수 없는 것을 보았다"고 했다. 어떤 것도 그 정결함과 비교할 수 없다. 예수님은 세상의 모든 권세를 통치하신다. 주님이 천국의 빛이시기 때문에 어둠이 조금도 없다. 거룩한 천상의 성에서 예수님은 결코 피곤하지 않으시며 결코 육체적 한계에 대해 걱정하지 않으신다. 주님이 이 땅에 계실 때와 얼마나 큰 대비를 이루는가!

예수님이 이 땅에서 사역하실 때 "여우도 굴이 있고 공중의 새도 집이 있으되 인자는 머리 둘 곳이 없도다"라고 말씀하셨다(눅 9:58). 이 메시지의 힘이 당신의 마음을 관통하기 위해서는 오직 성령님의 능력이 필요하다. 만유의 왕이신 예수님은 잠 잘 곳도 집도 없는 사람이 되시기 위해 천국의 화려한 왕궁을 버리셨다.

천국에 계시는 동안 하나님의 아들은 한 번도 지치신 적이 없었다. 성경은 "너를 지키시는 이가 졸지 아니하시리로다"라고 우리에게 말한다(시 121:3). 그러나 이 땅에 계실 때에 모든 영원 가운데 처음으로 예수님은 신체적 피곤함이 무엇인지를 느끼셨다. 제자들과 함께 배에 계셨을 때에 주님은 사람들을 돕느라 너무 지쳐서 폭풍 중에도 잠이 드셨다. 우주의 창조주께서 휴식이 필요하셨던 것이다.

주님이 이 세상에 오실 때에 치르신 가장 큰 희생은 아버지를 떠나는 것이었다. 처음으로 두 분은 분리되셨다. 예수님께서 이 땅을 거니실 때에 성령 안에서 연합되긴 하셨지만 주님은 여전히 하나님 아버지의 곁을 떠나야만 했다. 예수님은 천국에서 하나님 아버지를 경배하며 기쁨 가운데 계셨지만 조롱과 증오의 땅으로 오시기 위해 사랑받는 환경을 버리셨다. 당신을 위해 위대하고 거룩한 교환(exchange)이 있었다는 사실을 꼭 기억하길 바란다. 당신이 주님에게 다가갈 수 있는 오직 한 가지 이유는 예수님이 당신을 먼저 찾으셨기 때문이다.

가장 가능성이 없는 자를 찾으시다

예수님은 모든 사람들이 버린 사람들을 찾으셨다. 주님은 "심령이 가난한 자"를 찾으신다(마 5:3을 보라). 그 이유는 심령이 가난한 사람들은 하나님의 사랑만이, 오직 예수님의 사랑만이 그들의 삶을 영원히 바꿔놓을 수 있다는 것을 고백하는 사람들이었기 때문이다. 그들은 공로가 없었기에 겸손하게 구세주를 사랑하고 주님을 존귀히 여긴다.

당신은 그리스도와 관계를 맺기에 합당하지 않다고 느끼는가? 만일 그렇다면 당신은 주님이 선택하기에 아주 적합한 사람이다. 우리 모두는 죄인이지만 바로 이 순간 당신을 찾으시는 것은 주님의 사랑과 자비다. 본 장의 서두에 인용한 성경 말씀을 기억하라. 예수님은 "잃어버린 자들"을 찾으러 오셨다.

예수님의 제자들을 보라. 주님은 가장 가능성이 없어 보이는 자들을 선택하셨다. 예수님은 주님이 원하시는 사람들을 찾기 위해 시간과 노력을 들이셨고 그들을 초청하셔서 예수님의 팀이 되게 하셨다. 그들이 주님을 선택한 것이 아니며, 그들이 예수님께 제자가 되게 해 달라고 간청한 것도 아니었다. 추적자이신 주님이 그들을 좇으시고 찾아내셨다.

당신이 이 책을 읽을 때에 바로 이런 일이 일어난다. 주님이 당신에게 찾아가셔서 당신의 온 마음을 다해 주님을 알고 따르도록 친히 초청하고 계신다. 주님은 세리 마태에게 가셔서 "나를 따르라"고 말씀하셨다. 세리들은 종교지도자들이 참을 수 없어 하는 공공연한 죄인들이었다. 예수님은 이에 상관치 않으셨다! 주님은 그의 평판과 상관없이 마태를 사랑하셨다. 실제로 성경은 주님이 "나가서 마태를…보시고"라고 말한다(눅 5:27). 이것은 주님께서 그를 찾으려는 노력을 기울이셨고 즉각 그를 초대하여 자기 제자로 삼으셨다는 것을 의미한다. 그리스도는 마태를 있는 그대로 원하셨다. 주님은 마태가 충분히 영적인지 아닌지를 알기 위해 그와 두 시간 인터뷰를 하지 않으셨다. 예수님은 사랑의 눈으로 그를 보셨다.

만일 당신이 예수님의 제자들처럼 사람들 사이에서 평판이 좋지 않아도 그리스도는 당신을 찾으신다. 이 얼마나 감사한 일인가? 주님은 "잃어버린 자를 찾아 구원하시려는" 사명을 가지고 이 도시에서 저 도시로, 이 마을에서 저 마을로 여행하셨다. 예수님의 열정과 헌신은 비할 데가 없었으며, 주님은 밤낮으로 주님에게 "예"라고 말할 사람들을 찾으셨다.

주님께서 다메섹 도상에서 바울에게 나타나시기 전에 이 사람(당시에 사람들은 그를 사울이라 불렀다)은 열심히 그리스도인들을 죽이고 있었다. 최초의 기독교 순교자인 스데반이 죽을 때에 바울도 그 자리에 있었다. 하나님의 거룩한 성도인 스데반은 자신이 사랑하는 예수님을 부인하지 않고 자신의 몸을 돌에 맞아 죽도록 내어주었는데, 바울은 그 장면을 목격했을 뿐만 아니라 이 살인에 가담했다.

하나님 앞에 그토록 신실한 자를 죽이는 장면을 지켜보는 것보다 더 악한 것이 있을 수 있을까? 바울은 사명감을 가지고 예수님의 제자들을 체포하고 죽임으로써 기독교가 확산되는 움직임을 분쇄하려 했다. 그는 기독교가 어떤 메세지나 믿음 혹은 운동 이상의 것이라는 점을 알지 못했다. 바울은 예수님이 기뻐하시는 사람을 찾아내시는 분이며, 누구도 그것을 막을 수 없다는 것을 알지 못했다.

바울이 더욱 놀란 것은 그리스도께서 그런 자신을 찾으러 오셨다는 사실이었다. 그는 곧 바로 예수님을 "주님"으로 불렀으며 주님께 자신의 생명을 드렸다. 이후의 그의 삶은 역사가 되었으며, 바울은 세상을 변화시키는데 쓰임 받았고 그 변화는 오늘날에도 영향을 미친다. 그는 결국 로마에서 목이 잘려 순교했다. 우리 세대의 교회는 바울이 2000년 전에 심었던 순교의 열매이다. 이 모든 것은 예수님께서 가장 가치가 없다고 생각하는 사람을 찾으러 나섰기 때문이었다. "예수님, 가치가 없는 자를 찾아 주셔서 감사합니다. 당신이 우리를 찾으신 것은 우리를 사랑하시기 때문입니다. 우리를 진정으로 사랑하시기 때문입니다."

한 밤중의 간청

내가 아직 어렸을 때, 내가 나의 마음을 주님께 드리기 전의 일이다. 나는 밤에 무서우면 부모님 방으로 가곤 했다. 형인 데오와 나는 바닥에서 자거나 부모님의 침대에 끼어 자곤 했다. 어느 날 밤, 나는 플로리다 타폰 스프링스에 있는 우리 집 부모님의 방에서 잠을 자고 있었다. 그리스 정교회에서 나눠준 신약 성경이 옷 서랍장 위에 놓여 있었고, 그 옆에는 얼마 전에 돌아가신 할머니의 사진이 있었다. 지금도 어제의 일처럼 기억이 난다.

어렸을 때에 나는 예배 때마다 신부님이 성경을 읽으시던 아름다운 소리에 언제나 매료되었다. 제단 봉사를 했던 나는 주의 깊게 듣고 지켜보았다. 또한 나의 아버지는 교회 위원회의 위원이었다. 그래서 우리가족은 신부님과 친밀한 관계를 맺고 있었다. 신부님에게 예배와 그리스도에 관해 여러 질문들을 했던 것이 지금도 기억난다. 때로 나와 형, 그리고 사촌들은 성경을 읽으시고 기도하시는 신부님을 흉내 내며 놀기도 했다. 그러나 우리는 언제나 하나님과 주님의 말씀에 대해 존경하는 마음을 가졌다.

그날 밤, 나는 한 밤중에 깨어났다. 나는 그 신약성경을 읽어야겠다는 충동을 느꼈다. 그것은 귀에 들리는 음성은 아니었지만 나는 그 소리를 분명히 들을 수 있었다. 그것은 성경을 집어 들고 읽으라는 마음의 지속적인 끌림이었다. 그 촉구는 떠나지 않았고 점차 더 강해졌다. 나는 그것이 내게서 온 것이 아니라는 것을 "알았다."

마침내 나는 주무시는 엄마를 깨워 여쭤보았다. "엄마, 하나님께서 성경을 읽으라고 말씀하시는데 읽지 않으면 죄인가요?" 엄마는 잠이 덜 깨신 상태였고, 내가 정신이 나간 게 아닌가 생각하셨을지도 모를 일이었다.

그러나 엄마는 이내 "어서 가서 읽으렴!"이라고 대답하셨다.

나는 곧 침대에서 뛰쳐나와 화장실에 들어가 문을 닫고 성경을 펼쳤다. 나는 하나님께서 나를 부르시고 계시다는 사실을 전혀 몰랐다. 나는 당시에 예수님과 동행하지 않았지만 주님을 무시할 정도로 주님을 모르진 않았다. 그 경험을 통해 나는 성경을 읽기 시작했다.

나는 당신이 그날 내게 무슨 일이 일어났는지 알게 되길 바란다. 주님으로부터 이러한 이끄심을 받기 위해 정말이지 난 아무 것도 하지 않았다. 예수님이 침대에 누워 있는 어린 소년인 나에게 먼저 찾아오신 것이다. 내가 한 것이라고는 주님께 "예"라고 말씀드린 것이 전부였다. 그것은 하나님과 동행하는 삶의 시작이었다. 항상 완전한 삶을 살지 못했지만 주님은 나를 원하셨다. 주님은 내가 주님의 마음을 너무나 많이 아프게 할 것을 알고 계셨지만 나를 찾아오셨다. 나를 찾아 오신 하나님께 감사한다. 주님은 여전히 당신과 나를 찾으시며 매일 매순간마다 우리의 사랑을 갈망하신다.

주님은 당신의 눈동자를 원하신다

당신은 지금 예수님이 당신을 찾는다는 사실이 얼마나 중요한 것인지에 대해 이해하는가? 당신이 오랫동안 주님을 알았든지 아니면 이전에 주님에게 한 번도 당신 마음을 준 적이 없든지 상관없다. 주님은 결코 우리를 찾기를 멈추지 않으신다. 주님은 식지 않는 열정으로 우리를 찾고 계신다. 주님이 원하시는 것은 우리가 마음으로부터 "예"라고 답하는 것이다.

여기 우리가 주님께 드릴 수 있는 또 다른 "예"가 있다.

- 주님이 구세주와 주가 되심에 "예"라고 말하라.
- 성경에서 주님을 만났을 때에 "예"라고 말하라.
- 주님과 홀로 더 많은 시간을 보내라고 하실 때에 "예"라고 말하라.
- 사랑한다는 고백을 주님께 더 많이 드리라고 하실 때에 "예"라고 말하라.
- 가난한 자에게 주라고 하실 때에 "예"라고 말하라.
- 다른 사람들과 주님의 구원을 나누라고 하실 때에 "예"라고 말하라.

상처 받기 쉬우신 하나님

심지어 예수님은 유다를 택하여 주님을 따르게 하셨고 12명의 제자 중 하나로 삼으셨다. 유다는 결국 주님을 배반하고 예수님이 체포되도록 내어 줄 것을 아셨지만 이것이 추적자이신 주님을 멈춰 세우진 못했다. 예수님은 유다가 자기를 아프게 할 것을 아셨지만 여전히 그를 찾으셨다.

그리스도는 우리가 주님에게 반복해서 고통을 줄 것을 너무나 잘 아시면서도 우리를 찾으신다. 예수님의 사랑이 예수님 자신을 압도하여 우리가 언젠가 주께 가할 고통과 상관없이 우리를 찾게 만든다. 우리는 하나님을 사랑하되 결코 주님의 마음을 아프게 하지 않아야 하지만 슬프게도 이런 일은 항상 발생한다.

베드로는 예수님의 가장 친한 세 친구 중 하나였다. 예수님은 자신의 가장 비밀한 것을 베드로와 야고보와 요한에게만 보이시기도 했다. 그만큼 베드로는 예수님과 친밀한 관계를 맺고 있었다. 주님은 주님이 베드로가 가장 절실하게 필요로 할 때에 그가 자기를 세 번 부인할 것을 아셨지만 그를 택하셔서 따르게 하셨다.

앞장에서 살펴본 것처럼 베드로는 마음 속으로 비밀히 예수님을 버린 것이 아니었다. 그는 불을 쬐면서 많은 사람들에게 둘러싸인 상태에서 공개적으로 예수님을 부인했다. 그뿐만 아니라 베드로는 주님이 곁에 계신 때에 그분을 버렸다. 우리는 베드로가 세 번 부인한 후 닭이 울자 주님께서 베드로를 쳐다보셨다는 기록으로 이것이 사실임을 알 수 있다.

추적자이신 주님의 마음에 고통이 가득했을 때에 그 눈길은 어땠을까? 맞아서 부은 주님의 얼굴과 뚫어지게 쳐다보시는 주님의 거룩한 눈길은 베드로의 영혼을 산산이 부서뜨렸을 것이다. 그 순간엔 말이 필요 없었다. 그 제자의 마음에 주님의 음성을 들렸을 것이다. "내가 너를 사랑했지만 너는 나를 부끄러워하는구나. 나는 지금 네가 필요하다. 나는 친구가 필요한데 너는 내 마음을 아프게 하고 있구나. 너는 나를 버리는구나. 베드로야, 그럼에도 불구하고 나는 여전히 너를 사랑한단다. 내가 곧 너의 죄를 씻어 주마. 나는 너를 위해 해야 하는 모든 것을 하고 있단다." 예수님은 우리가 주님을 부인할 때도 이와 동일하게 우리를 바라보신다. 놀랍게도 예수님은 베드로의 사랑을 간절히 원하셨다.

그리스도와 그의 제자들이 최후의 만찬을 끝냈을 때에 주님은 그들의 발을 씻겨 주셨다. 그 발은 주님이 몇 시간 후에 체포될 때에 주님을 버리고 도망갈 발이었다. 주님은 자신에게 거절감과 고통을 가한 그들의 발을 부드럽게 닦아 주셨다.

추적자의 사랑이 그들의 연약함을 덮었다. 우리의 사랑이 주님에게 그렇게 소중하기에 주님은 그 사랑을 받기 위해 기꺼이 상처를 받으셨다.

주님은 수많은 병자들을 고치셨지만 주님이 고난당하실 때에 주님 곁에 아주 가까이 있던 자들은 아주 극소수였다.

왜 주님은 자신에게 신실하지 않은 자들을 고쳐주셨을까? 그것은 우리를 찾으시는 주님의 끝없는 사랑 때문이었다. 과거에 당신이 주님께 신실하지 못했다 할지라도 주님은 지금도 당신을 찾고 계신다.

열린 마음

누군가에게 처음으로 "사랑해요"라고 말했던 경험을 떠올려 보라. 무방비 상태인 당신의 감정을 내어 보이는 것이 어떤 느낌이었는지 기억하는가? 당신은 그가 어떻게 반응할지 행여나 그 감정이 이용당하지나 않을지 긴장했을 것이다.

내가 내 아내 제시카에게 처음으로 사랑한다는 말을 했던 일이 기억난다. 나는 그녀가 나를 사랑한다는 것을 알고 있었지만 여전히 긴장했다. 나는 그녀를 너무도 사랑하고 있었지만 처음으로 그런 고백을 하는 것은 다른 차원의 얘기다. 나 같은 그리스 남자들은 여성을 대할 때 부드럽고 세심하게 말하는 법을 배우지 못했다. 감사하게도 그녀는 "저도 당신을 사랑해요"라고 대답했다. 그녀가 나에게 자신의 사랑을 보여주었을 때에 세상이 얼마나 아름다워 보였는지!

예수님께서 우리를 찾으시고 우리를 위해 자기 자신을 너무 많이 내어 주실 때에는 더 많은 상처에 노출되신다. 그러나 주님은 우리처럼 자존심이 세지 않으시다. 주님은 처음부터 당신을 향한 자신의 사랑을 고백하는데 문제가 없으시다. 잠시 멈춰 서서 생각해 보라. 눈을 감고 하나님의 아들이 계속해서 당신을 찾고 있다는 사실에 대해 묵상해 보라. 주님은 자신의 마음을 솔직히 말씀하신다. 주님의 고백은 지금도 계속되고 있다.

나는 남부 캘리포니아의 태평양 연안을 따라 드리워진 절벽을 내려다보면서 아내에게 청혼을 했다. 나는 전보다 더욱 긴장됐다. 나는 반지를 사기 위해 열심히 일했으며 나의 모든 것을 다해 그녀와 결혼하고 싶었다. 그리스인의 문화에서는 여자 친구의 아버지의 축복은 매우 중요하다. 감사하게도 그녀의 아버지는 "그래, 축복해 주마"라고 하셨다. 나는 그녀도 그럴 것이라 자신했지만 여전히 초긴장했었다.

가장 큰 도전은 나처럼 자존심이 강한 남자가 무릎을 꿇고 그녀에게 나와 함께 여생을 함께 보내자고 구하는 것이었다. 나는 너무도 멋진 풍광을 내려다보이는 벤치에 앉아서 그녀에게 청혼하려고 계획했다. 마침내 우리가 그 벤치에 도착했을 때에 나는 그렇게 할 수 없었다. 대신에 우리는 당시 별로 중요하지 않은 다른 이야기를 했다. 심장이 쿵쾅거리며 내 가슴을 두드렸다. 마침내 나는 온 용기를 다 내 그녀에게 청혼했다. 그녀는 즉시 "예"라고 대답하는 대신에 소리를 질렀다. 그때가 내 생애에서 가장 긴 10초였다! 마침내 "예"라는 대답이 나왔고 나는 너무나 안심이 되었다. 그녀는 나에게 자신의 인생을 맡겼고 나는 온 세상을 얻은 것 같았다. 내가 그녀의 헌신과 사랑을 "찾을" 때처럼 내 마음이 그렇게 노출되었던 적은 결코 없었다.

예수님도 우리에게 같은 것을 원하신다. 주님은 당신이 주님을 사랑하고 주님을 따르길 구하실 때마다 더욱 더 상처 받기가 쉬워지신다. 왜냐하면 당신이 "아니오"라고 말할 때에 주님의 마음이 아플 것을 잘 아시기 때문이다. 당신의 사랑을 구하시는 분이 전능하신 하나님이라는 사실을 기억하길 바란다. 주님이 성경이나 가르침 혹은 주님을 알고 사랑하는 어떤 사람과의 관계를 통해 자신을 우리에게 알리실 때에 우리는 그것이 단지 교회에 출석하거나 "저는 지금 그리스도인입니다"라고 말하는 것보다 더 깊은 의미가 있다는 것을 깨달아야만 한다.

우리가 주님의 요청에 따라 우리의 마음을 드릴 때에 우리는 주님과 영원히 결혼한다. 천국은 거룩한 언약을 영원히 기록한다. 주님은 기록된 그대로 우리에게 주님의 신부가 되어 달라고 요구하신다. 얼마나 주님은 우리의 사랑을 원하시는지! 이것은 너무나 심오해서 제한적인 우리의 마음으로는 이해가 되지 않는다. 주님은 우리에게 자신의 사랑을 고백하시며 진실로 결혼을 요구하신다.

그 순간 그리스도께서는 우리에게 자신의 마음을 노출하시는 것이다. 주님은 우리가 원하는 어떤 위엄보다도 더 위엄이 있으신 분이시다. 그러기에 주님이 우리의 사랑을 요청하신다는 것은 주님이 자신의 엄청난 능력을 제쳐놓으시고 그 순간에 겸손하고 온유한 자가 되신다는 것을 의미한다. 그렇다. 예수님께서 당신의 삶을 요구하실 때에 주님은 당신에게 자신을 주겠다고 맹세하시는 것이다. 주님은 단지 자신만 당신을 받아들이기를 원하지 않으신다. 주님은 당신도 주님을 받아들이길 원하신다.

주님의 두드리는 소리를 들으라

예수님은 말씀하신다. "볼지어다 내가 문 밖에 서서 두드리노니 누구든지 내 음성을 듣고 문을 열면 내가 그에게로 들어가 그와 더불어 먹고 그는 나와 더불어 먹으리라"(계 3:20). 사랑의 예수님이 지금 당신의 마음을 두드리고 계신가? 주님이 "이전에 그랬던 것처럼 나를 사랑하느냐?"라고 묻고 계신가? 아니면 주님이 "처음으로 내가 들어가게 해 다오"라고 말씀하시는가?

예전에 나와 우리 교회 교인들이 험악한 이웃동네에 가서 집집마다 문을 두드리며 옆 동네에 있는 한 교회가 그들을 돕고 싶어 한다는 사실을 알려준 적이 있었다. 우리는 그저 가난한 사람들을 돕고 하나님의 사랑을 보여주기 위해 그곳에 갔던 것이다. 나는 극도로 긴장했고 면전에서 문을 닫지 않을까 걱정했다. 주님은 내가 어떤 느낌일지 정확히 아셨다. 왜냐하면 사람들이 면전에서 문을 닫아 버리는 것처럼 날마다 매 순간마다 사람들이 주님 앞에서 문을 닫아버리는 것을 경험하셨기 때문이다. 주님의 고통을 가늠해 보라. 주님은 단지 우리를 사랑해서 도와주고 싶으셨을 뿐이다.

나는 당신이 마음으로 "예수님, 들어오셔서 저와 함께 식사해요. 제 마음은 주님을 영원히 환영합니다."라고 말하길 기도한다. 그리스도가 문을 두드리는 소리는 계속해서 강하게 들려온다. 하지만 그 소리는 무례하거나 공격적이지 않고 더할 나위 없이 사랑스럽다. 주님은 너무나 부드럽고 따뜻하셔서 자기의 소유인 이 땅에 계실 때도 주님은 결코 어느 누구에게도 억지로 자기와 머물게 하지 않으셨다. 오직 주님께 마음의 문을 여는 자들에게만 들어가셔서 거하셨다.

주님이 당신 마음의 문 밖에 서서 당신이 들어오라고 할 때까지 기다리시는 모습이 보이는가? 주님을 밖에 세워두지 말라. 이 거룩한 순간에 당신에게 가까이 다가오신 주님을 모시어 들이라. 주님의 음성을 들으라. "나의 누이, 나의 사랑, 나의 비둘기, 나의 완전한 자야 문을 열어 다오

내 머리에는 이슬이, 내 머리털에는 밤이슬이 가득하였다"(아 5:2).

주님은 자기 백성을 신부로 부르시기 때문에 "나의 누이"란 단어를 사용하신다. 나는 당신이 이 말씀에서 당신을 향한 주님의 사랑의 음성을 들었으리라고 확신한다. 너무 오래 기다리셔서 예수님의 머리털이 밤이슬에 젖었다는 사실에 주목하라. 주님은 춥고 습한 밤에 홀로 서서 당신이 마음의 문을 열 때까지 인내심을 가지고 기다리신다. 이것은 당신을 향한 예수님의 사랑스러운 인애를 보여주는 아름다운 모습이다.

구하라, 찾으라, 두드리라

하나님의 아들은 우리에게 다음과 같은 놀라운 약속을 하신다. "구하라 그러면 너희에게 주실 것이요 찾으라 그러면 찾아낼 것이요 문을 두드리라 그러면 너희에게 열릴 것이니"(눅 11:9). 당신의 마음을 예수님께 드리면 당신은 어린 아이처럼 주님께 뭔가를 구하기 시작할 것이다. 그리고 놀랍고도 기쁘게 주님은 당신이 구한 것을 주신다.

이 기간 동안에 구한 것들은 신속하게 그리고 쉽게 응답된다. 당신은 주님이 너무나 놀랍고 신실하신 분이라는 것을 발견한다. 주님의 선하심에 놀라고 행복해하면서 당신은 이제 계속해서 당신에게 베푸시는 주님께 기도하고 성경을 읽고 주님을 먼저 만난 성도들과 교제함으로써 주님을 찾기 시작한다. 그러면서 성경의 약속대로 당신은 그토록 오랫동안 찾아왔던 주님을 발견하게 된다.

당신이 찾아 헤매던 이 귀한 예수님을 만나면 당신은 결코 주님 곁을 떠나고 싶지 않으며 계속해서 주님의 임재 가운데 있길 갈망한다. 그리고 주님의 아름다우심과 사랑을 경외하게 된다. 이제 주님은 당신의 초점의 중심이 되시며 당신은 주님이 얼마나 놀라우신 분이며 주님이 당신에게 어떤 분이신지를 주님께 고백할 수밖에 없다. 당신은 주님이 완전하시며 "모든 것이 전부 사랑스러우시다"는 것을 발견한다. 여기서 멈추지 말라. 여기에 더 있다. 얼마 안 있어 당신은 문을 두드리기 시작할 것이고, 그 문 뒤에서 진정한 연합을 발견하게 될 것이다.

당신은 구했고 받았다. 당신은 찾고 있었으나 이제 주님을 발견했다. 그러나 놀랍게도 당신은 만족하지 못한다. 당신은 당신이 발견한 주님을 진정으로 알기 원한다. 마침내 당신은 주님의 마음을 두드리기 시작한다. 당신은 그 안으로 들어가고 싶어 한다. 당신은 주님의 마음이 당신의 집이 되길 원한다. 주님은 큰 신뢰와 특권으로 자신의 존재의 문을 당신에게 여신다. 이 얼마나 놀라운 영예인가!

놀랍게도 당신은 주님의 고통과 주님의 기쁨을 모두 느끼기 시작한다. 당신 안에 뭔가가 주님을 섬기고 주님을 위로해 드리고 싶어 한다. 주님의 깊은 갈망 안에서 당신의 육신의 욕망들과 자아는 사라진다. 이제는 더 이상 당신이 중요하지 않다. 여기서 당신은 하나님의 친구가 된다. 주님은 서약서에 기록된 대로 마음의 비밀한 것들을 주님의 신부인 당신과 나누신다. 당신은 주님이 사람들을 보시는 시각으로 그들을 보기 시작한다. 당신의 마음은 이전에 당신에게 한 번도 문제가 되지 않았던 문제들로 인해 깨어지기 시작한다. 당신은 주님에 대한 갈망으로 끓어 넘친다. 당신은 이제 축복된 연합으로 들어갔다. 그것은 참된 관계가 시작되는 곳, 즉 사랑의 장소이다.

비할 데 없는 눈길

"나의 사랑하는 자는 … 우리 벽 뒤에 서서 창으로 들여다보며 창살 틈으로 엿보는구나"(아 2:9). 주님은 우리 마음의 창문을 통해 우리 영혼을 들여다보신다. 예수님은 분노나 교만한 마음으로 우리를 보시지 않는다. 오히려 주님은 사랑과 놀라운 인내심을 가지고 보신다. 주님은 당신을 얼마만큼 사랑하시며 어떻게 당신을 보살피고 계시는지를 당신에게 보여주고 싶어 하신다. 주님은 성령께서 당신을 도우셔서 당신 마음을 찾으시는 추적자를 보여주길 원하신다. 주님은 밖에 내내 혼자 서서 당신이 주님께 당신의 영혼을 열기만을 인내하며 기다리고 계신다.

주님의 눈길은 열정적인 눈길이다. 주님의 눈은 우리를 꿰뚫지만 부드러움으로 가득하다. 주님은 기다리고 기다리신다. 당신이 해야 할 일은 단지 문을 여는 것이다. 그러면 순전한 사랑은 당신의 것이 될 것이다. 성경은 "왕이 나를 그의 방으로 이끌어 들이시니"(아 1:4)라고 말한다. 당신이 기도하고 싶은 마음이 들거나 성경을 읽거나 시간을 내어 주님께 경배 드리고 싶은 충동이 느껴질 때마다 왕이신 그리스도께서 겸손하게 당신의 시간을 요청하신다는 것을 깨달아야만 한다. 이는 당신이 무시해서는 안 되는 두드림이다.

이것이 왕의 초대임을 기억하라. 게다가 주님은 당신을 가장 친밀한 그곳으로 부르고 계시다. 그 침실은 주님이 자신의 가장 깊은 내면의 감정, 즉 아픔과 기쁨을 나누시는 곳이다. 그곳에서 주님은 자신의 마음을 보호하는 장벽을 부수고 마음을 노출시키신다. 전능하신 하나님은 서약서에 기록한 대로 당신의 시간과 사랑을 요구하고 계시다. 주님은 당신을 찾고 계시다. 그리고 당신도 주님을 다시 찾게 될 것이다. 주님은 문을 두드리고 계시다. 그러면 당신도 주님의 마음의 문을 두드리게 될 것이다. 만일 당신이 당신의 마음을 연다면 주님은 주님의 마음을 여실 것이다.

나는 주님의 두드리심이 결코 끝나지 않는다고 말하고 싶지만 실상은 그렇지가 않다. 주님의 부드러운 요청이 크게 들리지 않을 날이 올 것이다. 이처럼 두드리시는 순간이 결코 다시 당신에게 찾아오지 않을지 모른다. 추적자의 두드리심이 때로는 크게 들리지만 삶의 걱정들이 큰 소리로 들려오면 주님의 두드림 소리는 잦아질 것이다. 그리고 어느날 그 소리는 영원히 사라지고 주님은 더 이상 당신을 찾지 않으실 것이다.

이 일은 주님이 재림하시거나 당신이 이 세상을 떠날 때에 일어난다. 당신의 삶은 이 두 순간 중 한 가지로 끝날 것이다. 그것은 분명하다. 어느 누구도 이 땅에서의 마지막 순간을 피할 수 없다. 당신은 이것이 하나님의 계획이라는 사실을 반드시 알아야만 한다. 인생은 깨지기 쉽고 잠깐이다. 내일은 불확실하다. "너희는 여호와를 만날 만한 때에 찾으라 가까이 계실 때에 그를 부르라"(사 55:6).

당신의 대답은?

나는 당신을 기도의 자리로 초청하면서 헌신된 추적자이신 주님의 부르심에 당신이 응답하길 원한다. 주님이 원하시는 보답은 당신이 주님을 찾는 것뿐이다. 당신이 이 책을 읽을 때에 주님이 당신 안에 심어 놓으신 것은 무엇이든 간에 주님께 그저 "예"라고 대답하라. 그러면 주님은 결코 당신을 거절하지 않으실 것이다.

당신은 "내가 어떻게 주님을 찾을 수 있는가?"라고 물을지 모른다.

먼저 주님의 아름다우신 이름을 나즈막히 부르는 것에서부터 시작하라. 주님을 그렇게 가까이 느끼게 해 주는 것은 주님의 이름이다. "예수님"의 이름을 반복해서 계속 부르라. 당신은 지금 당장 그렇게 할 수 있다. 필적할 수 없는 주님의 놀라운 이름을 부르라. 그러면 당신은 주님이 얼마나 가까이 계신지를 알게 될 것이다. "네 기름이 향기로와 아름답고 네 이름이 쏟은 향기름 같으므로"(아 1:3). 어떤 사람의 향기가 그 사람의 임재를 느끼게 해주듯이 주님의 이름이 주님의 임재를 느끼게 해 준다. 예수님, 이 얼마나 놀라운 이름인가! 이 얼마나 놀라운 아름다움과 능력인가! 이 얼마나 놀라운 평화와 기쁨인가! 모든 것이 이 이름 안에 다 들어 있다.

당신은 이제 그 놀라운 이름을 알았기에 당신을 찾으시는 주님의 갈망에 대해서도 이해해야 한다. 그리고 당신이 주님을 어떻게 대할 것인지에 대한 책임도 당신에게 있다. 이제 이 진리를 받아들이기를 바란다. 주님께서 이렇게 자신을 계시하신 후에 주님을 거절하는 것은 매우 위험하다. 그러므로 가장 위대한 보물은 예수님에게 "예"라고 대답하는 것이다.

성령님이 당신을 인도하시는 모든 순간, 당신이 주님과 어디에 서있든지 상관없이 다음의 기도는 당신에게 적용된다. 주님은 이미 자기를 아는 사람들을 찾으셔서 더 깊은 사랑으로 인도하신다. 주님은 한 번도 주님을 만나지 못한 사람들을 찾으시고 그들이 자신과 처음 사랑에 빠지길 원하신다.

사랑하는 예수님,

사랑의 추적자이신 당신이 저를 찾으시는 것에 감사를 드립니다. 당신은 지금까지 너무나 많은 인내와 친절을 보여주셨습니다. 당신은 너무나 오랫동안 제 마음을 끌어당기셨습니다. 당신은 매일 저를 찾으십니다. 저는 당신에게 다시 "아니오"라고 말하고 싶지 않습니다. 당신이 저를 찾으실 때에 저도 당신을 찾을 것입니다. 당신이 제 마음의 문을 두드리실 때에 저도 문을 열 것입니다. 너무나 오랫동안 당신을 밖에 세워둔 것을 용서해 주십시오. 죄송합니다, 예수님. 이제 저는 당신에게 "예"라고 말합니다. 제 마음에 오셔서 그곳에서 안식하십시오. 저는 언제나 당신의 것입니다. 당신을 사랑합니다. 아멘.

Chapter 3

하나님
GOD

나의 주시며 나의 하나님이시니이다

요 20:28

    예수 그리스도는 너무나 부드러우시고, 따뜻하시며, 온유하시고, 언제나 사랑스러우시며, 친절하시다. 어느 누구도 주님의 인내와 견줄 수 없고 주님의 겸손한 마음과 비교할 수 없다. 어느 누구도 이 불완전한 세계로 와서 우리 죄를 대신해서 죽기 위해 천국의 영광과 완전함을 떠나려 하지 않을 것이다. 주님은 지금까지 존재한 사람 중에 가장 마음이 따뜻한 분으로 지속적으로 자기를 거부하는 사람에게도 계속해서 기회를 주신다.

    예수님의 음성은 당신이 지금까지 들은 음성 중에 가장 큰 위로를 줄 것이며 주님의 자녀들로 하여금 눈물을 흘리게 할 것이다. 그러나 당신은 주님이 전능하신 하나님이라는 사실을 결코 놓쳐서는 안 된다. 주님은 완전한 인간이시면서 동시에 완전한 하나님으로 이 땅에 오셨다. 성경은 우리에게 주님을 하나님으로 알고 존중하도록 명령한다. "여호와가 우리 하나님이신 줄 너희는 알지어다 그는 우리를 지으신 이요 우리는 그의 것이니 그의 백성이요 그의 기르시는 양이로다"(시 100:3). 이 책을 계속 읽으면 당신은 예수님의 인성과 신성을 알게 될 것이다.

예수님이 하나님되심을 경험하는 것은 당신의 믿음에 매우 중요하며 당신이 주님께 다가가는 방식에 영향을 미칠 것이다. "만군의 여호와 그를 너희가 거룩하다 하고 그를 너희가 두려워하며 무서워할 자로 삼으라"(사 8:13).

당신은 예수님께서 얼마나 강력하고 엄청난 분이신지 이제 알게 될 것이다. 당신이 당신에게 다가오시는 분이 누구인지 이해할 때에 당신은 누구도 끊을 수 없는 사랑에 빠지게 될 것이다. 그러므로 한 가지를 분명히 확신하라. 그것은 이 사랑의 나사렛 예수님이 전능하신 하나님이라는 사실이다.

예수님께서 자신의 마음을 우리에게 여신다는 것을 깨달을 때에 우리 마음이 얼마나 겸손해지는지 모른다. 본 장의 후반부에서 당신은 하나님의 초청에 가부를 말할 수 있는 흔치 않은 영예를 가지게 될 것이다. 당신은 단지 위대한 인간과 사랑에 빠지거나 그런 자를 사랑하는 기회를 받는 것이 아니다. 당신은 우주의 창조자를 사랑하고 경배하는 기회를 부여받을 것이다. 이 얼마나 거룩한 특권인가!

어제나 오늘이나 영원토록 동일하신 분

역사상 가장 위대한 순간 중 하나는 그리스도께서 베들레헴의 허름한 마구간에서 태어나셨을 때이다. 이 사건은 우리의 소망과 자유의 시작이었다. 그러나 이 사건이 예수님의 시작은 아니었다. 사실 주님은 시작점도 없고 결코 창조되지도 않으셨다. 구세주는 시작도 끝도 없으시다. 요셉과 마리아 그리고 하나님 아버지도 주님을 창조하지 않았다. 그리스도는 언제나 계셨다.

성경 말씀은 예수님에 대한 진리를 설명한다. "태초에 말씀이 계시니라 이 말씀이 하나님과 함께 계셨으니 이 말씀은 곧 하나님이시니라 그가 태초에 하나님과 함께 계셨고"(요 1:1-2). 여기서 "말씀"은 그리스도를 가리킨다. 그리고 이것은 두 가지를 분명히 말해준다. 예수님이 하나님이시라는 것과 주님은 언제나 존재하셨다는 것이다.

많은 사람들은 예수님이 역사상 존재하셨음을 믿고 심지어 주님의 역사와 가르침을 받아들이지만 주님이 시작도 끝도 없는 영원하신 분이라는 것을 믿지 않는다. 성자 하나님은 잡히시고 고난 받으시기 바로 전에 성부 하나님께 기도하시면서 아름다운 선언을 하신다. 예수님은 하늘을 우러러 보시면서 "아버지여 창세 전에 내가 아버지와 함께 가졌던 영화로써 지금도 아버지와 함께 나를 영화롭게 하옵소서"(요 17:5)라고 말씀하신다. 이는 주의 말씀이며 누군가가 주님의 가르침을 받으려 한다면 그가 하신 모든 말씀을 믿어야만 한다. 만일 그렇지 않을 경우에 주님의 가르침과 진실성은 믿을 수가 없게 된다.

사역 초기부터 끝까지 주님은 자신이 항상 존재하셨다는 사실을 분명히 말씀하셨다. "나는 알파와 오메가요 처음과 마지막이요 시작과 마침이라"(계 22:13). 그리스도는 단지 태초에 그곳에 계신 것이 아니었다. 주님 자체가 시작이시다. 예수님은 주님이 원하시는 모든 것을 마치신다 할지라도 존재를 멈추지 않으신다. 사실 주님에겐 끝이 있을 수 없다!

왜 그런가? 왜냐하면 주님이 모든 것의 끝이시기 때문이다. 우리의 제한적인 마음으로 이해하긴 어렵지만 예수님은 영원하시다. 주님은 며칠이나 몇 시간 일하는 것이 아니며 우리가 아는 시간에 구속을 받지 않으신다. 주님은 자신 안에서 역사하신다. 주님이 만물의 시작과 끝이기 때문에 우리가 알고 있는 모든 것이 끝나더라도 예수님은 여전히 그곳에 계신다. 주님은 영원하신 삼위 일체 하나님, 곧 성부와 성자와 성령 중 제 2위이시다. 주님은 아버지와 성령님과 동일하게 전능하시다.

주님은 영원하시다

창세기에서부터 성경은 그리스도와 삼위일체를 언급한다. 성경은 "우리의 형상을 따라 우리의 모양대로 우리가 사람을 만들고"라고 말한다(창 1:26). "우리의"란 말은 성부와 성자와 성령을 가리킨다. 이것이 단지 신학교 교수의 신학적 의견이 아니라는 점을 당신은 이해해야만 한다. 주님은 자신이 영원하시다는 사실에 대해 여러 번 언급하셨다.

종교 "전문가들"이 이 문제에 대해 주님께 질문을 했다. 예수님은 아브라함이 주님의 때를 보고 즐거워했다고 말씀하셨다. 종교지도자들은 어떻게 이것이 사실일 수 있는지를 알고 싶었다. 왜냐하면 아브라함은 2000년 전에 살았고 주님은 이제 30세였기 때문이었다. 주님의 대답은 정곡을 찔렀다. "아브라함이 나기 전부터 내가 있느니라"(요 8:58).

예수님께서 "아브라함이 있기 전부터 내가 있었다(I was)"라고 말씀하지 않으셨다. 주님은 "내가 있느니라(I AM)"라고 선포하셨다. 왜냐하면 주님의 존재는 영원하고 모든 것이 주님 안에서 존재하기 때문이다. 주님은 항상 계신다. 그래서 성경은 그리스도에 대해 "전에도 계셨고 이제도 계시고 장차 오실 이"라고 말한다(계 4:8).

창조주

예수님은 결코 창조되지 않으셨다. 주님은 만물의 창조주이시다. 대부분의 사람들은 모든 만물이 하나님의 말씀이신 예수님을 통해 생겼다는 사실을 전혀 모른다. 성경은 "만물이 그로 말미암아 지은 바 되었으니 지은 것이 하나도 그가 없이는 된 것이 없느니라"(요 1:3)라고 우리에게 말해준다.

이보다 더 분명할 순 없다. 예수님은 만물을 창조하시는 일에 동참하셨다. 거기에는 모든 행성, 별, 해와 달 그리고 당신이 포함된다! 아들 예수님은 당신을 빚으셨고 이제 당신이 마음에 존경심과 경외감을 품고 주님께 와서 주님을 하나님으로 정중히 모시길 원하신다.

배에 오르신 주님이 갈릴리 바다의 바람과 성난 파도에게 명령하셨을 때에 어떻게 그것들이 주님의 음성에 순종할 수 있었을까? 주님은 사자처럼 포효하는 바람과 당장이라도 배를 부숴버릴 듯 밀려오는 파도를 창조하신 분이셨다. 만물은 공기와 물을 만드신 주님의 음성을 들어야만 했다. 어느 누가 밤새도록 산꼭대기에서 기도하고 폭풍이 몰아치는 물 위를 걸어 다가올 수 있단 말인가? 이 땅의 모든 법칙과 한계를 초월하시는 주님만이 그렇게 하실 수 있다.

창조주는 피조물 중에 가장 강한 어떤 것이라도 모두 다스리신다. 성난 갈릴리 바다도 우주의 하나님이신 그리스도의 발걸음에 상대가 되지 못했다. 하늘의 별들이 탄생을 알리는 자가 누구인가? 하나님이 이 세상에 오시던 밤처럼 한 밤이 대낮처럼 밝았던 적이 있는가?

주님을 구유에 뉘였을 때에 심지어 하늘의 별들도 자기의 창조주에게 경의를 표했다. 주님께서 오후에 십자가에서 죽으셨을 때에 하늘은 밤처럼 어두워졌고 바위들은 지진으로 인해 반으로 갈라졌다. 왜 그런가? 왜냐하면 피조물들이 자기를 지으신 분의 죽음과 고통을 슬퍼했기 때문이었다. 예수님께서 십자가에서 죽으셨을 때에 지구는 어두워졌다. 심지어 태양도 엎드리어 지금까지 지구가 보았던 사랑 중에 가장 위대한 사랑의 행위에 대해 경배하는 법을 알았다. 하나님께서 자기의 피조물을 위해 죽으신 것이다. 태양과 바위들도 주님의 죽음에 경의를 표했지만 인간들은 그렇지 않았다. 주님이 하나님이시라는 것을 이해하지 못하면 주님을 구세주로 믿는 것은 불가능하다. 창조주 외에 어느 누가 피조물을 구원할 수 있단 말인가? 당신을 빚으신 분 이외에 어느 누가 당신을 새로운 사람으로 만드실 수 있단 말인가? 사람에게 생기를 불어 넣으셔서 생령이 되게 하신 분 이외에 그 누가 영혼을 구원할 수 있단 말인가? 예수님은 오직 주님만이 푸실 수 있는 문제를 해결하셨다. 오직 주님만이 하나님께 돌아오는 길을 만드실 수 있었다.

하나님의 아들

그리스도께서 자신을 하나님의 아들이라고 부르셨을 때에 이는 자신이 하나님이심을 말씀하신 것이었다. 주님은 기본적으로 "나는 육체로 온 하나님이다"라고 말씀하셨다. 성경은 이 선언을 이렇게 아름답게 설명한다. "…하나님을 자기의 친 아버지라 하여 자기를 하나님과 동등으로 삼으심이러라"(요 5:18).

예수님이 하나님을 자기 아버지라고 선언했을 때에 이는 자신이 신이라고 선포하신 것이었다. 예수님이 하나님 아버지와 본질적으로 같은 분이라는 것을 성경은 증언하고 있다. "그는 보이지 아니하는 하나님의 형상이시요 모든 피조물보다 먼저 나신 이시니"(골 1:15).

주님은 빌립에게 말씀하셨다. "나를 본 자는 아버지를 보았거늘"(요 14:9). 하나님 아버지를 찾고 싶다면 그저 예수님을 바라보라. 주님은 또 "나를 알았더라면 내 아버지도 알았으리라"라고 말씀하셨다(요 8:19). 아들 하나님은 자신이 누구신지 정확히 아셨고 자신을 소개하실 때에 이를 분명히 밝히셨다.

이제 당신이 이 책을 읽으면서 만나게 될 분은 평범한 분이 아니시다. 주님은 우리의 이해를 초월하신다. 당신의 상상력은 단지 예수님의 위대하심의 표면만 스칠 뿐이다. 주님은 하나님이시기 때문에 주님은 당신의 죄를 위해 값진 희생제물이 되셨다. 다른 어떤 사람이 십자가에서 죽었다면 그것은 아무 것도 이루어 내지 못했을 것이다. 왜냐하면 선한 사람일지라도 죄로 더럽혀져 있기 때문이다. 성경은 "의인은 없나니 하나도 없으며"라고 말하고 있다(롬 3:10).

하나님 자신 이외에 죄의 값을 치를 수 있는 자는 누구란 말인가? 당신의 범죄에 대해 하나님 아버지는 오직 하나님의 아들의 보혈만을 받으실 수 있었다. 히브리서 9:22은 "피 흘림이 없은즉 사함이 없느니라"라고 말한다. 모든 사람이 모든 순간마다 짓는 모든 죄를 깨끗케 할 만큼 거룩한 것은 오직 성자 하나님의 보혈뿐이다. 오직 자신을 십자가에서 희생제물로 드리신 하나님만이 그 값을 치르기에 충분하다. 그래서 베드로는 주님의 피의 가치를 "그리스도의 보배로운 피"(벧전 1:19)라고 고백한 것이다.

당신은 성자 하나님이 당신을 지금 이 순간까지 인도하시기 위해 수치 가운데 나무 십자가에 달리셨다는 것을 알아야만 한다. 하나님의 아들이 거친 나무 십자가에 못 박히셨기 때문에 그 나무는 영예를 누린다. 예수님께서 죽으시기 전과 후에 수많은 범죄자들을 처형하기 위해 수많은 십자가들이 사용되었다. 치욕의 십자가는 존경받는 상징이 되었다. 이는 그리스도께서 그 위에서 죽으셨기 때문이었다. 무덤도 특별한 것이 되었다. 왜냐하면 창조주께서 죽음의 자리에서 먼지를 털고 일어난 곳이 바로 그곳이기 때문이다. 만일 이런 설명에서 주님이 하나님이시라는 사실을 제거하면 십자가에 또 다른 한 사람이 처형되어 무덤에 묻힌 것으로 끝났을 것이다.

오직 하나님만이 죄를 용서하신다

예수님의 적들은 주님의 행하신 일 때문에 주님을 미워했을 뿐만 아니라 주님이 선포하시는 말씀 때문에 그분을 증오했다. 궁극적으로 그들은 주님이 하신 말씀을 이용해 주님을 정죄하려 했다. 그러나 주님의 말씀은 진리이기 때문에 그들은 주님에게서 잘못을 찾을 수가 없었다(요 19:6을 보라).

아주 중요한 순간에 성경은 예수님을 하나님이라고 말한다. 나는 당신이 이 설명을 읽을 때에 당신의 마음을 열길 기도한다.

예수님께서 배에 오르사 건너가 본 동네에 이르시니 침상에 누운 중풍병자를 사람들이 데리고 오거늘 예수께서 그들의 믿음을 보시고 중풍병자에게 이르시되 작은 자야 안심하라 네 죄 사함을 받았느니라 어떤 서기관들이 속으로 이르되 이 사람이 신성을 모독하도다 예수께서 그 생각을 아시고 이르시되 너희가 어찌하여 마음에 악한 생각을 하느냐 네 죄 사함을 받았느니라 하는 말과 일어나 걸어가라 하는 말 중에 어느 것이 쉽겠느냐 그러나 인자가 세상에서 죄를 사하는 권능이 있는 줄을 너희로 알게 하려 하노라 하시고 중풍병자에게 말씀하시되 일어나 네 침상을 가지고 집으로 가라 하시니 그가 일어나 집으로 돌아가거늘 (마 9:1-7)

중풍병자가 고침을 받고 집으로 걸어간 후에 예수님이 자기 적들의 눈을 뚫어져라 쳐다보시는 장면이 그려지는가? 서기관들은 오직 하나님만이 죄를 용서할 수 있다고 자신있게 말했다(막 2:7을 보라). 예수님께서 이 사람의 죄를 용서하셨을 때에 주님은 자신이 하나님이심을 선포하신 것이다. 주님은 이 선언을 하신 후에 조금도 물러서지 않으셨다. 우리 모두가 대항하여 죄를 범한 분도, 또한 그 죄를 용서하실 수 있는 유일한 분도 바로 예수님이시다.

부활

예수님은 당신의 상상력이나 맹목적인 소망으로 주님이 하나님이신 것을 믿으라고 구하지 않으신다. 역사상 가장 위대한 사건은 2000년 전에 예수님이 무덤에서 걸어 나오심으로써 사망권세를 멸하신 순간이었다. 이

기적 때문에 우리는 더 이상 죽음을 두려워할 필요가 없다. 그리스도께서는 너무나 많은 사람들이 두려워했던 이 오래된 적을 정복하셨다.

나는 예루살렘에 있는 그 무덤에 들어가 보았다. 그 무덤은 분명 비어 있었다. 만일 주님의 시신이 아직도 이 땅의 어느 무덤에 있다면 발견되지 않았겠는가? 주님은 지금까지 살았던 사람들 중에 가장 유명한 분이었다. 심지어 공휴일과 우리의 달력이 주님의 생애를 중심으로 구성되어 있다. 사람들은 주님의 가르침에서 훌륭한 도덕의 뿌리를 찾는다. 세계에서 가장 강력한 나라들은 주님의 길과 명령을 따라 통치하는 나라들이다.

나는 지중해 동쪽 지역의 전통을 물려받았다. 그 지역 사람들은 죽은 자의 무덤을 무척 중요하게 여긴다. 만일 주님의 제자들이 주님의 시신을 훔쳐서 옮겨갔다면 그것은 예수님에게 끔찍한 무례를 범한 것이다. 나아가 그 무덤에 도달하려면 이 평민들은 그리스도를 죽인 로마 병사들을 물리쳐야만 했을 것이다.

이 제자들은 자기 목숨을 구하려고 예수님이 체포되셨을 때에 주님을 버렸던 자들이다. 그런 그들이 어떻게 갑자기 그처럼 용기를 얻을 수 있단 말인가? 그리고 예수님의 시신이 발견되었다면 주님이 죽은 자 가운데서 부활하지 않았다는 증거로서 전시가 되지 않았겠는가?

어느 누구도 하나님의 아들의 시신을 발견하지 못한 이유는 예수님이 무덤에 계시지 않았기 때문이다. 주님은 천국에 계시며, 다시 오셔서 주님을 사랑하는 자들인 예수님의 신부를 영접할 날을 기다리고 계신다. 예수님은 살아계시다!

또한 나는 당신에게 이 질문을 하고 싶다. 만일 이것이 거짓이라면 너무나 많은 주님의 제자들이 왜 거짓을 위해 죽었는가 하는 것이다. 왜 그들은 자신들이 확신하지 못하는 메시지를 전파하기 위해 세계를 여행했는가? 왜 그들은 복음을 전하다가 투옥되고, 매를 맞고, 하나님을 위해 죽어 갔는가?

오늘날 전 세계에서 예수님을 사랑하는 자들이 자신의 생명보다 주님을 더 사랑했다는 이유로 죽음에 직면할 때가 많다. 그들은 땅을 점령하거나 정치적 선언을 하기 위해 이렇게 행하지 않는다. 그들은 예수님을 사랑하기 때문에 죽는다. 그들은 주님이 살아 계시다는 사실에 대해 추호의 의심도 하지 않는다. 우리도 역시 죽음을 직면하고도 웃을 수 있다. 왜냐하면 우리는 예수님이 살아 계시다는 것과 주님이 무덤의 권세를 부수셨다는 것을 알고 있기 때문이다.

"모든 것이 준비 되었다"

나는 렉스 험버드를 아는 놀라운 특권을 누렸다. 그는 평생 그리스도의 신실한 종이었다. 험버드 목사님은 우리 시대에 가장 존경받는 복음 사역자 중 한 사람이었다. 그는 세계를 다니면서 하나님의 사랑을 수많은 사람들에게 전했다. 그는 강력한 사역자였을 뿐만 아니라 또한 훌륭한 아버지이며 남편이었다. 그는 강단에 서든지 아니면 은밀한 곳에서든지 언제나 그가 전하는 말씀 그대로 살았다. 하나님은 그의 현명한 조언을 사용하셔서 나와 아내의 삶에 기초를 쌓게 해 주셨다. 우리는 그의 삶에 영원한 영향을 받았다.

그러던 어느 날, 험버드 목사님은 몸에 질병을 얻게 되었고, 자신이 주님과 함께 할 시간이 가까웠다는 것을 알았다. 내가 당신과 이제 나누려는 이야기는 참으로 놀랍다.

그가 소천하기 바로 전날에 예수님께서 그의 방으로 찾아 오셨다. 렉스는 자기 아들에게 이 일이 실제이며 자신이 상상한 것이 아니라고 말했다. 예수님은 그를 보시며 말씀하셨다. "너를 위해 모든 것이 이미 준비되었다. 지금이 그때다."

주님께서 영광 가운데 그를 환영해주실 준비가 되었다는 사실을 알려 주셨을 때에 그의 마음에 기쁨이 충만했다. 그리스도께서 그에게 나타나신 후에 그는 이 땅에서의 자신의 시간이 끝났고 몇 시간 후에 주님 앞에 서게 될 것을 알았다. 자기 아들과 이 경험을 나눈 후에 그는 "이제 내가 가서 예수님과 함께 할 시간이 되었다. 세상에서의 나의 삶은 끝났다"라고 말했다.

다음 날, 가족들이 그의 주변에 서서 오래된 찬송가인 "축복된 확신(Blessed Assurance)"을 불렀을 때에 렉스 험버드는 자기 침대 주변에 서 있는 사람들의 얼굴을 한 사람 한 사람 마지막으로 쳐다보았다. 그는 미소를 지었으며, 위를 쳐다보았다. 그러자 마치 천국을 보고 있는 것처럼 그의 얼굴이 빛났다. 그의 아들 도니(Donnie)는 당시 아버지의 얼굴이 청년의 얼굴과도 같았다고 말했다. 그 순간 그는 눈을 감고 마지막 숨을 거뒀다. 그는 하나님께서 그를 불러 시키신 일을 마쳤고, 이제 천국의 영광 가운데 즐거워하고 있다.

생명은 예수님이시다

예수님은 지금 당신의 마음을 강하게 끌어당기심으로 자신이 살아 계심을 입증하신다. 주님은 당신 영혼의 깊은 곳을 찔러 주님을 갈망하게 만드신다. 당신은 저항할지 모르지만 당신의 가장 깊은 곳에서 주님은 "나는 살아 있다. 그리고 나는 너를 사랑한다. 내게 오라. 그러면 너는 결코 다시 목마르지 않을 것이다"라고 말씀하신다.

어떤 사람도 기도를 통해 주님을 죽음에서 일으키지 못했다. 예수님은 누구의 도움도 받지 않고 스스로 그 무덤에서 일어나 앉으셨다. 어떻게 이것이 가능한가? 그것은 땅이 자신을 지으신 주님을 잡아둘 수가 없었기 때문이었다. 사망도 그리스도를 붙잡을 수 없다. 왜냐하면 주님은 생명 자체이시기 때문이다. 그리고 생명은 죽음보다 훨씬 더 강하다. 무덤은 생명 되신 주님을 포로로 잡아둘 수 없었다.

주님은 한 번도 살면서 지켜야 할 어떤 방법이나 해야 할 목록을 제시한 적이 없으시다. 주님은 단지 "내가 길이요, 진리요, 생명이다"라고 말씀하셨다(요 14:6). 분명하게 말할 수 있는 것은 생명은 예수님이시고 예수님이 생명이시다. 그리스도 밖에서의 모든 추구는 그것이 아무리 선하고 "기독교적"이라 할지라도 생명이 아니다. 그것은 단지 존재에 지나지 않는다.

나사로가 죽었을 때에 예수님은 그가 죽은 지 나흘이 지나서야 현장에 나타나셨다. 나사로의 누이들은 울며 슬퍼했다. 그리고 그들은 왜 주님은 더 일찍 오지 않으셨는지 이해할 수 없었다. 마침내 예수님이 도착하셨을 때에 주님은 나사로의 누이 마르다에게 나사로가 다시 살아날 것이라고 확실하게 말씀하셨다.

그녀는 주님께서 나사로가 미래의 부활의 날에 다시 살아날 것이라고 말씀하시는 줄 알았다. 그녀는 부활이시며 생명 되신 주님이 자기 앞에 서 계시다는 것을 알지 못했다. 참된 생명은 감정과 심장 박동과 느낌이 있다. 생명은 인격이다.

생명은 혈관을 흐르는 피가 아니다. 그것은 인격이신 예수님이다. 성자 하나님은 그녀에게 "내가 부활이요 생명이다"라고 말씀하셨다(요 11:25). 잠시 후에 단 한 마디의 명령으로 생명이신 주님께서 나사로에게 무덤에서 나오라고 부르셨다. 나사로는 그 속에서 나흘이나 썩고 있었다. 나사로는 수의에 싸인 채 다시 살아나 걸어 나왔다.

영원한 생명

그리스도 밖에서 인생의 의미를 찾으려 하는 것은 시간 낭비이다. 당신이 필요한 것은 오직 예수님이시다. 일단 주님을 발견하면 당신은 생명을 발견한 것이다. 예수님을 발견하면 모든 것을 발견한 것이다!

다음 말씀에 세심한 관심을 기울여보라. "누가 철학과 헛된 속임수로 너희를 사로잡을까 주의하라 이것은 사람의 전통과 세상의 초등학문을 따름이요 그리스도를 따름이 아니니라 그 안에는 신성의 모든 충만이 육체로 거하시고"(골 2:8-9).

당신의 삶이 조각조각 찢겨져 이를 봉합하려고 몸부림치고 있는가? 당신의 몸이 병으로 인해 무너졌는가? 당신의 가족이나 결혼생활에 회복이 필요한가? 당신의 마음이 과거의 고통과 삶의 스트레스 때문에 산산이 부셔졌는가? 하나님께서 이에 대한 유일한 답을 말씀하신다. "만물이 그 안에 함께 섰느니라"(골 1:17). 온전케 되는 열쇠는 만물을 붙드시는 분을 발견하는 것이다. 그분은 바로 예수 그리스도이시다.

만일 당신이 영원한 생명을 찾는다면 어떤 "방법"이나 혹은 순례에서 찾을 수 없다. 영원한 생명은 영원히 존재하는 것을 의미하지 않는다. 왜냐하면 모든 사람은 어디에서든 영원히 존재할 것이기 때문이다. 수많은 사람들이 당신이 이 책을 읽는 이 순간에도 지옥에 있다. 그들의 영혼은 그곳에 영원히 머물고 결코 빠져나가지 못할 것이다. 그들은 영원히 존재한다. 그러나 그들은 예수님이 약속하신 영원한 생명을 갖고 있지 않다.

예수님은 "영생은 곧 유일하신 참 하나님과 그가 보내신 자 예수 그리스도를 아는 것이니이다"라고 말씀하셨다(요 17:3). 하나님 아버지를 알려면 우리는 그의 아들을 알아야만 한다. 영생은 예수님이시고 주님을 아는 것이다. 간단하다. 이 얼마나 아름다운가!

하나님은 주님이 사랑하는 자를 방문하신다

성경에서 가장 두려운 책은 아마도 계시록일 것이다. 이 책은 미래에 일어날 사건들을 다루고 있지만 또한 그것은 영광과 능력 가운데 계신 예수님을 계시한다. 다음 말씀을 읽으면 당신은 하나님의 아들의 놀라운 위엄을 보게 될 것이다.

> 몸을 돌이켜 나에게 말한 음성을 알아보려고 돌이킬 때에 일곱 금 촛대를 보았는데 촛대 사이에 인자 같은 이가 발에 끌리는 옷을 입고 가슴에 금띠를 띠고 그의 머리와 털의 희기가 흰 양털 같고 눈 같으며 그의 눈은 불꽃같고 그의 발은 풀무불에 단련한 빛난 주석 같고 그의 음성은 많은 물소리와 같으며 그의 오른손에 일곱 별이 있고 그의 입에서 좌우에 날선 검이 나오고

그 얼굴은 해가 힘있게 비치는 것 같더라 내가 볼 때에 그의 발 앞에 엎드러져 죽은 자 같이 되매 (계 1:12-17)

요한이 본 이 장면은 얼마나 놀라운가! 그는 그리스에 속해 있는 한 외딴 섬의 동굴에서 죄수로 부역하면서 계시록의 장면들을 보았다. 이 놀라운 환상을 볼 수 있었던 이유는 사랑의 주님을 그도 역시 사랑했기 때문이었다.

이 생생한 묘사는 우리가 주님을 크게 두려워하고 경외해야 함을 보여준다. 요한은 주님 앞에서 죽은 자처럼 땅에 엎드러졌다. 요한은 예수님의 사역 기간 동안 주님을 알았지만 그가 이전에 보았던 예수님과 사뭇 다른 모습이었다. 주님은 십자가에 달리신 비천하고 버림당한 그리스도처럼 보이지 않으셨다.

요한은 충만한 권능과 영광 가운데 계신 하나님의 아들을 보았다. 하나님의 어린 양은 이 땅에서 많은 사람들이 주님을 미워했던 것과 달리 천국에서 경배를 받고 계셨다. 이번에 주님의 머리는 주님의 피로 엉클어지지 않았다. 주님의 머리털은 흰 양털 같았고, 주님의 눈은 맞아서 부어오른 대신에 불꽃같았다. 주님은 벌거벗고 수치 가운데 누워계시지 않으셨다. 주님은 천국의 옷을 입고 계셨으며, 가슴의 띠는 천으로 된 것이 아니라 순금이었다. 주님의 발은 목수의 샌들을 신지 않으시고 풀무 불에 단련한 빛난 주석 같았다.

주님의 음성은 십자가 위에서처럼 약하고 힘겨워하지 않았고 많은 물소리와 같아서 영혼을 흔들었다. 주님의 얼굴은 사람들의 침으로 덮이지 않고 태양처럼 빛났으며 보기조차 어려웠다. 예수님은 요한에게 주님이 실제로 얼마나 위엄이 있고 능력 있는 분인지를 보여주시기 위해 자신을 계시하셨다.

왜 요한은 다른 사람이 보지 못한 그런 그리스도의 모습을 보는 영예를 받았을까? 요한은 변화산상에서 하나님의 아들이 변화되었을 때에 주님의 영광의 일부를 목격했다. 하지만 지금의 이 모습은 그때와 완전히 다른 새로운 모습이었다. 주님은 왜 요한에게 그처럼 거룩하고 두려운 모습으로 나타나셨을까?

물론 주님은 당신이 택하신 영혼에게 원하는 모든 것을 행하실 수 있다. 그러나 그밖에 더 의미 있고 아름다운 이유가 있다면 무엇일까? 최후의 만찬 때에 예수님의 가슴에 머리를 댄 유일한 제자가 요한이기 때문에 그런 것은 아닐까? 그 때에 주님의 마음은 자기 앞에 놓인 고난 때문에 슬프셨다. 다른 제자들은 다 도망갔는데 주님이 십자가에 달리신 동안에 요한은 주님과 함께 있었기 때문은 아니었을까? 요한은 그리스도께서 가장 비천한 자리에 계실 때에도 주님을 부끄러워하지 않았다. 그래서 예수님은 요한이 밧모 섬에서 버림받은 죄수로 가장 비천한 자리에 있을 때에 그를 방문하셨을지 모른다. 만일 세상이 당신을 미워할 때에 계속해서 당신이 예수님께 헌신한다면 주님은 크신 능력으로 당신에게 자신을 보여주실 것이다.

무릎을 꿇게 하시다

나는 이십대 때에 참석했던 예배를 잊을 수가 없다. 나는 몇 년 동안 주님을 떠났었지만 가족과 함께 예배에 참석하기로 결심했다. 우리는 두 시간을 운전해 갔고 예배가 시작되길 기다렸다. 내 인생은 파선된 배와 같았지만 나는 주님께서 나를 거절하지 않으실 것을 알았다.

하나님을 찬양하고 경배한 후에 나는 어린 시절에 그랬던 것처럼 주님의 임재를 느끼기 시작했다. 마치 주님과 나만이 그 자리에 있는 것 같았다. 예배가 끝나갈 무렵에 나는 강단을 향해 걸어갔다. 나는 내 인생을 참으로 바꾸고 싶었으며 다시 그리스도와 동행하고 싶었다. 나는 주님을 너무 멀리 떠났다. 압도적인 경외감이 나를 덮었고, 지금도 나는 그 때의 느낌을 여전히 기억할 수 있다.

목사님의 초청에 나는 강단 위로 올라갔다. 하나님의 임재가 손으로 만져질 것 같았다. 나는 불처럼 뜨거운 것이 내 온 몸을 관통하는 것 같은 느낌을 받았다. 지난 몇 년 동안 내가 행했던 모든 것이 내 눈 앞에서 지나갔다. 그 사건들이 확대되면서 나는 자신이 더럽다는 생각이 들었다. 그것은 마치 하나님께서 나를 엑스레이로 찍고 계신 것 같았다. 나는 주님에게 아무 것도 숨길 수 없었다. 나는 내가 행한 일들이 이 거룩하신 왕이 보시기에 얼마나 끔찍한 것인지 정확하게 알았다.

큰 두려움과 경외감으로 나는 수많은 청중 앞에서 울기 시작했다. 나는 무릎을 꿇고 용서를 구했다. 내 몸은 너무 뜨거웠고 주님의 임재 앞에 완전히 무너졌다. 내가 이곳에 올 때만 해도 이런 일이 일어나리라고 전혀 예상하지 못했다. 그때처럼 나 자신을 드러낸 적이 없었다. 그러나 나는 신경 쓰지 않았다. 왜냐하면 주님께서 나를 용서하셨다는 것을 즉각 알았기 때문이다.

당신이 하나님과의 거룩한 만남을 가지면 사람들의 의견은 정말이지 아무런 의미가 없다. 내가 사는 동안에 그 순간은 나와 늘 함께 할 것이다. 예수님은 어느 누구보다 그 어느 것보다도 더 높임을 받으셔야만 한다. 주님의 능력과 힘은 가장 강력하고 교만한 사람이라도 무릎을 꿇게 만든다. 주님은 우리의 호흡을 붙들고 계시며 우리의 마지막 심장 박동도 주님의 손 안에 있다.

하나님은 당신을 원하신다

당신이 하나님께 기도하기 전에 먼저 알아두어야 할 것은 주님이 당신을 간절히 원하신다는 것이다. 그리스도의 여러 이름 중 하나는 임마누엘이다. 이는 "하나님이 우리와 함께 하신다"라는 뜻이다. 그의 이름만으로도 주님이 어떤 분이신지가 계시된다. 주님은 하나님이실 뿐만 아니라 주님은 "당신과 함께 하시길" 갈망하신다. 얼마나 놀라운 주님이신가!

나는 이 사실이 당신의 마음에 감동을 주길 기도한다. 주님은 "내가 결코 너희를 버리지 아니하고 너희를 떠나지 아니하리라"고 약속하셨다(히 13:5). 당신이 그리스도께 그분이 받으시기에 합당한 명예와 사랑을 드린다면 하나님은 당신 곁에 영원히 함께 하실 것이다. 그리고 주님이 함께 하시면 만사형통이다!

예수님은 당신이 드릴 수 있는 모든 경배와 영예를 받으시기에 합당한 분이시다. 주님을 가볍게 대해서는 안 된다. 주님은 모든 것을 보시며 당신 마음의 깊은 것들을 감찰하신다. 주님은 당신의 동기를 아시고 그 진실을 아신다. 아무 것도 주님께 감출 수 없다. 주님의 힘과 능력은 끝이 없고 당신을 향한 주님의 사랑도 그러하다. 만일 당신이 하나님의 아들이신 그분이 받으실 만한 것을 드릴 준비가 되었다면 주님은 당신의 기도를 들으시고 당신을 기쁨으로 받으실 것이다.

사랑하는 예수님,

당신은 거룩하시고 놀라우십니다. 당신은 전능하신 하나님이십니다. 저는 당신을 경배하고 존경합니다. 당신의 거룩함은 저의 상상을 초월합니다. 저에게 당신의 능력을 두려워하는 거룩한 마음을 주십시오. 당신은 사망을 정복하시고 지금도 살아 계십니다. 당신은 나의 생명이며 나의 근원이십니다. 저의 삶을 통해 하나님의 아들이신 당신이 받으시기에 합당한 영광을 돌리게 하옵소서. 제가 날마다 당신을 더욱 더 사랑할 수 있도록 도와주옵소서. 주님의 이름으로 기도합니다. 아멘.

Chapter 4

KING

그 옷과 그 다리에 이름을 쓴 것이 있으니
만왕의 왕이요 만주의 주라 하였더라

계 19:16

당신이 붙잡아야 할 진리 중에 가장 위로가 되는 진리는 예수님이 왕이시라는 것이다. 이 세상은 완전히 혼돈 가운데 있다. 핵무기의 위협이 세계 도처에 도사리고 있으며 자원은 고갈되고 있다. 그리고 놀랍게도 지금 이 시대에도 많은 사람들이 적절한 식량과 식수를 공급받지 못하고 있다. 수많은 사람들이 기갈과 기아로 죽어가지만 지구의 한쪽에서는 평범한 우리들은 잘 알지도 못하는 우주 개발에 수백만 달러를 쓰고 있다.

에이즈로 전 세계에서 수백만 명이 죽어간다. 대량 학살, 전쟁, 물리적 충돌이 국가들 간에 발생하고 있으며 테러리즘은 매우 실제적인 위협이 되었다. 어린 아이들은 그 어느 때보다 빠르게 성장하고 있지만 이전에 우리 사회가 결코 용인하지 않았던 라이프스타일에 노출되어 있다.

또한 가족의 붕괴율은 엄청난 속도로 빠르게 증가하고 있으며 세계는 거대한 불황에 직면에 있다. 일자리가 사라지고 있고 집들이 압류에 넘어가고 있으며 한 때 주말을 골프장과 쇼핑몰에서 보냈던 부모들의 손에는 지금 아무것도 남지 않았다.

많은 사람들은 아무 것도 확실하지 않은 이 세상에서 살아 가는 것을 매우 두려워한다. 최고의 조언자들도 판단에 치명적인 실수를 범한다. 우리는 지도자들을 위해 기도해야 하지만 솔직히 말해서 요즘은 어떤 사람이라도 신뢰하기가 무척 어렵다.

이런 모든 요소들을 종합해 보면 미래에는 절대적인 두려움과 불확실성만이 남게 될 것이다. 사람들은 누구를 믿거나 신뢰해야 할지를 모른다. 그렇다면 우리에겐 어떤 소망의 약속이 있는가?

성경은 "다른 임금 곧 예수라 하는 이가 있다"고 말함으로써 이를 완벽하게 설명한다(행 17:7). 왕이신 예수님께서 우리의 가장 위대한 그리고 유일한 소망이심을 확신하라.

예수님은 나의 왕이시다

미국에 사는 우리에게는 시(city), 카운티(county), 주(state) 그리고 연방정부를 이끄는 지도자들이 있다. 우리는 공직에 있는 이들에게 순복하고 존경하며 그들의 섬김에 감사한다. 우리는 투표를 통해 이런 사람들에게 공직을 맡겨 공동체를 섬기게 할 권리를 가진 축복받은 사회에 살고 있다.

그러나 한 가지 분명히 해두고 싶은 사실이 있다. 그것은 당신이 그리스도에게 마음을 주는 순간에 주님은 당신의 왕이 되신다는 사실이다. "여호와께서 그의 보좌를 하늘에 세우시고 그의 왕권으로 만유를 다스리시도다"(시 103:19).

어떤 왕도 예수님과 같은 권세와 영광을 가지고 있지 않다. 어느 누구도 주님보다 더 아름다울 수 없고, 주님보다 더 장엄한 궁전에서 사는 사람은 없다. 어느 누가 하늘을 그의 보좌로 땅을 그의 발등상이라 부를 수 있는가? 주님은 그들의 지위와 상관없이 어떤 인간 지도자보다 높으시다.

물론 우리는 주님의 제자로서 세상의 평화와 법을 지키는 시민이 되어야만 한다(롬 13:1을 보라). 그러나 주님이 당신의 삶에 나타나시면 당신은 새로운 시스템의 일부가 되는데, 그것은 세상의 방식과 다르며 더 높은 차원의 것이다.

하나님의 아들은 어떤 형태의 정부보다 더 위대하시며 주님의 나라도 그렇다. 성경은 주님을 "땅의 임금들의 머리가 되신 예수 그리스도"라 부른다(계 1:5). 이는 예수님이 독재자, 대통령 혹은 이 세상 왕 위에 통치하신다는 것을 우리에게 말해준다. 주님과 주님의 나라는 어떤 인간의 권세라도 그 아래에 있을 수 없다. 오히려 그 반대이다. 이 세상에 무슨 일어나든 당신은 두려워할 필요가 없다는 사실에 당신은 평화를 누릴 수 있다.

그리스도의 재림이 다가올수록 세상은 분명 더욱 불안정해지고 더 혼란스러울 것이다. 세상이 누구를 지도자로 임명하든 상관없이 성경은 세상의 방식과 시스템은 흔들릴 것이며 죄와 "캄캄한 어둠"이 지구를 덮을 것이라고 가르친다(사 60:2를 보라).

만일 예수님께서 당신의 왕이시라면 당신을 돌보는 것은 주님의 책임이다. "이것을 너희에게 이르는 것은 너희로 내 안에서 평안을 누리게 하려 함이라 세상에서는 너희가 환난을 당하나 담대하라 내가 세상을 이기었노라"(요 16:33).

반대로 만일 당신이 사회의 가치관을 따르는 실수를 범한다면, 당신은 이 세상이 지금도 경험하고 있고 앞으로 계속 만나게 될 그 결과들을 경험하게 될 것이다. 겸손히 주님을 당신의 인생의 왕으로 영접하라. 주님은 신실하신 왕으로 우리가 믿고 의지할 유일한 분이시다. 그 왕은 약속하신 것을 반드시 지키신다. 이 사실을 믿을 때, 우리는 진정한 평화를 경험하게 될 것이다.

예수님과 세상

예수님과 세상 시스템은 완전히 반대다. 주님은 "내 나라는 이 세상에 속한 것이 아니니라 … 이제 내 나라는 여기에 속한 것이 아니니라"(요 18:36)라고 말씀하셨다. 왕이신 예수님께서 말씀하신 것과 세상이 당신에게 말하는 것을 비교해 보라.

- 예수님은 "네 원수를 사랑하라"고 말씀하신다. 세상은 "네 원수에게 고통을 주라"고 말한다.
- 누군가가 우리를 미워하여 공격하면 그리스도께서는 "다른 뺨도 돌려대라"고 말씀하신다. 세상은 우리에게 "더 세게 받아쳐라"라고 말한다.
- 당신이 돈이나 음식이 부족할 때에 예수님은 "주라. 그리하면 받을 것이다"라고 조언하신다. 세상은 "누군가를 도우려면 더 많이 가져야 한다. 당신을 먼저 챙기라"고 말한다.
- 하나님은 가난한 자와 부자를 동등하게 취급하신다. 세상은 은행에 돈이 많은 자들을 존중한다.

- 예수님은 "구제할 때에는 은밀히 하라"고 말씀하신다. 세상은 당신 자신에게 이목을 집중시키라고 말한다.
- 예수님은 "네가 네 목숨을 잃으면 얻을 것이다"라고 말씀하신다. 세상은 네 인생에서 너를 행복하게 해 주는 것이 무엇이든 그것을 따르라고 조언한다.
- 예수님은 "받는 것보다 주는 것이 낫다"고 말씀하신다. 세상은 우리에게 소유를 추구하라고 압력을 가한다.
- 예수님은 "음행의 연고 외에 남편이나 아내를 떠나는 자는 간음을 행하는 것"이라고 말씀하신다. 세상은 "당신의 결혼 생활이 좋지 않으면 이혼하라. 그리고 당신이 하고 싶은 대로 하라"는 철학을 믿는다.
- 위대한 의사이신 예수님은 "내가 가서 고쳐주겠다"라고 말씀하신다. 세상은 "이 질병이 당신을 죽일 것이다"라고 말한다.
- 예수님의 나라에서 우리는 가장 낮은 자리에서 섬겨야만 한다(눅 22:24-27). 세상은 "당신의 권위를 사용하여 섬김을 받으라"고 말한다.

세상 시스템은 자아를 추구한다. 그러나 하나님의 나라에서 우리는 우리 자신에게서 눈을 돌려 주님을 공경해야 한다. 그러나 사람들을 진정으로 돕는데 있어서 사람의 방법이 한 일이 무엇인가? 상태가 더 악화되진 않았는가? 세상은 이전보다 더 혼란스럽고 공허하지 않은가? 왜 당신은 주님을 당신의 왕으로 삼는 대신에 실패한 세상 시스템을 의지하는가?

나라는 예수님이시다

사람들은 종종 "하나님의 나라는 무엇인가?"에 대해 궁금해한다. 어띤 이들은 자신의 전 생애를 하나님 나라라는 이 주제에 바쳤다. 그들의 사역은 우리에게 유익하고 도움이 되지만 이를 간단히 요약하면 하나님의 나라는 예수 그리스도이시다.

하나님의 나라가 어떤 모습인지를 발견하려면 그리스도의 생애를 살펴보라! 예수님이 자신의 사역을 시작하셨을 때에 주님은 자신의 삼 년 반의 공생애를 축약적으로 나타내는 선언을 하셨다. 주님은 "회개하라, 천국이 가까이 왔느니라"라고 선언하셨다(마 4:17).

이는 주님은 다음처럼 말씀하신 것이었다. "들으라. 변화할 준비를 하라. 나는 만사를 처리할 새로운 방식을 가지고 있다." 옛날 방식은 통하지 않았다. 그래서 예수님은 사람들이 한번도 접해보지 않은 새로운 개념을 소개하셨다. 예수님은 진실로 하나님의 나라가 가까이 왔다고 말씀하실 수 있었다. 왜냐하면 왕이 임하셨기 때문이다. 주님은 그들 가운데 서 계셨다.

만일 주님이 이 땅에 오지 않으셨다면 하나님의 나라는 결코 알려지지 않았을 것이다. 왕이 없는 왕국은 있을 수 없다. 예수님은 하나님 나라가 어떤 것인지를 그대로 보여주신다. 예수 그리스도의 시신을 모실 무덤을 제공한 아리마대 요셉은 "하나님의 나라를 기다리는 자"(막 15:43)였다. 이 사람은 예수님이 왕이시라는 사실을 알았을 때에 그 나라를 발견했다.

만일 당신이 이 나라의 시스템에 대해 알기만 하고 왕이신 주님을 한번도 만난 적이 없다면 당신은 공허하고 실망하게 될 것이다. 주님은 그 나라의 아름다움과 위엄이시다. 그 나라는 왕이시다.

예를 들어, 많은 사람들이 하나님께 무엇인가를 드리면 몇 배로 돌려 받는다는 가르침을 받았다. 예수님께서 이렇게 선언하셨기 때문에 이것은 진리이다. 나는 나의 온 존재를 다해 이 원리를 믿고 개인적으로 이를 경험했다. 그러나 주님은 우리가 드릴 때에 우리 마음을 살피신다. 주님은 우리 마음의 동기를 보신다.

우리는 그리스도를 사랑하기 때문에 드리는가 아니면 하나님 나라의 법칙에 따라 우리에게 돈이 다시 돌아올 것이라는 사실을 알기 때문에 드리는가? 왕께서는 주님의 나라의 종인 우리가 하는 모든 일의 중심이 되길 원하신다. 만일 우리가 드리는 유일한 이유가 더 많이 돌려받기 위한 것이라면 우리 동기는 자기의 유익을 위한 것이다.

왕에게 나아감

오늘날에도 여전히 왕이 나라를 다스리는 나라들이 있다. 왕이나 여왕의 통치를 따르며 그들이 반포하는 법령에 따른다. 시민들은 왕국에서 자신의 전 생애를 보내지만 그들은 그들의 통치자와 이야기해 본 적이 한 순간도 없다. 그들은 결코 왕을 개인적으로 알현한 적이 없다. 그와 개인적으로 대화를 하는 것은 말할 것도 없다. 만일 그들에게 그런 기회가 있다 할지라도 그 시간은 짧을 것이다.

우리의 구세주는 평범한 왕이 아니시다. 성경은 우리에게 우리가 얼마나 쉽게 주님을 만날 수 있는지를 보여준다. 우리는 다음과 같은 말씀을 듣는다. "사람들이 예수님께서 만져 주심을 바라고 어린 아이들을 데리고 오매 제자들이 꾸짖거늘 예수님께서 보시고 노하시어 이르시되 어린 아이들이 내게 오는 것을 용납하고 금하지 말라 하나님의 나라가 이런 자의 것이니라 내가 진실로 너희에게 이르노니 누구든지 하나님의 나라를 어린 아이와 같이 받들지 않는 자는 결단코 그 곳에 들어가지 못하리라 하시고"(막 10:13-15).

주님은 어른들을 위해 시간을 내주셨을 뿐만 아니라 어린 아이들에게도 팔 벌려 맞아주시고 그들을 축복해 주셨다. 어떤 지도자도 그런 사랑과 온유함으로 통치하지 않는다. 그리스도는 가장 위대하고 가장 위엄 있는 왕이시다. 하지만 주님은 우리가 원하면 언제나 들어갈 수 있게 허락하신다. 우리에겐 주님의 침실에 들어갈 열린 문이 있다(아 1:4를 보라).

예수님은 나아옴을 허락하실 뿐만 아니라 우리의 삶에 대한 개인적인 요청을 할 수 있는 특권도 주신다. 히브리서 4:16은 "그러므로 우리는 긍휼하심을 받고 때를 따라 돕는 은혜를 얻기 위하여 은혜의 보좌 앞에 담대히 나아갈 것이니라"라고 말한다. 주님은 우리가 우리 마음을 주님께 쏟아내면 들으시며 너무 바쁘셔서 우리를 만나지 못하는 일은 결코 없다. 우리는 실제로 그 나라의 왕이신 주님께 나아가 도움을 구할 수 있다. 주님의 뜻대로 우리가 무엇을 구하든 주님은 이를 허락하시겠다고 약속하신다.

우주의 통치자를 온전히 만날 수 있는 것보다 더 놀라운 것이 있을 수 있을까? 당신 나라의 지도자들을 원할 때마다 만날 수 있는가? 당신이 그렇게 뜨겁게 지지한 후보자가 당선되고 나서 당신의 삶이 정말로 변했는가? 당신은 그 지도자에게 곧장 가서 당신이 원하는 만큼 시간을 보낼 수 있는가? 그러나 예수님은 당신이 상상할 수 있는 것보다 더 당신과 시간을 보내길 원하신다.

여기 생각해 볼 만한 가치가 있는 질문 하나가 더 있다. 당신의 지도자들은 당신을 위해 죽을 정도로 당신을 사랑하는가? 많은 국민들이 그들의 지도자와 국가를 위해 피를 흘렸지만 오직 한 왕만이 그의 백성을 위해 목숨을 버리셨다. 그 죽음을 통해 우리는 주님과 함께 그의 나라에서 영원히 살 수 있게 된 것이다.

나는 왕이다

예수님은 왕이신 그의 존엄한 위치에 대해 묻는 굴욕적인 질문에 답하셔야만 했다. 종교지도자들과 정부 관료들은 주님을 수치스러운 상황으로 몰고 갔지만 주님은 결코 그들에게서 도망치지 않으셨다. 오히려 주님은 이 수치스러운 순간들을 껴안으셨다.

주님은 종교지도자들과 로마 관료들 앞에서 재판을 받으셨다. 주님은 자신이 죽을 때가 임박했다는 것을 아셨다. 스스로 자신을 왕이라 불렀다는 비난을 받으신 후에 유대 총독인 빌라도는 주님께 직접 "네가 유대인의 왕이냐?"라고 물었다(요 18:33). 예수님은 "네 말과 같이 내가 왕이니라"라고 대답하셨다(요 18:37).

이것은 주님이 재판 받으실 때에 주님께 일어난 우연한 사건의 설명인 것처럼 보일지 모른다. 그러나 여기에는 더 깊은 의미가 있다. 오직 성령님만이 이 순간의 무게를 우리에게 계시해 주실 수 있다. 그리스도는 지금 왕처럼 전혀 보이지 않으신다. 주님은 지난 밤 한 숨도 주무시지 못했다. 아마 주님은 아무 것도 먹지 못하시고 마시지도 못하셨을 것이다. 주님이 처음 체포되실 때에 주님은 구타를 당했고 마지막 순간까지 학대가 이어졌다.

주님의 옷은 왕의 의복이 아니었다. 대신에 더럽고 헝클어졌으며 피로 얼룩져 있었다. 주님의 몸에서는 좋은 향이 나지 않았다. 대신에 지난 밤 어쩔 수 없이 보내셔야만 했던 지하 감옥의 냄새만 날 뿐이었다. 주님은 씻지 못하셨고 얼굴은 피로 얼룩졌으며 매를 맞고 수염이 뽑혀서 부어 있었다. 주님의 얼굴은 금으로 덮인 것이 아니라 인간의 침으로 덮였다. 주님을 더욱 모욕하기 위해 "빌라도는 '나사렛 예수 유대인의 왕이라'라는 패를 써서 십자가 위에 붙였다"(요 19:19).

이 순간을 잘 표현하지 못하지만 이를 한 번 비교해 보겠다. 아름다운 한 모델이 사고로 인해 화상을 입었다고 상상해 보라. 한 때 미모의 얼굴을 가졌던 그녀는 이제 흉터투성이고 보기도 민망하다. 이전에 잡지와 옥외 광고판 표지 모델이었던 그 얼굴이 이제는 동정의 대상이 되었다. 그녀가 영향력 있는 청중들로 가득한 강당 앞에 강제로 세워져서 "당신이 모델입니까?"라는 질문을 받는 모습을 그려보라. 그녀가 그런 질문에 대답해야만 하는 상황은 모욕적이고, 고통스러우며, 치욕스럽다.

주님과 이와 같은 때를 맞으셨다. 하지만 그것은 훨씬 더 심각한 것이었다. 그럴 때에도 예수님은 겸손하게 빌라도에게 진리를 말씀하셨고 그의 질문에 "네 말과 같이 내가 왕이니라"라고 대답하셨다.

주님이 경험하신 수치로 인해 예수님은 주님이 당신의 왕이신 사실을 선포하길 결코 주저하지 않으셨다. 주님은 사람이 만든 황금 면류관을 쓰기 전에 가시 면류관을 기꺼이 쓰려 하셨다. 이런 수치는 주님이 선택하신 것이었다. 그것은 이 세상이 주님에게 줄 수 있는 그 어떤 명예보다 높은 것이었다.

한 가지 대답

종종 인생의 보물들은 사라진다. 오늘은 여기에 있다가 다음 날이면 사라진다. 그러나 그리스도는 영원히 변하지 않는 유일하신 분이시다. 내가 지도자들에게 줄 수 있는 최고의 조언은 열국의 통치자에게 순복하고 주님을 신뢰하라는 것이다. 주님이 도우시면 언제나 바른 해결책을 얻을 수 있을 것이다.

당신이 진실로 하나님께 영광을 돌리는 삶을 산다면 주님은 반드시 당신의 필요를 채우실 것이다. 하나님의 나라는 예수님께 영광 돌리고 주의 말씀에 순종하는 사람에게 임한다. 그러면 주님이 통치하시는 결과는 무엇인가? "성령 안에서 의와 평강과 희락이다"(롬 14:17). 이런 마음들은 주님이 우리의 삶 가운데 통치하실 때에 나타난다. 개인이든 한 나라든 주님을 거절할 때 그 반대의 경우-부도덕, 전쟁 그리고 두려움-를 경험하게 된다.

숨겨진 보화

예수님은 "천국은 마치 밭에 감추인 보화와 같으니"라고 설명하셨다 (마 13:44). 그리스도를 당신의 왕으로 부르는 특권은 너무나 중요해서 주님은 다음처럼 선언하셨다.

> 만일 네 손이 너를 범죄하게 하거든 찍어버리라 장애인으로 영생에 들어가는 것이 두 손을 가지고 지옥 곧 꺼지지 않는 불에 들어가는 것보다 나으니라 만일 네 발이 너를 범죄하게 하거든 찍어버리라 다리 저는 자로 영생에 들어가는 것이 두 발을 가지고 지옥에 던져지는 것보다 나으니라 만일 네 눈이 너를 범죄하게 하거든 빼어 버리라 한 눈으로 하나님의 나라에 들어가는

것이 두 눈을 가지고 지옥에 던져지는 것보다 나으니라 거기에서는 구더기도 죽지 않고 불도 꺼지지 아니하느니라 (막 9:43-48)

하나님은 주님과 영원히 분리되는 것보다 팔다리나 눈을 제거하는 고통을 겪는 것이 더 낫다고 말씀하신다. 세상에서 호화롭게 즐기는 것은 그리스도의 왕국의 관점에선 아무런 가치가 없다. 지상의 어떤 왕도 예수님보다 더 중요하지 않다. 주님은 우리의 온 존재와 우리의 모든 것을 받기에 합당하시다.

왕의 심판

왕이신 주님은 선과 악을 심판하실 권리와 권세가 있으시다. 주님은 신실함과 우리가 주님께 보인 사랑을 따라 영원한 결정을 하실 것이다. 나는 당신이 열린 마음과 겸손한 마음으로 다음 말씀을 읽길 기도한다.

또 내가 하늘이 열린 것을 보니 보라 백마와 그것을 탄 자가 있으니 그 이름은 충신과 진실이라 그가 공의로 심판하며 싸우더라 그 눈은 불꽃 같고 그 머리에는 많은 관들이 있고 또 이름 쓴 것 하나가 있으니 자기밖에 아는 자가 없고 또 그가 피 뿌린 옷을 입었는데 그 이름은 하나님의 말씀이라 칭하더라 하늘에 있는 군대들이 희고 깨끗한 세마포 옷을 입고 백마를 타고 그를 따르더라 그의 입에서 예리한 검이 나오니 그것으로 만국을 치겠고 친히 그들을 철장으로 다스리며 또 친히 하나님 곧 전능하신 이의 맹렬한 진노의 포도주 틀을 밟겠고 그 옷과 그 다리에 이름을 쓴 것이 있으니 만왕의 왕이요 만주의 주라 하였더라 (계 19:11-16).

주님은 놀라울 정도로 강렬하시며, 주님을 대적하는 악을 심판하시고 그 악과 전쟁하신다. 지금 우리는 우주를 자신의 손으로 통제하고 계신 분에 대해 이야기하고 있다. 위의 말씀에서 "주님이 공의로 심판하신다"는 사실에 주목하라. 이것은 만일 그들이 주님의 보혈을 통해 구속함을 얻지 못한다면 어떤 악이든 모든 사람이 그 행한 악에 대해 값을 지불해야 하는 것을 의미한다. 주님의 진노는 주님의 사랑만큼 완전하다.

우리는 회계할 것이다

나는 당신이 언제나 마음 속에 하나의 그림을 그리기를 기도한다. 그것은 심판하기 위해 오시는 예수님의 거룩하고도 시선을 사로잡는 그림이다. 주님을 대적하는 것은 무서운 일이다. 세계 열방은 그들이 하나님의 아들을 어떻게 취급했는지에 따라 심판을 받을 것이다. 주님의 삶, 고난, 십자가 위에서의 죽음, 장례와 부활을 존중하고 순종하고 수용했는가, 아니면 이를 거절하고 모독했는가.

그리스도의 제자로서 우리는 주님의 심판대 앞에 서게 될 것이다. 그리고 우리가 살아온 삶에 대해 회계하게 될 것이다. 그 어떤 시간과도 비교할 수 없는 극도의 긴장되는 순간이 닥쳐올 것인데 결코 무시되어서는 안 된다. 성경은 말씀하신다. "이는 우리가 다 반드시 그리스도의 심판대 앞에 나타나게 되어 각각 선악 간에 그 몸으로 행한 것을 따라 받으려 함이라"(고후 5:10).

주님의 보좌 앞에는 불이 섞인 유리바다가 있을 것이다. 하나님 자신이 소멸하는 불이라는 사실은 언급할 가치가 있다. 천국의 천사들도 이 무시무시한 광경을 증거할 것이다. 이는 우리를 향해 보여주신 주님의 사랑에 대해 보답으로 우리가 무엇을 했는지에 대해 전능하신 하나님께 우리가 대답해야 하는 때이다.

우리는 예수님보다 우리가 더 중요하게 생각한 모든 것들을 드러내는 질문들을 받을 것이다. 우리의 모든 동기가 드러날 것이다. 우리는 단지 우리가 한 행동뿐만 아니라 왜 그렇게 했는지에 근거하여 심판을 받을 것이다. 아무도 당신과 함께 서주지 못할 것이다. 단지 당신과 당신의 영원한 창조주만이 있을 것이다. 다른 어느 누구도 당신을 위해 말해주지 않을 것이다. 그리고 당신은 다시 돌아와서 다르게 행동할 두 번째 기회를 얻을 수 없을 것이다.

변명할 수 없음

하나님의 아들은 다음처럼 선포하셨다. "내가 너희에게 이르노니 사람이 무슨 무익한 말을 하든지 심판 날에 이에 대하여 심문을 받으리니 네 말로 의롭다 함을 받고 네 말로 정죄함을 받으리라"(마 12:36-37).

목사, 감독, 장로, 신부, 복음전도자 혹은 성도 그 어느 누구도 주님과의 회계가 면제되지 않는다. 교회 안에서 가장 높은 지도자들도 모두가 하나님을 대면해야만 할 것이다. 실제로 하나님의 백성을 가르친 자들은 더 높은 기준에 따라 심판을 받을 것이다(약 3:1).

주님은 모든 사람의 동기를 아신다. 회개하지 않고 숨겨둔 모든 죄는 드러날 것이다(롬 2:16을 보라). 당신은 주님의 손과 발의 못 자국을 보면서 당신을 위해 못 박히신 주님보다 이 세상의 것들이 왜 당신에게 더 중요했는지를 설명해야만 할 것이다. 어느 누구도 모든 것을 아시고, 모든 것을 보시는 우리의 왕에게 거짓말을 하거나 변명할 수 없을 것이다. 주님의 심판은 최종적이며 의로우시다. 오직 우리 마음을 주님께 복종하는 삶을 살아야만 그 엄청난 날에 주님을 기쁘시게 할 기회를 갖게 될 것이다.

그러나 우리에겐 우리가 붙잡아야 할 놀라운 약속이 있다. 예수님은 "능히 너희를 보호하사 거침이 없게 하시고 너희로 그 영광 앞에 흠이 없이 기쁨으로 서게 하실 이"(유 1:24)이시다. 감사하게도 주님은 또한 "신실하시고 참되신 분"이라 불린다. 주님은 우리가 보여드린 사랑에 대해 상을 주시며 주님께 영광돌려 드린 것처럼 우리를 높여주실 것이다. 주님은 우리에게 받으신 대로 그 모든 것을 갚아주실 것이다. 우리가 주님을 좇기 위해 버렸던 것을 주님은 백 배나 돌려주실 것이다. 만일 우리가 사람들 앞에서 주님을 고백했다면 주님은 하나님 아버지와 하늘의 천사들 앞에서 우리를 고백하실 것이다(마 10:32를 보라).

오고 계시는 왕

예수님은 지상에서의 주님의 시간이 끝나가고 있다는 것과 주님께서 세상 죄를 위해 고난을 받으시고 죽으실 것을 제자들에게 종종 알리셨다. 주님은 이처럼 시련의 상황 속에서 위안을 찾으려 하셨지만 제자들이 근심하는 것은 원치 않으셨다. 주님은 제자들에게 말씀하셨다.

너희는 마음에 근심하지 말라 하나님을 믿으니 또 나를 믿으라 내 아버지 집에 거할 곳이 많도다 그렇지 않으면 너희에게 일렀으리라 내가 너희를 위하여 거처를 예비하러 가노니 가서 너희를 위하여 거처를 예비하면 내가 다시 와서 너희를 내게로 영접하여 나 있는 곳에 너희도 있게 하리라 내가 어디로 가는지 그 길을 너희가 아느니라 (요 14:1-4)

만일 주님께서 우리 집을 친히 준비하고 계시다면 천국의 그 집이 얼마나 아름다울지 상상해 보라! 이 얼마나 놀라운 보증인가! 주님은 "보라 내가 속히 오리니 내가 줄 상이 내게 있어 각 사람에게 그가 행한 대로 갚아 주리라"라고 약속하신다(계 22:12). 예수님께서 구름을 타고 오셔서 우리를 우리의 참된 집으로 데려가시는 모습은 놀라울 것이다. 그리스도는 죽으시고 죽은 자 가운데서 부활하신 후에 가지셨던 바로 그 몸을 가지고 재림하실 것이다. "그 때에 인자가 구름을 타고 큰 권능과 영광으로 오는 것을 사람들이 보리라"(막 13:26).

이 말씀을 마치시고 그들이 보는데 올려져 가시니 구름이 그를 가리어 보이지 않게 하더라 올라가실 때에 제자들이 자세히 하늘을 쳐다보고 있는데 흰 옷 입은 두 사람이 그들 곁에 서서 이르되 갈릴리 사람들아 어찌하여 서서 하늘을 쳐다보느냐 너희 가운데서 하늘로 올려지신 이 예수는 하늘로 가심을 본 그대로 오시리라 하였느니라 (행 1:9-11)

예수님께서 구름을 타고 큰 위엄 가운데 하늘로 가신 것처럼 주님은 주님의 것인 우리를 맞이하러 더 큰 영광 가운데 재림하실 것이다. 이와 다른 어떤 이론이나 가르침은 성경과 초대교회 신조들에 어긋난다. 우리 신앙의 선배들은 예수님께서 재림하실 것을 확실히 가르쳤다. 니케아 신조는 "그는 산 자와 죽은 자를 심판하러 오시리라"라고 선언한다.

더 이상 고통이 없음

주님이 자신의 백성을 위해 재림하시는 순간은 얼마나 놀랍겠는가! 이번엔 십자가에서 죽기 위해 오시는 것이 아니다. 왕으로 통치하시기 위해 오신다. 모든 자가 겸손히 무릎을 꿇고 경배할 것이며 모든 자가 주님의 모든 영광 가운데 임하신 그리스도의 숨 막히는 광경을 보게 될 것이다. 우리는 성경이 "우리 주 곧 구주 예수 그리스도의 영원한 나라에 들어감"이라 부르는 것을 마침내 경험하게 될 것이다(벧후 1:11).

주님을 사랑하는 우리가 왕의 왕을 뵐 때에 모든 고통이 끝나고 모든 걱정도 사라질 것이다. 당신은 예수님을 대면하여 뵐 것이고 당신의 신실한 수고와 고난에 대해 상을 받을 것이다. 당신은 주님을 위해 살았던 사랑하는 자들과 재회하게 될 것이다.

이런 상태가 얼마나 계속 지속되는가? 영원히 지속된다! 주님의 나라는 결코 끝나지 않을 것이다. 예수님이 영원히 다스리신다.

주님은 큰 고난을 당하실 때와 다르게 보이겠지만 주님의 마음은 결코 변하지 않는다는 것을 확신할 수 있다. 주님은 여전히 이전처럼 사랑으로 가득하시지만 그 능력은 분명히 나타날 것이다. 주님은 위엄의 황금 면류관과 거룩한 옷을 입고 계실 것이지만 주님의 마음은 이 땅에 계실 때와 동일하실 것이다. "채찍에 맞은 나의 등이 여기 있다. 매를 맞은 나의 얼굴이 여기 있다. 십자가에 달린 내 몸이 여기 있다. 너의 생명을 위해 버린 내 생명이 여기 있다."

처음이요 나중 되신 예수님이 우리가 사는 이곳에 곧 임하실 것이다. 그 동안에 주님께 순종하고 주님을 사랑하라. 주님의 재림을 열심히 고대하며 기다리라. 그렇다. 세상은 앞으로 우리가 상상할 수 있는 것보다 더 크게 고통을 받을 것이다. 그러나 하나님은 다가올 진노에서 주님의 백성을 구원하겠다고 우리에게 확증하신다(살전 1:10).

> 주께서 호령과 천사장의 소리와 하나님의 나팔 소리로 친히 하늘로부터 강림하시리니 그리스도 안에서 죽은 자들이 먼저 일어나고 그 후에 우리 살아남은 자들도 그들과 함께 구름 속으로 끌어 올려 공중에서 주를 영접하게 하시리니 그리하여 우리가 항상 주와 함께 있으리라 그러므로 이러한 말로 서로 위로하라 (살전 4:16-18)

지혜로운 자와 어리석은 자

마태복음 25장에서 예수님은 열 처녀의 이야기를 하신다. 그 중 다섯 처녀는 지혜로웠고 나머지 다섯은 어리석었다. 지혜로운 자들은 열심히 신랑이 오길 고대하며 기다렸고 그의 도착을 준비하였다. 어리석은 자들은 신랑이 오는 것을 믿지도 않았고 기대하지도 않았다. 그들은 주님을 맞을 준비를 하지 않았다. 그래서 그들은 마지막 순간에 당황하고 준비하려 하였다. 그러나 그들이 등의 기름을 사러 간 사이에 신랑이 도착했다.

지혜로운 처녀들에겐 어떤 일이 일어났는가? 그들은 혼인 잔치에 들어갔고 문이 닫혔다. 반대로 어리석은 처녀들은 늦게 돌아와 "주여, 제발 우리에게 문을 열어 주소서"라고 간구했다. 신랑은 "내가 진실로 너희에게 이르노니 나는 너희를 모른다"라고 대답했다.

그들이 너무 늦게 그에게 왔을 때에 이미 기회를 놓쳤다. 그들은 결코 이를 만회할 기회를 얻지 못할 것이다.

무엇이 빠졌는가? 그들은 진정으로 "주님을 알지" 못했다. 그래서 그들은 신랑을 기다리지 않았던 것이다. 비유에 나오는 신랑은 그리스도이시다. 그리고 주님을 사랑하는 자들은 사랑하는 주님의 재림을 준비하며 살고 있다.

당신도 준비가 되었는가?

재림에 대한 당신의 의견이 어떻든 간에 상관없이 주님은 재림하실 것이다. 자신에게 물어보라. "나는 정말 주님을 아는가? 나는 주님의 재림을 기다리며 살고 있는가?"

만일 당신이 예수님을 찾고 있지 않다면 당신은 주님의 도착을 준비하지 않고 충격을 받았던 어리석은 처녀들과 같을 것이다. 만일 당신이 준비하지 않는다면 당신은 너무 늦을지 모른다. 당신이 아무리 많이 간청한다 할지라도 당신은 주님께서 "나는 너를 모른다"고 하시는 말씀을 들을 것이다.

그 선언은 사람이 들을 수 있는 말 중에 가장 두려운 말이 될 것이다. 그 순간에 당신의 인생이 눈앞에 주마등처럼 지나갈 것이다. 그리고 당신은 주님의 재림을 준비해야만 했었던 많은 기회들을 보게 될 것이다. 당신이 이 책을 다 읽으면 당신은 결코 "예수님, 저는 제가 해야만 하는 일을 몰랐어요"라고 말할 수 없을 것이다. 당신은 변명하지 못할 것이다.

주님께 "아니오"라고 말한 사람들 때문에 주님은 마음이 무너지시겠지만, 동시에 의의 왕으로서 악을 벌하셔야만 한다. 주님은 너무나 많은 사람들이 준비되지 않은 것을 보시고 슬퍼하실 것이다.

당신은 준비되었는가? 당신의 영원은 안전한가? 주님을 사랑하는 것과 주님을 따르는 것이 정해진 그 시간을 준비하는 유일한 방법이다. 주님이 당신의 왕이 되시도록 구하라. 단순히 당신의 마음을 굽히고 "예, 주님, 저는 당신 것입니다!"라고 기도하라.

사랑의 예수님,

당신은 얼마나 놀라운 왕이신지요! 당신의 능력과 위엄은 이 세상의 그 어떤 것보다 높으십니다. 저는 당신께서 저의 왕이 되어주시길 원합니다. 저는 당신의 통치와 나라에 순복합니다. 저에게 당신이 받으시기에 합당한 대로 당신을 경배하고 존중하는 법을 가르쳐 주십시오. 저는 당신의 재림을 준비하길 원합니다. 제 인생에서 저의 모든 죄를 거두시고 저를 깨끗케 하옵소서. 저는 이제 당신 것이며 당신 책임입니다. 나의 왕이시여, 저로 준비케 하소서. 주 예수님, 오소서, 오시옵소서. 아멘.

Chapter 5

주
LORD

> 너희가 십자가에 못 박은 이 예수를 하나님이
> 주와 그리스도가 되게 하셨느니라
>
> 행 2:36

    예수님은 다른 호칭보다 주(Lord)라고 더 많이 불리신 것 같다. "주 예수님"이라고 말하는 것은 전 세계적으로 하나의 평범한 문구가 되고 말았다. 그리스도를 따르는 제자들은 이 용어를 아무 생각 없이 편안하게 사용한다.

    그러나 주님께서는 당신이 정말로 예수님을 주님으로 알길 원하시며 이것의 참된 의미가 무엇인지를 알기 원하신다. "주"라는 단어의 무게는 주님을 대하는 당신의 마음을 영원히 바꿔놓을 것이다.

    더 진도를 나가기 전에 먼저 "주"라는 단어의 뜻을 살펴보자. 이 단어는 헬라어 퀴리오스(kurios)에서 유래했는데 이는 '어떤 것을 완전히 소유한 자, 그리고 그것에 대해 결정권을 가진 자, 주인'이란 뜻이다. 또한 이것은 어떤 것에 대한 소유자와 그것에 대한 결정권자란 의미를 지닌다.

그것은 왕이나 족장처럼 주권자란 뜻이다. 왕이나 족장은 명예와 존경을 담은 호칭이고 이로 인해 종들은 자기 주인에게 절한다.

이것은 아마도 당신이 "주 예수여"라고 지난번에 말하면서 생각한 것과 사뭇 다를지 모른다. 당신이 이 말을 할 때마다 실제로 주님은 "나를 완전히 소유하고 나에 대한 절대적인 통제권을 가지고 계신 분, 나의 전 존재를 완전히 소유하신 분, 모든 영역에서 내 삶을 인도하시는 분"이라고 말한 것이다. 당신이 "나는 그것이 그렇게 깊은 의미가 있었는지 몰랐습니다"라고 대답할 때에 당신 마음에 있을 충격을 나는 예상할 수 있다.

이 호칭에는 정말로 그렇게 깊은 의미가 있다. 예수님의 주되심(Lordship)은 결코 작은 문제가 아니다. "주 예수님"에 담긴 진리가 너무 커서 당신이 놀라지 않기를 바란다. 그리스도께 순복하는 것은 당신이 인생을 사는데 있어 최고의 방법이요 유일한 방법이다.

만유의 주

성경에는 "만유의 주 되신 예수 그리스도로 말미암아 화평의 복음을 전하사 이스라엘 자손들에게 보내신 말씀"(행 10:36)이라고 기록되어 있다. 이제 당신은 "주"라는 말에 담긴 의미가 어떤 것인지를 알게 되었다. 그러므로 예수님이 무엇의 주님이신지 아는 것이 중요하다. 이 말씀에 따르면 주님은 만유의 주시다. 이는 모든 사람, 모든 존재, 모든 피조물이 주님의 권세에 복종하고 그 아래에 있다는 것을 의미한다. 만유는 모든 것을 의미한다.

모든 것은 성자 하나님의 권력에 복종해야만 한다. 세상이 주님께 아무리 저항한다 할지라도 주님이 그 어떤 것이나 그 어떤 사람보다도 더 강하시다는 사실은 바뀌지 않는다. 예를 들어, 주님은 질병을 다스리시는 주님이시다. 우리는 주님이 이 땅에서 사역하시는 동안 내내 이를 보았다. 주님이 임하시면 마을 전체가 고침을 받았고 주님께 가까이 나아오는 모든 자들이 고침을 받았다(눅 6:19; 마 9:35를 보라). 주님은 암의 위협을 두려워하지 않으신다. 왜냐하면 암은 주님의 권세 아래 있기 때문이다. 심장병도 그리스도의 주되심보다 높지 않다. 의사의 진단서도 주의 치유의 능력에 복종한다.

모든 이름 위에 뛰어난 이름

주님은 죽음을 다스리는 주님이시다. 대부분의 사람들은 죽으면 모든 것이 끝난다고 생각한다. 주님은 죽음을 노려보시고는 죽음 건너편으로 건너오셨다. 무덤이 주님을 잡고 있을 수 없었기 때문에 주님은 지금도 여전히 살아 계셔서 전 세계의 수많은 제자들을 섬기고 계신다. 주님은 지금 이 순간에도 당신에게 다가오고 계시다. 왜냐하면 주님은 죽음을 이기셨기 때문이다.

주님은 우리의 물질적 필요도 다스리시는 주님이시다. "은도 내 것이요 금도 내 것이니라"(학 2:8). 예수님이 십자가에서 그의 거룩한 몸에서 보혈을 쏟으실 때, 주님은 모든 권세를 받으셨다. 그러므로 주님은 마귀의 계획조차도 통제하시는 주가 되셨다.

물론 원수는 당신의 생명을 파괴하고 당신이 그리스도를 따르지 못하도록 방해하길 원한다. 그러나 주님이 "다 이루었다"고 말씀하셨을 때에 주님은 마귀의 머리를 으스러뜨리셨다(요 19:30). 그러므로 마귀와 그의 악한 역사를 두려워하지 말라. 권세는 사단이 아니라 예수님께서 쥐고 계신다.

주님의 통치 아래 있는 목록은 끝이 없다. 왜냐하면 주님은 참으로 만유의 주가 되시기 때문이다. "이러므로 하나님이 그를 지극히 높여 모든 이름 위에 뛰어난 이름을 주셔서 하늘에 있는 자들과 땅에 있는 자들과 땅 아래 있는 자들로 모든 무릎을 예수의 이름에 꿇게 하시고 모든 입으로 예수 그리스도를 주라 시인하여 하나님 아버지께 영광을 돌리게 하셨느니라"(빌 2:9-11).

주님은 참으로 당신의 주님이신가?

주님의 가르침은 실제로 명령이다. 예수님은 흑과 백이 분명하시며, 우리가 엉거주춤하지 않길 원하신다. 덥든지 차든지 하고 중간을 걷지 말라. 예수님은 라오디게아 교회에게 "네가 이같이 미지근하여 뜨겁지도 아니하고 차지도 아니하니 내 입에서 너를 토하여 버리리라"고 말씀하셨다(계 3:16).

생각하면 이 얼마나 두려운 말씀인가! 그리스도께서 우리를 마음에 들어 하지 않으시면서 자신을 참된 주로 섬기지 않는 모든 자들을 문자 그대로 거절하시는 모습을 생각해 보라. 이 말씀은 우리 모두 안에 건강하고 거룩한 두려움을 넣어준다. 주님의 전능하신 힘을 깨달았다면 반드시 하나님의 엄위하심 앞에 두려워 떨 수밖에 없다. 주님을 따르는 자들은 주님의 명령에 순종해야만 한다.

우리는 말로만 우리의 사랑을 증명하지 않는다. 예수님은 "너희가 나를 사랑하면 나의 계명을 지키리라"고 말씀하셨다(요 14:15). 만일 당신이 정말로 주님을 사랑하는지 아닌지를 어떻게 아는가? 유일한 증거는 당신이 주님이 행하라고 말씀하신 바를 순종하는가 하는 것이다.

개인적인 질문을 하겠다. 당신의 행동은 당신의 말과 일치하는가? 만일 주님을 당신의 입으로 "주"라고 부를 때에 당신은 주님에게 당신 삶에 대해 완전한 소유권을 드렸는가? 주님의 말씀은 직설적이고 확고하시지만, 주님은 여전히 당신에게 신사적으로 다가가실 것이다. 주님은 결코 인간 마음에 강제로 역사하여 우리 스스로 주님에게 동의할 수 있는 능력을 제거하지 않으신다. 우리의 사랑은 여전히 주님이 궁극적으로 원하시는 목표이다. 그래서 주님은 십자가에서 죽으셨다. 사랑은 결코 억지를 요구하지 않는다. 우리는 자유의지를 따라 예수님을 사랑할지 말지를 선택해야만 한다.

그리스도께서 당신의 주가 되신다는 것은 정말 무엇을 의미하는가? 그것은 주님이 당신의 삶의 처음부터 끝까지 모든 권한을 가지고 계시다는 것과 당신은 주님이 원하시는 것에 완전히 순복해야 함을 의미한다. 그것은 당신이 당신 자신을 위해서 사는 것을 멈추고 주님께서 당신의 모든 것이 되시는 것을 의미한다. "이는 너희가 죽었고 너희 생명이 그리스도와 함께 하나님 안에 감추어졌음이라"(골 3:3).

주의 뜻이 이루어지이다

만일 주께서 움직이라 말씀하시면 당신은 움직인다. 주님이 가라 하시면 당신은 간다. 만일 하나님께서 당신으로 하여금 주님에게서 멀어지게 하는 어떤 그룹을 떠나라고 말씀하시면 당신은 그들을 떠난다. 같은 죄를 반복해서 짓는다고 느낄 때에 당신이 주님의 마음을 아프게 한다는 것을 알기 때문에 당신은 죄를 멈춘다. 만일 주님께서 가난한 자들에게 주라고 말씀하시면 당신은 그대로 시행한다. 만일 주님을 위해 모든 것을 떠나라고 말씀하시면 당신은 순종한다. 주님의 뜻이 당신의 뜻보다 앞선다. 이것이 바로 예수님을 주로 모셨다는 것의 의미를 가장 단순하고도 분명하게 설명한 것이다.

사도 바울은 다음과 같은 말로 예수님의 주되심을 완벽하게 묘사한다. "내가 달려갈 길과 주 예수께 받은 사명 곧 하나님의 은혜의 복음을 증언하는 일을 마치려 함에는 나의 생명조차 조금도 귀한 것으로 여기지 아니하노라"(행 20:24).

우리 모두는 자신의 인생에 대한 갈망을 가지고 있다. 어떤 갈망은 주님에게서 온 것이지만 어떤 것은 그렇지 않다. 모든 갈망과 야망은, 좋은 것이든 나쁜 것이든, 우리를 향하신 주님의 갈망에 비하면 아무 것도 아니다. 우리의 뜻은 주님의 뜻에 무릎을 꿇어야만 한다. 주님은 모든 것을 의미하며 다른 모든 것은 철저히 무의미하다.

당신은 혼잣말로 "이건 좀 심하네요. 당신은 제가 어떤 일을 겪게 될지 모릅니다. 예수님도 이런 일을 겪으실 필요가 전혀 없으셨는데!"

그렇다. 주님은 그렇게 겪으셨다. 주님은 이 땅에 계시는 동안 하나님 아버지의 뜻에 무릎을 꿇으셨다. 주님은 하나님 아버지께서 주님께 먼저 보여주지 않으시는 것은 말하지도 않았고 행하지도 않으셨다(요 6:38을 보라). 주님이 말씀하시거나 행한 모든 것은 하나님 아버지를 순종하는 마음으로 하셨다. 모든 것이 다 그랬다.

주님께서 겟세마네 동산에 계셨을 때에 주님은 가장 끔찍한 학대와 어떤 인간도 경험해 본 적이 없는 거절을 앞두고 있었다. 주님은 자기의 뜻을 하나님 아버지의 뜻에 순복하셨고 "내 원대로 마시옵고 아버지의 원대로 되기를 원하나이다"라고 말씀하셨다(눅 22:42). 이와 같이 성자 하나님이 하나님 아버지를 위해 사셨기에 주님은 우리도 그렇게 살길 원하신다.

자아에 대해 죽음

성장하면서 나의 가장 큰 열정은 골프였다. 나는 다섯 살 때에 레슨을 받기 시작했으며 여덟 살에 전국 수준의 대회에 나가기 시작했다. 내가 처음 출전한 대회는 우리나라에서 내 연령대를 위한 대회 중에서 가장 큰 대회였다. 나는 마침내 2위를 했으며 이로 인해 나는 이 위대한 스포츠와 사랑에 빠지기 시작했다.

다음 몇 년 동안에 나는 전국을 투어하면서 종종 가장 큰 대회에서 우승했다. 고등학교 시절 여름에 하루에 10시간에서 12시간을 연습하는 것이 보통이었다. 나는 먹고, 자고, 땀을 흘리면서 "골프"를 꿈꿨다.

고등학교 시절을 성공적으로 보낸 후에 나는 미국 골프 명문대학인 플로리다 대학에 장학금을 받고 들어갔다. 이것은 나에게는 엄청난 성취였으며, 특히 오랫동안 골프를 갈망했기 때문에 더욱 더 그랬다.

대학 시절에 나는 잠시 프로골프 선수생활을 했지만, 부상으로 인해 프로골퍼 생활을 계속할 수 없었다. 그러나 그 갈망은 여전히 남아 있었기 때문에 나는 다시 골프를 치길 바랐다.

어느 날, 내가 기도하고 있는데 주님께서 "나를 위해 이 경쟁을 포기하라"고 말씀하셨다. 나는 내가 들은 말을 믿을 수가 없었다. 이렇게 결단하는 것은 몇 번의 시합이나 몇 개의 트로피를 포기하는 수준의 것이 아니었다. 그것은 20년의 훈련 생활과 부단한 노력을 희생하는 것이었다. 그럴 경우 나는 나의 정체성을 포기해야 할 것이다.

나는 다음처럼 대답했다. "주님, 주님께서는 저에게 이 달란트를 주셨습니다. 저는 당신의 영광을 위해 이것을 사용하길 원합니다." 주님께서 대답하셨다. "너는 나를 사랑하느냐? 아니면 내가 너에게 준 재능을 사랑하느냐? 나는 네가 내 안에서만 너의 정체성을 찾길 원한다. 네가 나를 사랑하고 참으로 나만을 사랑하기 때문에 나는 네게 이를 포기할 것을 부탁하고 있다."

이 말씀은 듣고만 있어도 가슴이 무너졌으며 큰 희생이 아닐 수 없었다. 며칠 동안 하나님과 타협하려고 시도한 후에 나는 기도실에서 무릎을 꿇고 눈물을 흘리면서 소리쳤다. "예수님, 저의 모든 것을 가져가십시오. 좋은 것과 나쁜 것 모두를 취하십시오. 저는 그 어떤 것이나 그 어떤 사람보다 당신을 사랑합니다."

이것은 내 인생에서 커다란 승리였다. 솔직히 말해서 만일 내가 나의 꿈을 하나님께 드리지 않았다면 나의 인생과 사역은 주님 보시기에 실패작이었을 것이라 믿는다.

주님이 내가 다시 대회에 나가는 것을 허락하실지 안 하실지 나는 모른다. 나는 주님이 선택하시는 것이 무엇이든 그것을 기꺼이 받아들일 것이다. 주님께 내 안의 더러운 것을 드리는 것은 쉽지만 주님이 우리에게 주신 것을 돌려드리는 것은 완전히 별개의 것이다. 주님은 우리 마음의 보좌에 좌정하길 원하시며 그 자리를 그 어느 것과도 나누지 않으신다.

아브라함은 자기 아들, 이삭을 매우 사랑했다. 이삭은 자기 아버지에게 저주가 아니라 축복이었다. 그러나 하나님은 아브라함의 인생에서 제

1순위가 되고 싶으셔서 이삭을 제물로 바칠 것을 요구하셨다. 아브라함은 말씀대로 순종했고 시험을 통과했다.

모든 사람은 "이삭"이라는 축복을 가지고 있다. 당신은 예수님을 주님의 축복보다 더 사랑하는가? 신실하신 주님은 이삭 대신에 수풀에 걸린 숫양을 주셨다.

하나님은 우리의 모든 것을 원하신다. 만일 그렇지 않을 경우엔 아무 것도 원치 않으신다. 주님은 우리의 절반이나 90퍼센트를 요구하지 않으신다. 나는 당신에게 망설이지 않고 말할 수 있다. 즉 우리가 주님께 순복한 모든 것은 그럴 만한 가치가 충분히 있다. 그에 대한 상급은 예수님 자신이시다!

그 날에

당신은 이제 그리스도께서 하신 말씀 중에 가장 정신이 번쩍 드는 말씀을 읽을 것이다. 주님은 당신을 사랑하시고 당신과 아름다운 삶을 나누길 원하신다는 것을 결코 잊지 말라. 여기 우리가 가슴에 새겨야 할 말씀이 있다.

> 나더러 주여 주여 하는 자마다 다 천국에 들어갈 것이 아니요 다만 하늘에 계신 내 아버지의 뜻대로 행하는 자라야 들어가리라 그 날에 많은 사람이 나더러 이르되 주여 주여 우리가 주의 이름으로 선지자 노릇 하며 주의 이름으로 귀신을 쫓아내며 주의 이름으로 많은 권능을 행치 아니하였나이까 하리니 그 때에 내가 저희에게 밝히 말하되 내가 너희를 도무지 알지 못하니 불법을 행하는 자들아 내게서 떠나가라 하리라 (마 7:21-23)

그리스도께서 인류를 심판하실 때에 당신은 많은 사람들의 운명이 어떻게 될지를 방금 읽었다. 수많은 사람들이 자신을 속이고 자신이 그리스도의 제자라고 생각했다. 이 얼마나 두려운가! 누군가가 하나님에게서 버림을 받아 영원한 고통의 장소로 던져진다는 사실은 생각만 해도 정말 끔찍하다.

주님은 이처럼 고통스러운 영원이 있다는 것을 분명하게 설명하셨는데, 이곳은 생활방식과 행동이 말과 일치하지 않는 자들이 가는 곳이다. 우리는 주님의 경고를 받아들이고 우리가 이 그룹에 속하지 않도록 우리 삶을 세심히 점검해야만 한다. 당신이 이 말씀에 나오는 "많은 사람" 중에 포함되지 않도록 분명히 하라.

이 사람들은 예수님을 "주님"으로 불렀지만 그들은 분명 하나님의 말씀과 어긋나는 부도덕한 삶을 살았다. 그래서 예수님은 그들을 "불법을 행하는 자들"이라고 부르셨다. 그들은 입술로 예수님을 주님이라고 선언했지만 실제로는 자기가 주인인 삶을 살았다.

왜 그들은 불법을 행하는 자들인가? 왜냐하면 주인이 그들에게 "나는 너희를 도무지 알지 못한다"고 말씀하셨기 때문이다. "아들을 보고 믿고 주님에게 붙어서 주님을 신뢰하고 의지하는 자들은 영생을 얻는 것이 내 아버지의 뜻이며 목적이다"(요 6:40 Amplified Bible). 하나님 아버지의 뜻은 성자 예수님을 모든 순간에 주님으로 붙드는 것이다. 당신은 예수님이 인도하시는 곳이 어디든 그것과 상관없이 주님을 따르고 순종한다.

우리는 사람들이 우리를 보든 보지 않든 간에 예수님을 주님으로 따라야만 한다. 만일 당신이 필요한 때에는 예수님을 주님이라 부르고 나머지 때에는 당신 자신이 인생의 주인이 되어 산다면 예수님은 당신의 주가 아니시다. 만일 당신이 거짓을 따라 살고 예수님께서 진실로 당신 인생을 통제하지 않으신다면 당신은 그날에 하나님이 거절하시는 "많은 사람들" 중에 속하게 될 것이다. 그리스도께서 오신 것은 당신으로 하여금 더 이상 고통 받지 않게 하시기 위함이다. 주님은 당신을 구원하러 오셨지 다치게 하려고 오시지 않았다.

사랑이 답이다

어떻게 하면 이 순종의 자리에 도달할 수 있는가? 어려워 보이지만 그 답은 언제나 그렇듯 동일하다. 예수님이 당신의 처음 사랑이 되어야만 한다. 주님의 감정을 당신 자신의 감정보다 훨씬 더 중요하게 만들 유일한 방법은 처음 사랑뿐이다.

고린도전서 13장 5절에서 사랑은 자기의 이익을 구하지 않는다고 말한다. 진정한 사랑은 자기보다 예수님을 높이는 것이다. 주님은 철권으로 당신에게 상처를 주고 당신을 지배하길 원하는 잔혹한 주인이 되길 원치 않으신다. 예수님은 사랑이시다. 주님은 보호와 축복이 보장된 길로 당신을 인도하실 것이다. 예수님은 당신을 사랑하기 때문에 주인이 되길 원하신다. 그리고 당신은 예수님이 당신의 주가 되어 주시길 원해야만 한다. 왜냐하면 당신은 당신이 받은 사랑의 보답으로 주님을 사랑하기 때문이다. 주님을 더 신뢰하라. 당신의 인생은 그리스도와 함께라면 그 누구와 함께 하는 것보다도 안전할 것이기 때문이다. 주님이 원하시는 것은 오직 당신이 마음으로부터 "예, 그렇게 하겠습니다. 주 예수님"라고 대답하는 것, 그것이 전부다.

사랑하는 예수님,

만유가 다 주님께 무릎을 꿇습니다. 그리고 그 어떤 것도 주님의 능력과 견줄 수 없습니다. 제가 제 말과 일치하는 삶을 살 수 있도록 저를 도와 주옵소서. 저의 인생의 모든 것을 취하셔서 주님이 원하시는 것을 행하옵소서. 저는 지금 이 시간에 모든 것을 주님께 드립니다. 주님은 영원히 저의 주님이십니다. 제가 날마다 순종할 수 있도록 도와 주옵소서. 저는 주님을 사랑합니다. 주의 거룩하신 이름으로 기도합니다. 아멘.

Chapter 6

SHEPHERD

아버지께서 내게 주신 자 중에서 하나도 잃지 아니하였사옵나이다

요 18:9

    사람들은 인도(guidance)를 받으려 필사적이다. 많은 사람들이 인생을 항해할 수 있는 방법들을 찾고 있다. 이 과정에서 사람들의 마음은 종종 혼돈으로 가득차고 결정을 내리기란 믿을 수 없을 정도로 힘들다. 질문은 꼬리에 꼬리를 물고 끝없이 계속된다. 생계를 위해 난 뭘 해야 할까? 나는 누구와 결혼을 해야만 하는가? 나는 어디에 살아야만 하는가? 나는 자녀를 원하는가? 내가 처한 이 엉망이 된 상황에서 어떻게 빠져나갈 수 있는가? 인생이란 무엇인가? 왜 나는 여기에 존재하는가?

    이 모든 질문은 인도해 주시기를 바라는 청원이다. 사람들은 책을 읽고, 세미나에 참석하고, 문제 해결을 위한 시스템이나 인생의 공식을 찾기 위해 엄청난 돈을 쓴다. 그러나 인생의 질문들에 대한 참된 해답은 이런 것 가운데 있지 않다.

해답은 사람들이 지음을 받은 이래로 계속해서 사람들을 인도하고 계신 목자에게 있다. 성경은 그분을 "목자장"이라 묘사한다(벧전 5:4를 보라). 그 뜻은 존재하는 목자 중에 그분이 가장 안전한 목자라는 것이다. 당신은 그분의 아름다운 이름을 이미 알고 있다. 왜냐하면 그 이름은 모든 이름 중에 가장 사랑스런 이름이기 때문이다. 그 이름은 바로 예수님이시다.

선한 목자

과거 2000년 동안 그리스도는 목자로 알려지셨다. 주님은 단순한 목자가 아니라 선한 목자이시다. 이것은 당신이 주님의 우리에 있을 때에 돌봄을 받는다는 것을 의미한다. 다른 사람들이 주님을 선한 목자라고 부르지 않은 것은 놀랍다. 예수님은 자신을 설명할 때에 이 말을 사용하셨다.

> 나는 선한 목자라 선한 목자는 양들을 위하여 목숨을 버리거니와 삯꾼은 목자도 아니요 양도 제 양이 아니라 이리가 오는 것을 보면 양을 버리고 달아나나니 이리가 양을 물어가고 또 헤치느니라 달아나는 것은 그가 삯꾼인 까닭에 양을 돌보지 아니함이나 (요 10:11-13)

예수님께서 자신을 선한 목자라고 하신 것은 주님께서 목자라는 직함에 대해 완전히 일치하는 유일한 분이시라는 뜻이다. 주님은 불타는 열정으로 당신의 삶을 신실하게 인도하고자 하신다. 실제로 주님은 엄마가 자기 자녀를 돌보는 것보다 더 많이 당신을 돌보신다. "여인이 어찌 그 젖

먹는 자식을 잊겠으며 자기 태에서 난 아들을 긍휼히 여기지 않겠느냐 그들은 혹시 잊을지라도 나는 너를 잊지 아니할 것이라"(사 49:15).

하나님이 당신을 잊으실 확률보다 엄마가 자기의 젖먹이를 잊을 확률이 더 높다. "그는 목자같이 양 떼를 먹이시며 어린 양을 그 팔로 모아 품에 안으시며 젖 먹이는 암컷들은 온순히 인도하시리로다"(사 40:11). 예수님은 주님이 선한 목자이심을 입증하신다. 왜냐하면 주님은 "자기 양떼를 위해 자기 목숨을 버리시기" 때문이다.

당신의 보호

양떼를 돌보기 위해 고용된 거짓 목자들에 대해 주님이 말씀하시는 내용을 잘 살펴보라. 그들은 늑대가 나타나는 것을 보자마자 양떼를 버리고 도망간다. 그들은 양떼를 위해 헌신할 생각이 없다. 왜냐하면 그들은 단지 월급을 받기 위해 일하기 때문이다.

그러나 자기의 양떼를 향한 그리스도의 헌신은 완전히 다르다. 당신은 주님의 소유다. 예수님은 당신을 사기 위해 십자가에서 죽으셨으며 당신을 늑대와 침략자들-죄, 죽음 그리고 사탄-로부터 보호하시기 위해 부활하셨다.

당신을 돕겠다고 약속했던 사람들에게서 버림을 받은 적이 있는가? 원수가 당신을 공격하러 왔을 때에 버림을 받았는가? 당신 생각에 참으로 돌봐줄 것이라 생각했던 사람들이 반대에 부딪히자마자 사라졌는가? 전장에 당신 혼자 두고 모두 떠나버렸는가?

당신이 공격을 받을 때에 주님은 결코 당신을 떠나지 않으신다. 주님은 최악의 상황에서도 당신 곁에 서 계실 것이다. 왜 그런가? 왜냐하면 당신은 주님의 소유이기 때문이다. 당신이 주님께 마음을 드릴 때에 당신은 주님의 소중한 소유가 된다.

목자는 언제나 자기에게 속한 양들을 누구보다도 잘 간수한다. 그리고 역시 하나님도 그분의 양들을 그렇게 살피신다. 당신이 주께서 돌보시는 양무리에 들어가면 선한 목자는 당신의 안전을 지켜주신다.

예수님은 자기의 양떼를 위해 싸우신다

만일 당신이 예수님께 속한다면 주님은 사단의 공격으로부터 당신이 다치는 것을 막으실 것이다. 당신은 거룩하신 하나님의 보호를 받는다. 강한 힘과 열정으로 주님은 달려와 늑대들과 싸우시며 그들이 당신에게 다가오기 전에 일찌감치 그들이 다가오지 못하도록 몰아내실 것이다.

당신이 당신의 마음을 주님께 순복한다고 해서 주님이 항상 갈등이 없는 평화로운 삶을 보장하시는 것은 아니다. 그러나 주님은 고난의 때에 반드시 도우시겠다고 보증하신다.

마귀는 계속해서 하나님의 돌보심을 받는 자들을 공격하려 한다. 왜냐하면 그는 무엇보다도 당신이 고통 받고 실패하는 것을 보고 싶어 하기 때문이다. 주님은 우리 밖에서 방황하는 자들을 언제나 살피시며 적을 치신다. 당신의 안전의 열쇠는 언제나 목자 되신 주님께 가까이 가서 우리 안에 머무는 것이다.

얼마나 가까이 가야 하는가? 주님의 그림자 안에서 모든 시간을 보낼 정도로 가까이 가야만 한다. 주님은 가장 안전한 피난처다. "지존자의 은밀한 곳에 거주하며 전능자의 그늘 아래에 사는 자여"(시 91:1). 주님 곁에서 모든 시간을 보내는 것을 당신의 임무(mission)로 삼아라. 주님은 주님의 놀라운 능력을 사용하셔서 아무도 침투하지 못하도록 당신 주변에 보호막을 두르실 것이다.

예수님이 당신의 목자이시며 당신과 함께 하신다는 확신 안에 안식하는 법을 배우라. 주님은 당신을 불러 맡기신 일을 당신이 모두 완수할 수 있도록 보호하신다. 주님의 도우심이 없다면 당신은 이미 오래 전에 멸망당하거나 죽었을 것이다. 운전하는 동안 아슬아슬한 순간들이 얼마나 많았었는지 기억을 떠올려 보라. 주님이 함께 하셨기 때문에 당신은 해를 당하지 않았고 앞으로도 보호하심을 받을 것이다.

당신이 당신의 연인에게 바짝 머물러 있으면 원수는 결코 당신을 이길 수 없다. 그리스도께서 자기의 양들을 보호해야만 할 때에 그리스도의 힘은 그분의 열정과 함께 불탄다. 우리는 주님이 자신의 양떼를 위해 얼마나 많은 위협과 공격에서 우리를 지켜주셨는지를 알면 놀랄 것이다. 예수님께서 친히 하신 다음 말씀에서 위로를 받으라. "…또 그들을 내 손에서 빼앗을 자가 없느니라"(요 10:28). 아무도 주님의 손에서 빼앗을 자가 없다. 우리 목자께서 우리를 붙드신 그 손은 얼마나 강한가! 한 손으로 주님은 우리를 꼭 붙드시고 다른 한 손으로는 원수를 치신다!

기도하는 목자

예수님은 하나님 아버지께 다음처럼 말씀하셨다.

내가 그들을 위하여 비옵나니 내가 비옵는 것은 세상을 위함이 아니요 내게 주신 자들을 위함이니이다 그들은 아버지의 것이로소이다 내 것은 다 아버지의 것이요 아버지의 것은 내 것이온데 내가 그들로 말미암아 영광을 받았나이다 나는 세상에 더 있지 아니하오나 그들은 세상에 있사옵고 나는 아버지께로 가옵나니 거룩하신 아버지여 내게 주신 아버지의 이름으로 그들을 보전하사 우리와 같이 그들도 하나가 되게 하옵소서 (요 17:9-11)

하나님의 아들께서 당신을 위해 하나님 아버지께 기도한다고 생각해 보라. 참으로 놀랍지 않은가! 주님은 자기의 능력으로 당신을 보호하실 뿐만 아니라 주님의 기도를 통해 당신을 보호하신다. 그리스도는 당신을 위해 이처럼 간청하고 계신다. "내가 비옵는 것은 그들을 세상에서 데려가시기를 위함이 아니요 오직 악에 빠지지 않게 보전하시기를 위함이니이다"(요 17:15).

그리스도인인 당신은 왜 너무나 많은 사람들이 겪고 있는 지옥과 같은 삶을 겪지 않고 이 모든 세월 동안 어떻게 안전하게 지냈는지 알고 싶지 않은가? 왜 당신은 마약에 걸려들지 않았는가? 다른 사람들은 예수님을 열정적으로 미워하는데 왜 당신은 주님을 기쁘시게 해 드리려고 하는가? 이에 대한 답은 주님이 악한 자가 당신에게 접근하지 못하도록 기도하셨기 때문이다.

만일 당신이 이처럼 끔찍한 일들을 경험하고 있으며 목자의 보호 아래에서 충만한 삶을 살고 있지 않다 할지라도 주님이 이미 말씀하신 이 기도는 결코 사라지지 않는다. 그것은 하나님 아버지의 마음에 영원히 기억된다. 예수님은 "천지는 없어질지언정 내 말은 없어지지 아니하리라"고 말씀하셨다(마 24:35). 이 말씀은 당신의 미래를 변화시킬 능력을 여전히 지니고 있다.

친구여, 주님의 양떼가 되라. 그러면 주님의 기도가 당신의 삶을 지켜 줄 것이다. 하나님의 아들이 하신 기도는 반드시 이루어질 것이다. 주님은 언제나 우리의 보혜사이시다. "이는 그가 항상 살아 계셔서 그들을 위하여 간구하심이라"(히 7:25). 하나님이 당신 편이시면 당신은 질 수가 없다!

아마도 당신은 여전히 자신에게 다음처럼 말할지 모르겠다. '그래, 예수님은 이 땅에 계시는 동안 기도하셨지만 그건 주님과 함께 했던 제자들에게만 적용되잖아.' 아니다. 주님께서 말씀하신 내용은 오늘의 당신과 내가 포함된다. 그날 밤, 그리스도의 마음에 우리들도 있었다. 주님은 다음처럼 말씀하셨다. "내가 비옵는 것은 이 사람들만 위함이 아니요 또 그들의 말로 말미암아 나를 믿는 사람들도 위함이니"(요 17:20). 이 말씀에는 당신도 포함되어 있다!

주님께서 당신을 위해 기도하실 때에 주님은 이제 막 체포되어 고문과 죽임을 당하실 예정이었다. 가장 큰 시련의 때에 주님의 양들을 생각하시는 주님은 얼마나 신실한 목자이신가!

겟세마네 동산에서 땀방울이 핏방울처럼 되었을 때에도(눅 22:44를 보라) 주님은 베드로와 야고보와 요한에게 기도의 비밀들을 가르쳐 주셨다. 주님은 그들에게 "시험에 들지 않게 깨어 기도하라 마음에는 원이로되 육신이 약하도다"라고 말씀하셨다(마 26:41). 십자가의 고통과 고뇌를 겪으시는 동안에도 주님은 요한에게 어머니를 돌봐 달라고 말씀하시고 어머니에게 요한을 아들로 삼으라고 말씀하셨다(요 19:25-27을 보라).

어쩌면 당신은 "그리스도의 메시지를 믿는 사람"이 아닐지도 모르겠다. 왜 당신은 당신의 삶을 사랑으로 돌보시는 그리스도를 이 목자로서 인정하지 않는가? 이처럼 자기를 부인하시고 의지할 만한 분이 또 있단 말인가?

목자의 마음

나는 자기를 부인하시는 예수님의 신실함을 생각하면 우리 할머니인 데오도라 리올리오스가 생각난다. 할머니는 그리스인들로 구성된 우리 집 대가족의 주축이었다. 나에게는 할머니가 건강하셨던 기억이 한 번도 없다. 할머니는 무릎이 좋지 않아서 언제나 절뚝거리셨으며 신체의 다른 부분까지 종양이 생겨서 수술을 받으셨다. 할머니의 양쪽 다리에는 통증이 있었고 거의 매일 통증을 완화하기 위해 욕조에 다리를 담그고 계셨던 기억이 난다.

할머니의 인생의 마지막 15년에서 20년은 도전의 시간이었다. 할머니는 언제나 질병과 전투 중인 것처럼 보였다. 할머니는 나와 형 그리고 사촌들에게 자기 다리를 마사지 하라고 서슴없이 요청하셨다. 우리는 그 일을 좋아하지 않았으며 또한 할머니가 겪는 고통에 참여할 수도 없었다.

증조할머니는 할머니가 중학교 1학년일 때에 돌아가셨다. 그래서 할머니는 당신의 아버지, 그리고 남동생들과 여동생들을 돌봐야만 했다. 오랜 세월 동안 섬기며 열심히 일한 결과 할머니의 몸에 그런 증세들이 나타나기 시작했다.

내가 이사 왔을 때에 할머니는 자주 아프셨지만 신체적 제약으로 인해 우리 가족의 반석이 되지 못하는 일이 한 번도 없었으며 언제나 우리를 최우선으로 여기셨다. 할머니는 난로까지의 가까운 거리도 절뚝이며 걸으셨지만 우리의 이야이야(YiaYia, 그리스어로 할머니란 뜻이다)는 언제나 부엌에 계셨다. 대부분의 아침에 할머니는 프라이팬에 달걀을 요리하시곤 했는데, 거의 매일 아침 식탁은 사촌들과 이모들 그리고 삼촌들과 친구들에게 줄 그리스 음식으로 가득했다.

할머니의 어려움은 우리 가족의 목자로서 살아가는데 방해가 되지 못했다. 할머니 집은 언제나 깨끗했다. 할머니는 손수 세탁과 다림질을 하셨으며, 모든 분야에 대해 여전히 우리에게 조언을 아끼지 않으셨다. 우리가 그 이야기를 듣고 싶어 하지 않았을 때도 말이다! 할머니는 가족 안에서 제 역할을 다하셨으며, 언제나 가족의 활력소가 되었다. 할머니는 우리가 모자를 떨어뜨리면 엉덩이를 때리셨다가도 몇 초도 못가서 우리에게 뽀뽀를 해 주셨다. 이야이야는 놀라운 분이셨으며, 우리의 목자가 되시는 하나님의 마음의 완벽한 예였고, 할머니에게 쉽지 않은 상황일 때에도 변하지 않으셨다.

나는 할머니가 인생의 마지막 해에 침대에서 꼼짝하지 못하셨던 것을 기억한다. 그러나 할머니는 여전히 우리에게 무엇을 해야 하며 어떻게 살아야 할지에 대해 조언해 주었다. 그것이 바로 그리스도의 마음이다. 그녀는 이 땅에서 그리 유명하지 않지만 천국에서는 유명한 분이다. 그녀는 언제나 내 마음에 있으며 나는 결코 할머니께서 내 삶에 미친 영향은 잊을 수 없을 것이다. 지금도 얼마나 할머니가 보고 싶고 얼마나 사랑하는지! 감사하게도 예수님 때문에 나는 그녀를 다시 보게 될 것이다.

오늘날 이야이야와 같은 사람들이 많지 않다. 할머니는 결코 사랑이나 용납을 구걸할 필요가 없었다. 그와 같은 마음을 가진 자를 사랑하지 않기란 불가능하다.

속삭임을 알라

주님은 말씀하신다. "내 양은 내 음성을 들으며 나는 그들을 알며 그들은 나를 따르느니라"(요 10:27). 날마다 실제로 예수님을 보는 것은 어려운 일이기 때문에 주님 곁에 바싹 붙어 있으려면 우리는 주님의 음성을 알아야만 한다.

아는 것과 듣는 것은 완전히 다르다. 예수님은 우리가 주님의 음성을 "알게" 될 것이라고 말씀하셨다. 만일 우리가 구세주의 음성을 인식하지 못한다면 주님을 따르는 것은 불가능하다. 만일 우리가 주님을 따르지 않는다면 우리의 삶은 파괴될 것이다.

하나님의 음성은 전임 사역자만을 위해 예약된 것이 아니다. 만일 당신이 주님의 양이면 당신은 계속해서 주님의 음성을 듣고 알 수 있다. 주님은 우리에게 여러 가지 방법-성경, 다른 사람들, 환경, 그리고 성령-을 통해 말씀하신다. 그러나 당신이 주님께서 개인적으로 당신에게 말씀하시도록 허락하는 것이 중요하다. 주님과 시간을 보냄으로써 당신은 주님의 음성을 알게 되고 이 놀라운 목자께서 자기의 양떼에게 말씀하시는 법을 알게 된다.

예수님의 음성은 다른 어떤 사람의 음성과 다르며 특별하다. 그것은 지상의 어떤 음성보다 더 아름답고 어떤 힘보다 강하지만 세미하다. 주님은 우리 귀에 소리를 지르시기 보다는 우리 마음에 속삭이실 때가 더 많다. 그것이 열쇠이다.

주님은 누군가에게는 큰 소리로 강하게 말씀하시지만 대부분의 경우에는 부드럽게 말씀하신다. 일단 주님께서 조용한 음성으로 말씀하신다는 것을 깨달으면 주님 곁에 바짝 붙어있으라. 그렇지 않으면 주님이 무엇을 말씀하시는지 들을 수 없게 될 것이다.

1킬로미터 떨어진 곳에서 누군가가 당신에게 속삭이는 것을 들을 수 있는가? 만일 누군가가 속삭이듯 말한다면 그의 음성을 듣기 위해서는 몸을 가까이 기울여야만 한다. 동일한 원리가 하나님께도 적용된다. 만일 주님의 아름다운 속삭임을 들으려면 주님께 가까이 가라.

예수님은 주님과 당신의 관계가 혼란스럽길 원치 않으신다. 만일 당신이 예수님의 곁에 있다면 당신에게는 주님의 음성이 들릴 것이다. 주님께 말씀드려라. 그러면 주님은 당신에게 말씀하시기 시작할 것이다. 만일 당신이 주님께 가까이 다가가면 주님은 당신에게 가까이 다가오실 것이다.

왜 주님은 우리의 목자로서 우리에게 속삭이길 택하셨을까? 왜 그리스도께서는 주님과 우리와의 거리와 상관없이 모든 사람이 들을 수 있도록 소리치지 않으시는가? 왜냐하면 주님은 당신이 주님에게 가까이 다가오길 원하시기 때문이다. 주님은 이런 식으로 이를 고안하셨다. 왜냐하면 주님은 당신이 주님의 세미한 음성 없이는 생존할 수 없다는 것을 아시기 때문이다. 주님이 말씀하시는 방법의 본질은 당신이 주님이 말씀하셔야만 하는 것을 듣기 위해 주님께로 달려오도록 하시는 것이다. 이는 주님이 참으로 원하시는 것이 무엇인지를 당신에게 가르쳐준다. 그것은 바로 당신이다.

사망의 음침한 골짜기에서

대부분의 사람들은 무덤 건너편을 두려워한다. 죽음의 비밀한 성질 때문에 수많은 사람들이 두려움에 묶여 있다. 사실 죽음을 피하기 위해 사용한 금액은 측량할 수가 없다. 우리 사회가 "이 순간"을 피하기 위해 취하는 예방책의 숫자는 믿을 수가 없을 정도이다. 주님이 재림하시기 전에 결국 찾아올 이 죽음을 연기하기 위해 당신이 무슨 일을 한다 할지라도 결국 당신은 죽을 것이다. "범사가 기한이 있고 천하 만사가 다 때가 있나니 날 때가 있고 죽을 때가 있으며 심을 때가 있고 심은 것을 뽑을 때가 있으며"(전 3:1-2).

당신이 아침에 깰 때마다 당신은 죽음에 하루 더 가까이 왔다. 일주일 전보다 지금 당신은 이 세상을 떠날 날이 일주일 가까워졌다. 그리고 이 장을 읽기 시작한 때보다 지금 당신은 죽음에 10분 더 가까이 있다. 당신에게 은혜를 베풀어서 당신이 죽을 것이라는 사실을 그냥 받아들이라. 왜 내가 이 말을 하는가? 당신이 죽음을 받아들이면 그때 비로소 죽음을 준비할 수 있기 때문이다.

이 말 때문에 우울해하지 말라. 왜냐하면 죽는다는 것은 실제로 좋은 소식이기 때문이다. 그리스도께서는 사망 권세를 파하셨기 때문에 주님은 그 순간에 당신을 홀로 두지 않으실 것이다. 주님은 그 미지의 물을 통과하는데 당신과 함께 걸으실 것이다. 만일 당신의 주님의 소유라면 하나님은 그 어둠의 때 동안에 당신의 목자가 되어주실 것이다. 시편 기자의 말을 들어보자.

여호와는 나의 목자시니 내게 부족함이 없으리로다 그가 나를 푸른 풀밭에 누이시며 쉴 만한 물가로 인도하시는도다 내 영혼을 소생시키시고 자기 이름을 위하여 의의 길로 인도하시는도다 내가 사망의 음침한 골짜기로 다닐지라도 해를 두려워하지 않을 것은 주께서 나와 함께 하심이라 주의 지팡이와 막대기가 나를 안위하시나이다 (시 23:1-4)

당신이 이 세상을 떠날 때 하나님의 아들이 당신의 손을 붙잡고 계시다면 두려워할 것이 없다. 주님은 당신과 함께 하실 것이며 주님의 지팡이와 막대기로 당신을 인도하셔서 하나님 아버지의 품에 안기게 하실 것이다.

평화와 고통

나와 매우 가까운 두 사람이 매우 다르게 이 세상을 떠났다. 첫 번째 사람은 우리 할머니다. 할머니가 천국의 새로운 거처로 가시기 위해 이 세상을 떠나셨을 때에 나는 그날 일찍부터 할머니와 함께 있었다. 나는 문을 닫았고 방 안에는 단지 우리 두 사람 밖에 없었다. 나는 성경을 펴서 예수님의 말씀을 그녀에게 읽어 주었다.

그녀는 너무 약해서 말을 하지 못했지만 내가 그녀 곁에 있다는 것을 알았다. 그녀의 뺨에 눈물이 흘러내렸다. 우리는 주님께서 우리와 함께 하신다는 것을 느낄 수 있었다. 평화가 그 방에 가득했고 나는 할머니가 우리 가족을 떠나지 않길 원했지만 나는 할머니가 곧 할머니의 목자와 함께 있게 될 것을 알았다. 여전히 매우 힘든 시간이었지만 그런 생각을 하고나니 마음이 많이 평안해졌다.

갑자기 그녀는 방안에 있는 무엇인가를 가리키기 시작했다. 나는 아무 것도 볼 수 없었지만 그녀는 나에게 뭔가를 보여주려고 했다. 아마도 그녀는 천사들이나 주님을 본 것 같았다. 분위기가 정말 거룩했다. 성경이 말하는 대로 "그의 경건한 자들의 죽음은 여호와께서 보시기에 귀중한 것이었다"(시 116:15). 그날 밤, 그녀는 가족이 그녀를 둘러선 자리에서 큰 평화 가운데 소천했다. 오늘 그녀는 천국의 아름다움 가운데 예수님과 걷고 있다.

다음 예는 다른 친척의 이야기다. 그는 여러 달 동안 매우 아팠다. 그래서 우리 가족들은 그리스도의 사랑을 그와 여러 차례 나누려고 했다. 우리 부모님과 형제는 그와 개인적으로 이야기를 나누려 했다. 나도 다른 주에 살 때에 그에게 편지를 썼다.

슬프게도 그는 구세주와 아무런 관계를 원치 않았고 "나는 기도도 원치 않는다"라는 의견을 분명히 밝혔다. 그는 심지어 자기 아내에게 침대 곁에서 성경을 읽지 말라고 했다. 그는 하나님의 끈질긴 사랑과 목자가 되길 너무나 원하셨던 주님을 거절했다.

그런 다음에 그가 이 세상을 떠날 무서운 시간이 도래했다. 그리스도에게 구원해 달라고 외치는 대신에 그는 혼자서 죽음을 맞이하기로 결정했다. 어머니와 아버지의 말씀에 따르면 이 땅에서의 그의 마지막 몇 분 동안은 믿기 힘들 정도로 충격적이었다. 금생에서 내세로 옮겨갈 때에 그는 마치 원수와 싸우듯이 주먹질을 하고 발로 차기 시작했다. 방 안에 있는 몇몇 사람들이 조용히 찬송을 부르자 그의 몸부림은 잠시 잠잠해졌다.

간호사가 들어오더니 "그는 예수님을 모르죠, 그렇죠?"라고 말했다. 그녀는 자신이 죽어가는 수백 명의 사람들을 침대 곁에서 지켜보았는데 그리스도를 따르는 자와 그렇지 않은 자를 구분할 때가 많다고 했다. 그 친척은 분명 자신에게 닥칠 영원을 바라보면서 고통스러워한 것이다.

내가 그녀의 말을 들었을 때에 나는 몸이 떨렸다. 나의 두 친척이 너무나 다르게 죽는 모습을 깊이 생각하자 내세의 현실이 더욱 더 강하게 다가왔다. 천국과 지옥 그리고 영원에 대한 성경 말씀이 더욱 더 생생하게 다가왔다. 사랑하는 사람이 결코 끝나지 않을 끔찍하고 무서운 곳에 들어갔다. 그가 예수님을 거절한 것을 생각하면 나의 마음이 슬퍼진다.

반대로 나는 주님께서 천국 가는 길 끝까지 우리의 목자가 되어주시고 영원히 우리를 돌보시겠다고 약속하신 것이 너무 감사하다. 이 약속은 오직 주님을 원하고 주님을 위해 산 사람들을 위한 것이다.

당신은 이 평화의 약속을 원하는가? 만일 그렇다면 이 책이 당신 손에 들린 것은 이유가 있다. 선한 목자에게 당신의 삶을 드리라. 주님께 가까이 가서 주님의 음성을 듣고 주님의 인도하심을 따르라. 당신의 마음을 열라. 그러면 당신은 주님께서 당신에게 다음처럼 말씀하시는 음성을 듣게 될 것이다. "나를 너의 목자로 삼으라. 나는 네가 아는 것보다 너를 더 많이 사랑한다. 나는 결코 너를 버리지 않으며 너를 홀로 남겨두지 않을 것이다. 그저 나의 것이 되어라."

사랑하는 예수님,

저의 목자가 되어주시기로 약속해 주셔서 감사합니다. 주님은 신실하시고 자기를 부인하시는 강한 목자이십니다. 저로 결코 당신을 떠나게 하지 마소서. 예수님, 제가 가길 원하시는 곳이 어디든 그곳으로 저를 인도하옵소서. 저는 주님께서 오늘부터 영원히 저를 보호하시고 인도하시기를 간구합니다. 저를 가까이 두셔서 항상 주님을 따를 수 있게 하옵소서. 저는 전적으로 주님의 것입니다. 아멘.

Chapter 7

PROVIDER

> 내가 무리를 불쌍히 여기노라 그들이 나와 함께 있은 지 이미 사흘이 매 먹을 것이 없도다 길에서 기진할까 하여 굶겨 보내지 못하겠노라
>
> 마 15:32

이 책은 지난 백 년 동안 미국이 겪은 경제 위기 중에 최악의 상황에서 쓰였다. 이 문제는 미국에만 영향을 미친 것이 아니라 전 세계에 영향을 미치고 있다. 지금이 정말 어려운 때라는 것은 의심의 여지가 없다.

그러나 공급자(Provider)이신 예수님의 말씀은 결코 변하지 않으며, 영원히 남아 있을 것이다. 믿는 자에게 주님의 말씀은 여전히 진리이며 위로가 된다. 예수님은 일상에 대해 걱정하지 말라고 말씀하셨다(마 6:25를 보라). 예수님은 먹고 마시는 것과 의복을 가리켜 말씀하셨다. 왜 주님은 일상의 필요에 대해 걱정하는 것을 하지 말라고 말씀하셨을까? 그 이유는 하나님께서 모든 것을 통제하시기 때문이다.

나는 그리스도께서 돈에 대해 많은 시간을 이야기하셨기 때문에 그들도 그렇게 한다고 말하는 사람들을 만났다. 예수님께서 돈에 대해 논하셨다고 말한 것은 맞다. 하지만 주님은 재물의 소유에 대해 뭐라고 말씀하셨는가? 주님은 "이는 다 이방인들[불신자들]이 구하는 것이라"고 말씀하셨다(마 6:32).

주님은 우리가 주면 다시 받게 될 것이라고 분명히 말씀하셨다. 주님이 의미하신 바는 당신이 믿음으로 주님께 드리면 받게 될 것이라는 말씀이다. 그러나 드릴 때에 받는 것이 우리의 동기가 되어서는 안 된다. 우리가 드리는 것들의 초점은 예수님이어야만 한다. 주님은 "그런즉 너희는 먼저 그의 나라와 그의 의를 구하라 그리하면 이 모든 것을 너희에게 더하시리라"고 말씀하셨다(마 6:33). 우리의 삶을 소모할 정도로 재물을 추구해서는 안 된다. 우리는 순종 가운데 주님을 추구해야 한다. 그러면 주님은 나머지 일을 행하실 것이다.

당신의 공급자는 당신의 사장도, 정부도, 가족도, 학위나 특별한 재능도 아니다. 당신의 공급자는 교회도 아니다. 예수님께서 당신의 공급자이시다! "재물 얻을 능력"을 주신 이가 주님이심을 기억하라(신 8:18). "나의 하나님이 그리스도 예수 안에서 영광 가운데 그 풍성한 대로 너희 모든 쓸 것을 채우시리라"(빌 4:19). 당신의 은사와 재능 그리고 능력은 주님에게서 온 것이다. 당신 자신의 힘을 의지하는 대신에 주님을 의지하라.

기적의 배가

다음의 놀라운 실화는 내 친한 친구인 조이 도슨이 들려준 것이다. 그녀는 국제적인 성경 교사이며 많은 책을 저술했다. 그녀와 남편인 짐은 예수전도단(YWAM) 소속 선교사이다. 그들은 참으로 예수님을 사랑하고 따르는 제자들이다. 다음은 조이의 이야기이다.

저의 친한 친구인 조앤 브록은 뉴질랜드 사람으로 아내이면서 네 자녀의 엄마입니다. 그녀는 탁월한 손님 대접의 사역을 하였습니다. 저는 이 사역에서 하나님께서 어떻게 그녀를 존중하시고 축복하셨는지 알지 못했다가 제 남편인 짐과 제가 그녀의 집에서 15명의 다른 사람들과 점심을 먹으면서 알게 되었습니다.
우리는 정상적인 크기의 그릇에 담긴 음식이 손님들 가운데 전달되는 모습을 보고 놀랐습니다. 모든 사람이 정상적으로 자기 먹을 것을 덜었지만 돌아온 그릇은 비어 있지 않고 반쯤 차서 돌아왔습니다. 자연적인 방법으로는 이를 설명할 길이 없었습니다. 저는 부엌에서 주인인 그녀와 단 둘이 있을 때까지 기다렸다가 우리 눈앞에서 일어난 현상을 설명해 달라고 했습니다.
그녀는 미소를 지으면서 우리가 방금 목도한 음식 배가의 기적이 일어난 지가 오래되었다고 설명했습니다. 그 기적은 그녀가 뉴질랜드 오클랜드에 위치한 우리 교회에 출석하는 외로운 청소년들에게 자기 집을 개방하면서 시작되었습니다. 그 때는 1971년으로서 우리는 아직 미국에서 살기 전이었습니다. 어느 주일에 음식이 기적적으로 공급되어 조앤은 결혼한 딸에게 1리터 정도 크기의 통조림통에 음식을 가득히 담아 집에 가져가도록 했습니다.

그녀는 계속해서 설명하길 자신은 주일 점심에 약 12명의 사람들을 위해 음식을 충분히 준비했다고 합니다. 그것은 자기 식구 6명과 정기적으로 초청한 6명의 손님을 위한 것이었습니다. 그러나 때로는 13명 정도의 손님들이 나타났습니다. 그러면 19명을 위해 충분한 음식이 있어야만 했습니다. 그녀는 얼마나 많은 사람을 위해 음식을 준비해야 할지 미리 알 수가 없었습니다.

제가 왜 이처럼 하나님의 손으로부터 온 기적을 한 번도 나눈 적이 없냐고 물었을 때에 그녀는 사람들이 이런 기적에 관심을 기울이면 기적의 공급자이신 주님 대신에 자기에게 초점이 맞춰질 위험이 있기 때문이라고 했습니다.

후에 하나님은 저의 국제적인 성경 사역과 저술 사역을 통해 그녀의 놀라운 이야기를 전할 것을 보여주셨습니다. 저는 외로운 사람들을 위해 주님께 사랑으로 자신을 드린 제 친구의 강한 믿음이 다른 사람들도 오직 주님의 영광을 위해 필요할 때면 하나님께서 기적적으로 공급하시는 그런 삶을 살도록 영감을 불어넣어 주길 기도합니다.

우리 모두는 공급자이신 예수님이 필요하다

많은 사람들이 재물을 좇는 일에 바쁘다. 함정은 하나님께서는 단지 우리에게 재물의 소유를 주시기 위해 존재하신다고 믿는 것이다. 우리의 초점이 그리스도 대신에 어떤 것에도 있어서는 안 될 것이다. 물질적 부유함이 주님과 동행하는지 아닌지에 대한 기준으로 측정되는 것은 위험하다. 바울은 경건을 이익의 방도로 생각하는 자들은 진리에서 벗어나게 된다고 말했다(딤전 6:5).

그러나 가장 겸손하고 경건한 사람들도 그들에게 먹을 것과 입을 것이 필요하다는 것에 동의한다. 그들도 그들의 머리를 덮을 지붕이 필요하고 그들 자신의 집을 좋아한다. 그들도 자기 자녀들이 삶에 필요한 것들을 갖길 원하고, 잘 먹고, 좋은 교육을 받길 원한다. 나아가 그들도 그들의 교회가 문호를 개방하고 그들의 영적 필요들을 채워주길 원한다. 그러나 이 모든 과정에서 돈과 물질이 필요하다. 모든 사람은 공급자이신 주님이 필요하다.

번영(prosperity)이란 주님의 이름을 위해 당신이 행하도록 하나님께서 부르신 모든 것을 행할 수 있는 능력이다. 모세는 시내산에 올라 40일 주야를 음식도 없이 그곳에 머물렀을 때에 그 손에 지팡이 하나 밖에 없었다. 그러나 그는 그 산에서 하나님의 임재 가운데 있었다. 그것이야말로 진정한 부요다.

당신이 예수님을 위해 살면 이 세상의 부요를 초월하는 공급을 받게 된다. 주님은 말씀하신다. "내게는 너희가 알지 못하는 먹을 양식이 있느니라"(요 4:32). 베드로와 요한은 성전 미문에서 은과 금이 없었지만 그들에겐 성령의 능력이 있었으며 그 능력으로 걷지 못하는 장애인을 걷게 만들었다. 오늘날 교회는 엄청난 부가 있지만 여전히 병든 사람이 많고 고침 한 번 받지 못하고 죽어가고 있다. 잃어버린 많은 사람들이 크고 아름다운 교회로 들어가지만 여전히 잃어버린 사람인 채로 교회를 떠난다.

더 큰 건물이 해답인가? 우리의 돈이 하나님께 쓰임을 받아 병자를 고친 베드로와 요한보다 우리를 더 부요케 만드는가? 우리는 이것이 참다운 번영인지 우리 자신에게 물어야만 한다.

주님은 개입하길 원하신다

바람처럼 변하는 경제 속에서도 예수님은 결코 변치 않으신다. 사람들의 아이디어가 실패할 때에도 주님의 능력은 줄어들지 않는다. 우리가 두려워한다는 이유로 주님은 두려워하지 않으신다. 당신은 미래를 생각하면 깊은 수심에 차지만 예수님은 절대적으로 두려움이 없으시다.

그리스도께서 당신의 공급자가 되시면 주님은 항상 당신을 돌보신다. 공급을 찾는 일을 멈추고 당신의 눈을 공급자이신 주님께 돌려라. 하나님의 말씀은 당신의 필요를 정확히 공급해 주시고자 하는 주님의 마음과 갈망을 계시한다.

> 예수께서 제자들을 불러 이르시되 내가 무리를 불쌍히 여기노라 그들이 나와 함께 있은 지 이미 사흘이매 먹을 것이 없도다 길에서 기진할까 하여 굶겨 보내지 못하겠노라 제자들이 이르되 광야에 있어 우리가 어디서 이런 무리가 배부를 만큼 떡을 얻으리이까 예수께서 이르시되 너희에게 떡이 몇 개나 있느냐 이르되 일곱 개와 작은 생선 두어 마리가 있나이다 하거늘 예수께서 무리에게 명하사 땅에 앉게 하시고 떡 일곱 개와 그 생선을 가지사 축사하시고 떼어 제자들에게 주시니 제자들이 무리에게 주매 다 배불리 먹고 남은 조각을 일곱 광주리에 차게 거두었으며 먹은 자는 여자와 어린이 외에 사천 명이었더라 (마 15:32-38).

이것은 주님께 매우 중요했다. 주님은 음식을 늘리는 기적에 적극적으로 개입하셨다. 제자들이 어디서 먹을 구해야 하는지 여쭤보았을 때에 예수님은 이미 모든 것을 계획하고 통제하셨다.

당신은 하나님과 가까이 동행하는 사람들을 알고 있을지 모르겠다. 그러나 만일 그들에게 조언을 구한다면 그들은 당신의 재정, 음식, 의복, 교육 혹은 자녀에 대해 뭘 말해줘야 할지 모른다. 예수님의 제자들보다 주님과 더 가까이 있었던 사람이 누구인가? 그들은 날마다 주님과 함께 했다. 그러나 여전히 그리스도를 찾아가는 것 외에 다른 것을 할 수가 없었다.

우리는 주님이 해답을 지니신 유일한 분인 것을 깨달아야만 한다. 그리고 우리가 주님께 도움을 청하러 가면 주님은 기뻐하신다. 주님의 축복을 구할 때 예수님께 돌아서 가지 말라. 그것은 주님을 이용하는 것과 같다. 실제로 위의 성경 말씀에서 이 배고픈 백성들은 마음에 어떤 계획이나 전략이 없었다. 그들은 단지 그리스도와 함께 머물렀다.

구주께서 얼마나 놀라운 성품을 보이시는지! 주님은 자기를 따르는 자들이 주님이 그들의 공급자이심을 알길 원하셨다. 우리 하나님은 그들 스스로 음식을 구하라고 보내지 않으신다. 주님은 기꺼이 그들을 먹일 책임을 지신다. 예수님은 그들이 주님 이외에 시장, 정부, 심지어 성전 등 어떠한 것도 의뢰하길 원치 않으신다. 오직 주님만을 의뢰하길 원하신다. 주님은 심지어 남은 음식을 거두어야 할 정도로 음식을 만드셨다.

주님의 말씀을 사용할 때에 주님을 잊지 말라

나는 성경의 첫 페이지부터 마지막 페이지까지의 모든 말씀을 전심으로 믿는다. 나는 주는 것과 받는 것과 같은 성경의 원리들을 믿는다. 나는 내 삶의 근거를 성경의 진리에 두고 있다. 나는 우리의 십일조와 헌금과 가난한 이들에게 기부함으로써 신실하게 됨을 믿는다. 하나님은 이런 순종을 풍성하게 보상하신다.

그러나 우리는 하나님의 말씀 가운데 들리는 심장소리를 절대로 놓치지 않기 위해 계속해서 주의해야만 한다. 성경은 한 마디로 요약할 수 있다. 그것은 예수님이다. 만일 우리가 말씀을 읽는 중에 하나님의 아들을 놓친다면 우리는 성경의 마음을 놓친 것이다.

주님은 우리 마음의 동기들을 살피신다. "그리스도를 사랑하는 자"는 누군가에게 무엇을 베풀 때 주님을 사랑하기 때문에 그렇게 해야만 한다. 만일 우리의 믿음이 주님께 있고 정욕에 있지 않다면 주님은 나머지 일을 행하실 것이다. 만일 내가 이 세상의 모든 돈을 가졌지만 예수님을 향한 깊은 사랑이 없다면 나는 가장 가난한 사람일 것이다.

나는 십일조와 헌금을 드리거나 궁핍한 사람에게 기부를 할 때마다 실제로 그것을 하나님의 손에 드리고 있다고 여긴다. 헌금 바구니는 나를 위한 것이 아니다. 그것은 주님과 연결되는 통로이다. 나는 기금을 마련하기 위해 성경에서 볼 수 있는 방법을 사용하는 것도 원치 않는다. 심지어 좋은 목적을 지닌 모금의 경우에도 그렇다. 우리는 주님을 사랑하기 때문에 드린다.

당신의 공급자에게 가까이 머물라

예수님의 가르침을 듣던 언덕 위의 배고픈 사람들의 마음에는 아름다운 동기가 있었다. 보석과 같은 진리를 담고 있는 이 부분을 자세히 살펴 보자. 주님은 "그들이 나와 함께 있은 지 이미 사흘이매"라고 말씀하셨다(마 15:32).

이 사실을 그들은 깨닫지 못했지만 그들이 주님을 가까이 한 것이 공급자의 마음을 움직였다. 그들은 주님에게 가까이 머물러 있었다. 성경은 무슨 이유에서인지 "나와 함께 있은지"라고 말한다. 하나님은 그들이 가까이 있었다는 사실을 강조하고 싶으셨다. 그들은 광야에서 주변에 아무것도 없었을 때에 예수님과 함께 머물렀다. 만일 당신이 주님과 가까이 머문다면 당신의 주변에 무엇이 있든지 상관없이 주님은 당신을 돌보실 것이다.

주님은 그들이 황량한 곳에 있다는 사실에 영향을 받지 않으셨다는 점에 주의하라. 이스라엘의 이 지역은 잔혹할 정도로 덥고, 근처에 음식을 공급할 만한 다른 수단이 없었다. 그러나 이들은 아무리 불편하다 할지라도 이와 상관없이 예수님을 갈망했고 주님과 가까이 있고 싶어 했다. 그들은 먹거리가 풍부한 마을에서 그랬듯이 광야에서도 동일한 신뢰를 가지고 주님을 따랐다. 그들의 초점은 주님이었고 물질적 필요가 아니었다.

땀, 아픈 발, 그리고 아이의 우는 소리도 주님을 향한 그들의 열정을 멈추게 하지 못했다. 그들은 무에서 모든 것을 창조하신 분과 함께 있었다. 연장자들도 그리스도에게 너무나 매료되어서 탈진할 때까지 주님을 따랐다. 그들은 주님을 보고 주님의 말씀을 듣고 주님의 옷자락을 만지고 싶었다. 그들은 주님과 가까이 있어야만 했다. 몸도 배고팠지만 마음은 더욱 고팠다.

이 성경말씀은 오늘날 주님의 신부인 사람들에게 동일하게 적용된다. 다음 말씀을 기억하라. "하나님이 그 성 중에 계시매 성이 흔들리지 아니할 것이라 새벽에 하나님이 도우시리로다"(시 46:5).

주님의 감정이 행동을 낳으신다

예수님은 자신이 선택하신 길을 걸으신다. 그래서 우리는 주님과 함께 머물러 있으려면 주님을 좇아야만 한다. 주님의 발걸음이 우리를 푸른 초장으로 인도하시든 아니면 거친 계곡으로 인도하시든 주님과 가까이 있어야 계속해서 공급을 받는다. 순종한다는 것은 무엇일까? 계속해서 순종하는 최고의 방법은 계속해서 주님과 머무는 것이다. 주님을 가까이 하는 자들은 순종하길 원한다.

그리스도는 얼마나 우리를 보호하시고 긍휼히 여기시는가! 주님은 당신의 고통을 나누고 당신이 갈등하는 모든 것에 개입하길 갈망하신다. 주님은 자기 백성들을 가엾게 여기실 뿐만 아니라 그들을 먹이신다. 왜 그런가? 주님의 감정이 주님으로 하여금 우리를 위해 행동하도록 만들기 때문이다. 주님께서 군중을 보셨을 때에 주님은 그들의 지친 몸과 배고픔에 대해 너무나 마음이 아프셔서 먹을 것을 공급하시는 기적을 베푸셨다. 주님은 감정적으로 개입하실 뿐만 아니라 돕는 일에 놀라우리만치 열정을 불태우신다.

주님이 제공하시는 모든 것을 받는 비결은 주님이 당신을 어디로 인도하시든지 주님 곁에 머무는 것이다. 사람들이 생명이 없는 곳에서 예수님을 따랐지만 하나님의 아들이 그들 가운데 계시는 한 광야는 결코 그들을 멸하지 못했다는 사실을 기억하라. 나와 당신을 위한 이 얼마나 멋진 교훈인가!

사랑하는 독자여, 당신이 주님을 따르기로 결단하면 주님은 언제나 그곳에 계실 것이다. 주님 없는 궁전보다 하나님이 계신 광야에 있는 것이 훨씬 더 낫다.

입증된 공급자

두 번이나 주님은 제자들을 위해 배를 끌 수 없을 정도로 많은 고기를 잡아 주신 적이 있다. 그런데도 갈릴리 바다를 건너던 제자들은 그들이 빵을 가지고 오지 않은 것을 발견하고는 뭘 먹을지 걱정했다. 주님은 다음처럼 말씀하심으로써 그들의 염려를 물리치셨다. "너희가 아직도 깨닫지 못하느냐 떡 다섯 개로 오천 명을 먹이고 주운 것이 몇 바구니며 떡 일곱 개로 사천 명을 먹이고 주운 것이 몇 광주리였는지를 기억하지 못하느냐"(마 16:9-10).

주님이 이를 통해 말씀하신 것은 실제로는 다음과 같다. "더 높은 차원으로 올라오라. 빵에 대해선 걱정하지 말라. 내가 이곳에 있는 한 너희에게는 결코 음식이 떨어지지 않을 것이다. 보다 더 의미 있는 것들에 집중하라. 예를 들어 순전함을 지키고 모든 것에 나를 신뢰하는 것과 같은 것 말이다."

세금 납부일이 다가왔을 때에 주님은 기적적으로 물고기 입에서 동전을 얻으셔서 납부하셨다. 주님께서 복음을 전하기 위해 마을로 제자들을 파송하실 때에 그들은 아무 것도 가져가지 않았다. 그들이 가진 것이라곤 그들 마음에 있는 예수님의 메시지와 그들을 돌보시는 공급자뿐이었다. 그리고 그들에게 정말로 필요한 것은 그것이 전부였다!

제자들이 사역 여행을 마친 후에 주님께서는 그들에게 "내가 너희를 전대와 배낭과 신발도 없이 보내었을 때에 부족한 것이 있더냐?"라고 물으셨다. 그러자 제자들은 "없었나이다"라고 대답했다(눅 22:35).

주님은 한 가지 요점을 납득시키셨다. "긴장 풀어라. 언제나 만사는 내 손안에 있다. 너희는 내가 누군지 아느냐? 나는 오랫동안 이런 일을 해 왔다."

1톤의 물고기

당신의 믿음이 왜 예수님에게만 있어야 하는지를 설명해 줄 실화가 하나 더 있다. 그것은 예수전도단의 창시자이며 《하나님 정말 당신이십니까》(Is That Really You, God?)의 저자인 로렌 커닝햄의 이야기이다. 그는 이 단체가 소유한 머시 미니스트리즈(Mercy Ministries)호에 승선한 선교사들에게 일어난 일을 전한다.

그들이 그리스 아테네에 있을 때에 금식하며 하나님께서 그들의 일상의 필요들과 함께 사역을 계속하는데 필요한 자금을 공급해 주시도록 기도했다. 주님은 아주 비범한 방법으로 그들의 기도에 응답하실 참이었다.

선원 중 한 사람이 해변을 걷고 있는데 그 때에 12마리의 고기가 바위 위로 뛰어올라와 그 발 앞에 떨어졌다. 그는 그 고기들을 주어서 선교사들이 머물고 있는 호텔로 가져왔다. 그날 밤 그들은 쌀 이외에 먹을 것이 하나도 없었지만 그들이 먹으려 한 음식에 대해 감사기도를 하고 있었다.

그 순간에 그 선원이 들어와 그들에게 12마리의 고기를 전해주었다. 이번엔 주님께서 쌀과 고기를 제공해 주셨다는 차이 외에 그것은 거의 현대판 오병이어의 기적과도 같았다.

며칠 후에 전보다 더 큰 고기 한 마리가 해변으로 뛰어올라왔다. 그 고기는 또 한 번 선교사들을 위한 기적의 식사가 되었다. 그러나 하나님은 이것으로 끝내시지 않으셨다.

얼마 후에 선교사 한 명이 바닷가에서 성경을 읽으면서 기도하고 있었다. 갑자기 고기들은 물에서 바닷가의 바위 위로 뛰어오르기 시작했다. 처음에 몇 마리만 그렇게 뛰어올랐는데 뒤이어 더 많은 고기들이 뛰어올랐다. 수십 마리의 고기들이 바위 위에서 펄떡거렸고 계속해서 물고기들이 올라왔다. 마침내 그들이 올라오길 멈췄을 때에 그 선교사는 210마리의 물고기를 모았다. 그러자 다른 사람들이 와서 수백 마리의 물고기를 더 모았다. 예수전도단 선교사들은 하나님의 기적적인 공급하심과 그들의 기도에 응답하심을 즐거워했다.

그러나 하나님은 계속 역사하셨다. 어느 날 아침, 선교사들이 해변에 나왔는데 물고기들이 다시 물 밖으로 뛰쳐나왔다. 이번에 그들은 컨테이너와 삽, 설거지통과 커다란 자루를 가지고 와서 45분 동안 모든 물고기를 모았다. 그 지역의 그리스 사람들도 이 비범한 광경을 보고는 "하나님이 이 사람들과 함께 하십니다!"라고 외쳤다.

잡은 물고기를 자세히 세어보니 해변으로 뛰쳐나온 물고기의 수는 8,301마리였다. 이는 1톤이 넘는 물고기이다. 그것은 제자들이 너무나 많은 물고기를 잡아서 그들의 배가 가라앉을 지경이 된 것과 다름이 없었다.

제자들을 위해 이 기적을 행하신 예수님은 동일하게 오늘도 살아계셔서 당신의 공급자가 되길 원하신다. 만일 주님께서 이와 같은 일을 하셨다는 걸 믿는다면 왜 당신의 청구서(bills)에 대해 걱정을 하고 있는가?

주께서 선택하시도록 하라

우리는 그리스도께서 재정보다 훨씬 더 많은 것을 공급해주시는 분임을 결코 잊어서는 안 된다. 주님은 우리가 필요한 모든 것을 공급해주신다. 하나님의 아들이 우리의 영혼을 구원해 주시는 것은 가장 중요하다. 우리가 그분께 주와 구세주가 되어달라고 부탁한 순간에 구원은 시작되었다가 멈추는 것이 아님을 아는 것이 중요하다. 주님은 우리의 구원을 계속해서 유지해 주신다.

하나님은 우리가 주님보다 더 중요하게 생각하는 것들을 잘 알고 계신다. 그래서 주님은 이런 것들의 위험성을 걱정하신다. 주님은 우리가 인생을 즐기기 위해 돈을 갖길 원하신다. 하지만 주님은 또한 알고 계신다. "돈을 사랑함이 일만 악의 뿌리가 되나니 이것을 탐내는 자들이 미혹을 받아 믿음에서 떠나 많은 근심으로써 자기를 찔렀도다"(딤전 6:10). 우리가 소유한 것이 결국에 주님을 사랑하는데 부정적인 영향을 미친다면 주님은 우리에게서 그것을 제거하실 것이다. 욥의 고백을 들어 보라. "주신 이도 여호와시요 거두신 이도 여호와시오니"(욥 1:21).

고대 이스라엘 사람들을 보라. 이스라엘 백성이 하나님께 순종했을 때에 그들은 필요한 모든 것을 가졌다. 그러나 그들이 주님을 떠났을 때에 그들은 재정적으로 고난을 겪었다. 그러나 오래 참으시는 주님의 사랑 때문에 그 손실은 즉각적으로 나타나지 않았다. 그것이 일어나는 데는 시간이 걸렸다.

주님의 자비하심 가운데 주님은 우리에게 변화의 계절을 주시고 우리의 사랑을 다시 주님께 돌리신다. 그러나 우리가 주님의 축복을 우상으로 바꾸면 주님은 그것이 아무리 선할지라도 제거할 모든 권한을 가지고 계시다. 왜 그런가? 주님이 우리에게 화가 나셨기 때문에 그런가? 아니다. 그것은 주님이 우리를 사랑하시기 때문이다. 주님은 자신의 자녀들을 보호하시며 우리의 영원한 운명을 지키시려는 주님의 사랑의 헌신 때문에 우리로 하여금 어떤 것들을 잃도록 허락하신다. 이는 주님을 다시 얻기 위함이며, 처음으로 주님을 믿는 자의 경우엔 주님에게 돌아오게 하시려는 것이다.

모든 것을 얻기 위해 많은 것을 잃다

내 삶에서 개인적인 예를 당신에게 들어 보겠다. 어렸을 때에 우리 가족은 돈이 많았고, 자동차도 여러 대였으며, 사회적 지위도 가지고 있었다. 그러다가 정말로 알거지가 되었다. 우리는 벤츠 자동차와 캐딜락 자동차를 몰다가 낡은 픽업트럭을 몰게 되었다. 우리는 골프장이 있는 아름다운 콘도에서 지내다가 할머니 집에 얹혀살게 되었다.

나는 우리가 열심히 일하지 않기 때문에 그렇게 된 것이 아니라고 확실히 말할 수 있다. 우리 부모님은 내가 아는 사람들 중에 가장 열심히 일하는 사람이다. 두 분 다 교육을 잘 받으셨고 성공적인 삶을 사셨다. 어떤 사람들은 당시에 우리가 하나님을 섬기지 않았기 때문에 주님이 진노하셔서 이런 일이 일어났다고 결론지었다. 그러나 나는 다른 관점으로 본다. 나는 일어난 모든 일에서 주님의 사랑을 본다.

우리가 이 모든 것을 잃었을 때에 가족 전체가 주님께 그들의 삶을 헌신했으며 지금은 모든 사람이 사역을 하면서 섬기고 있다. 만일 우리가 예수님을 얻기 위해 이 모든 것을 잃었어야만 했다면 우리가 얻은 것이 얼마나 보배로운가!

나는 우리가 겪은 길이 모든 사람의 길이라고 믿지 않는다. 모든 것을 잃고 난 뒤 비로소 주님을 사랑하게 될 때까지 기다릴 필요는 없다.

아마도 이전에 당신은 주님을 사랑했었지만 지금은 주님을 잊어버렸을지도 모른다. 아마 당신은 지금 성공적이고 훌륭한 삶을 살고 있어서 그리스도가 필요치 않다고 생각할지 모른다. 주님 없이는 한 걸음도 걷지 말라고 당신에게 경고하고 싶다. 모든 것은 순식간에 날아가 버릴 수 있다.

당신은 이미 모든 것을 잃고서 미래에 대해 두려워할지도 모르겠다. 주님은 당신이 자기를 부르길 기다리고 계신다. 주님은 당신을 도울 준비가 되어 있으시다. 공급을 받는 열쇠는 무척 단순하다. 첫째, 예수님께 가까이 머물러라. 둘째, 주님을 위해 주는 자가 되라. 셋째, 주님을 사랑함으로 주님의 말씀에 모두 순종하라. 넷째, 주님이 당신 마음에 두시는 것을 행하라. 무척 단순하지 않은가!

이제 우리의 소중한 공급자에게 다음처럼 기도해보자.

사랑하는 예수님,

주님은 제 인생의 유일한 공급자이십니다. 주님께서는 저를 도우시기 위해 다른 사람들을 사용하실 수도 있지만 주님만이 모든 것의 근원이십니다. 주님보다 더 귀하게 여긴 것이 있다면 용서하여 주십시오. 결코 다시 그렇게 하지 않도록 인도해 주옵소서. 저는 주님께서 저에게 주시는 것 그 어느 것보다 더 주님을 원합니다. 저는 결코 제가 주님을 이용한다는 느낌을 드리고 싶지 않습니다. 주님은 저의 필요를 정확히 알고 계시며 저를 돌보시겠다고 약속하셨습니다. 나는 주님께서 그렇게 하실 것을 압니다. 주 예수님, 저는 지금 곧장 주님께로 나아가 저의 모든 필요를 채워주시길 간구합니다. 지금 이 순간부터 저는 주님을 사랑하고 순종하겠습니다. 저는 주님을 저의 공급자로서 신뢰합니다. 주의 아름다우신 이름으로 기도합니다. 아멘.

Chapter 8

WARRIOR

또 내가 하늘이 열린 것을 보니 보라 백마와 그것을 탄 자가 있으니
그 이름은 충신과 진실이라 그가 공의로 심판하며 싸우더라

계 19:11

나는 열 여섯 살 때에 처음으로 대중 집회에서 복음을 전했고 두 해 뒤에 대학에 진학했다. 그러나 나는 주님을 실망시키는 결정들을 많이 했다. 심지어 나는 주님의 마음을 너무 아프게 했지만 주님의 자비는 여전히 나를 놀라게 했다. 파티로 수많은 밤을 보내고 있을 때에 나는 "이제 그만 하라. 다시 내게로 돌아오라"는 주님의 세미한 음성을 들을 수 있었다. 나는 그 음성을 들었어야만 했는데 그렇지 못했다.

몇 년 동안 나는 주님에게서 도망쳤다. 나의 생활은 점점 더 어두워졌다. 친구들과 죄를 사랑하는 마음은 내가 어렸을 때 사랑했던 나의 구세주보다 내게 더 중요했다. 그때 나의 부모님은 사역자이셨지만 나는 깊은 죄와 하나님을 향한 반역 가운데 살고 있었다. 주님께서 나에게 또 다른 기회를 주셨다는 것은 영원히 놀랄 일이다. 나는 그저 주님께 영광을 돌릴 뿐이다.

반항하는 기간 동안에 아버지는 브라질로 자주 선교 여행을 가셨다. 아버지는 언제나 하나님의 사랑을 전하셨고 사역에 당신의 온 마음을 다 쏟으셨다. 아버지가 예수님을 섬기는 동안 나는 거의 매일 밤 나이트클럽을 찾았다. 아버지가 사람들을 예수님께 인도하고 기적이 일어나는 것을 목도할 때에 나는 마귀의 음성을 듣고 나 자신을 파괴하고 있었다. 당신은 내가 이런 죄악된 생활을 얼마나 후회하고 있는지 모를 것이다.

밤새 밖에서 놀다가 새벽이 되어서야 집에 들어 와 잠자리에 들고 아침에 깨면 어머니의 음성이 들려왔다. 나는 어머니가 다른 방에서 나를 위해 기도하시는 것을 들을 수 있었다. 당신도 상상할 수 있겠지만 어머니의 기도는 내 마음을 깊이 찔렀다. 어머니는 항상 나를 위해 기도하셨다. 내가 늦게까지 밖에 있을 때에도 어머니는 내가 집에 돌아올 때까지 나를 위해 주무시지 않고 기도하시곤 했다.

나는 동이 틀 때까지 집에 들어오지 않는 날이 많았다. 그런 날이면 어머니는 내가 집에 들어 올 때까지 기독교 방송을 보곤 하셨다. 한 번은 어머니가 나의 장인이 진행하는 "오늘은 당신의 날입니다(This is Your Day)"라는 프로그램을 보고 계셨다. 어머니는 나에게 "언젠가 너는 베니 목사님의 집회에서 그를 돕게 될 것이다"라고 말씀하셨다. 그 때로부터 5년 후에 나는 어머니가 말한 대로 나의 장인과 함께 주님을 섬기게 되었다.

당신이 하나님을 떠난 가족을 위해 기도하고 있다면 기도를 포기하지 말라. 결코 포기하지 말라. 결코 믿음을 잃지 말라. 그가 돌아올 때까지 계속 기도하라!

지금도 나는 여전히 그리스도의 놀라운 인내심에 놀란다. 나의 모든 반항에도 불구하고 몇 년 뒤에 나는 주님의 부르심에 항복했고 사역 여행을 떠나기 시작했다. 당시 나는 '나에겐 충분한 시간이 있어. 나는 더 나이가 들어서 변화할 거야'라고 생각했다. 나는 하나님께서 충분히 참으셨고 나를 깨우려 하신다는 것을 전혀 몰랐다.

무서운 해후

어느 여름날 정오 즈음에 나는 내 침실에 누워 있었다. 오늘날까지 나는 내가 졸고 있었는지 아니면 어떤 다른 상태였는지 잘 모르겠다. 내가 아는 것은 이 경험이 실제였고 상상에서 나온 것이 아니라는 사실이다.

방에 혼자 있었는데 갑자기 무섭고 악한 느낌이 나를 덮쳤다. 그것은 내가 지금까지 알았던 등골이 오싹한 그 어떤 느낌보다 훨씬 더 두려운 것이었다. 분위기가 갑자기 차갑고 어둡게 바뀌었다. 뭔가 정말 이상한 일이 벌어지고 있었다. 그래서 나는 내 침실 문쪽을 바라보았다.

나는 8피트(243cm) 정도의 사람이 마루 위에 떠있는 것을 보고 소스라치기 놀랐다. 이 존재는 검은 옷을 입었고 얼굴은 후드(hood)로 덮었다. 그는 나에게 오겠다는 듯이 긴 팔로 나를 가리켰다. 그의 얼굴은 어두운 안개로 덮혀 있어서 나는 그의 얼굴을 볼 수 없었다. 내 인생에서 그렇게 공포를 느껴본 적이 없었다.

이런 상황에 관한 이야기를 듣는 것과 이를 직접 경험하는 것은 별개의 것이다. 바로 그와 같은 일이 내게 일어나고 있었다. 나는 공포로 얼어붙었고 조금도 움직일 수가 없었다. 나는 마치 침대에 찰싹 달라붙은 것 같았다.

그 존재는 나를 한참을 노려보더니 갑자기 무서운 속도로 달려들어 내 목을 잡으려 했다. 나는 내가 살지 죽을지 몰랐다. 그가 나를 공격했을 때에 나는 나를 구해줄지 모르는 오직 한 이름, 즉 예수님의 이름을 부르려 했다. 문제는 그 말이 내 입에서 나오지 않았다는 것이었다.

그 이름은 내가 어린 시절에 기도할 때에 날마다 불렀던 이름이었다. 그 이름은 내가 구원을 받아야만 했을 때에 불렀던 이름이었다. 그 이름은 내게 치유가 필요했을 때에 불렀던 이름이었다. 이제 나는 구원을 위해 그 이름을 불러야만 했다. 하지만 그 이름이 나오지 않았다! 나는 솔직히 그 순간 죽는다고 생각했다.

수년 전 내가 청소년이었을 때에 나는 군중들 앞에서 예수님의 이름을 담대히 선포했었다. 그러나 지금은 상황이 완전히 달랐다. 왜냐하면 이제 나는 내가 등을 돌렸던 분의 이름을 부르고 있기 때문이었다. 나는 너무나 오랫동안 주님을 무시했기 때문에 나는 다시 주님께 돌아가는 것이 부끄러웠다. 그동안 나는 나를 위해 자기의 생명을 버리신 주님을 원수보다 더 악하게 대했다. 그러나 그때 내가 의지할 다른 이름은 없었다.

내 입에서 말이 나오지 않았지만 나는 필사적으로 내 마음 속으로부터 주님을 불렀다. 나는 어렸을 때에 내가 느꼈던 주님의 임재를 다시 느끼고 싶었다. 나는 예전에 내가 섬겼고 존경했던 예수님께서 나를 구원해 주시길 원했다.

갑자기 어디에선가 훨씬 더 큰 능력이 방안을 가득 채웠다. 그 어두운 이미지가 위협적으로 보였던 것만큼 이 거룩한 임재는 그 어두운 존재를 아무 것도 아닌 것으로 만들었다. 내가 주님의 사랑의 따스함과 위로를 느꼈을 때에 나는 어린 시절에 이 능력을 알았었다는 것을 깨달았다. 내가 12살일 때 내 인생을 바꾸셨던 예수 그리스도께서 그 방에 임하셨다는 것을 알았다.

주님께서 죽을 것만 같은 이 상황 가운데 들어오시자 모든 위험이 사라졌다. 하나님의 능력이 그 방을 채웠을 때에 어두운 존재는 그곳에서 정신없이 도망갈 수밖에 없었다. 내게 두려움을 주던 이 영은 예수님의 임재 앞에 벌벌 떨었다. 나는 그 존재가 재빨리 돌아서더니 내 방에서 도망하여 복도를 따라 왼쪽으로 사라지는 것을 보았다.

이 경험을 통해 나는 내가 죽는 날까지 결코 잊을 수 없는 교훈을 배웠다. 어느 누구도 전사이신 주님과 상대가 되지 않는다는 것이다! 다음 말씀이 정말 나에게 생생하게 다가왔다. "여호와께서 너희를 위하여 싸우시리니 너희는 가만히 있을지니라"(출 14:14). 주님은 아무 것도 두려워하지 않으시며 우리를 구하러 오실 때에 강력하시다. 나는 하나님께서 그 어두운 존재로부터 나를 구하러 오신 것에 대해 감사했고 주님에게 영원한 빚을 졌다. 나는 주님께서 그 모든 세월 나의 부모님이 드린 간절한 기도를 들으셨다는 것을 알았다.

직접적인 체험

이 책의 목적은 진짜 예수님-성경의 예수님-을 당신에게 소개하는 것이다. 시련의 시간을 통과하신 주님. 수많은 군중이 따랐고 많은 사람들이 주님을 위해 순교자로 죽었던 그 예수님. 주님은 믿을 수 없을 정도로 강하시고 주님께 속한 자들을 위해 싸우시는 분이다. 하나님의 아들의 이런 면은 가장 교만한 자들의 마음을 서늘케 할 수 있다. 성경은 주님을 "용사"라고 부른다(출 15:3을 보라). 예수님은 우리 영혼의 전사이며, 저들이 주님의 백성을 해하려 할 때 지옥의 세력들과 전투를 벌이실 것이다.

이러한 예수님의 성품은 단지 내가 말로만 들은 것이 아니다. 전 세계를 여행하면서 나는 그리스도께서 마귀의 세력에서 사람들을 구원하시는 것을 보았다. 나는 개인적으로 귀신들린 자들을 많이 보았다. 만일 당신이 귀신들이 드러나는 것을 보게 된다면 그것은 충격 그 자체일 것이다. 당신은 귀신이 실재한다는 것과 예수님께서 그들을 다루시는 능력과 권세를 의심하지 않을 것이다.

나는 주님께서 사람들을 구원하시고 그들을 묶인 것에 자유케 하시는 것을 보았으며 주님의 엄청난 능력을 직접 경험했다. 외국의 어떤 곳에서 내가 단지 주님의 거룩한 이름을 부르기만 했는데 어둠의 권세들은 두려움과 떨림으로 반응했다.

당신의 교단 배경과 상관없이 우리 모두는 같은 성경을 읽는다. 기적을 행하시는 하나님의 능력은 2000년 전과 같이 오늘날에도 그대로이다.

주님은 마귀의 일을 멸하셨다

성경은 말씀하신다. "하나님의 아들이 나타나신 것은 마귀의 일을 멸하려 하심이라"(요일 3:8). 성경이 "주님께서 마귀를 상당히 괴롭히셨다"라고 말하지 않은 것에 주의하라. 이 말씀은 주님이 마귀의 일을 멸하셨다는 뜻이다. 이 말씀은 우리의 적들이 진정으로 그리스도를 알고 주님께 속한 자에게는 조금도 권세가 없음을 의미한다.

내가 "마귀"란 단어를 언급하는 것조차 참을 수 없는 것만큼 그는 실재한다. 나는 이 책에서 어떤 관심도 그에게 주고 싶지 않다. 왜냐하면 이 책은 주 예수님께 드려졌기 때문이다. 그럼에도 불구하고 당신이 주님을 온 마음으로 사랑하면 마귀는 당신에 대해 전혀 권세가 없다. 그러나 당신이 하나님께 순복하지 않으면 악한 자는 당신을 강하게 조종할 수 있을 것이다. 이것은 사실이고 당신이 전사이신 주님을 만나게 된다면 이번 장은 당신의 삶에 깊은 영향을 미칠 것이다.

그리스도께서 십자가에서 죽으시고 주님의 보혈을 쏟으셨을 때에 악은 패했다. 주님의 죽으심은 당신의 죄를 사하기 위해 치러야 할 값이었다. 주님의 부활은 악한 자에게서 모든 권세를 앗아갔으며 우리에게 완전한 자유 가운데 살아갈 능력을 주었다. 그래서 예수님은 "하늘과 땅의 모든 권세를 내게 주셨으니"고 말씀하신다(마 28:18).

하나님의 아들의 죽으심과 부활은 모든 악의 세력을 부쉈다. 권세를 쥐신 분은 예수님이지 흑암이 아니다. "마귀의 일을 멸하신" 것은 주님이 완성하신 역사(work)이다. 예수님은 "이 후에는 내가 너희와 말을 많이 하지 아니하리니 이 세상의 임금이 오겠음이라 그러나 그는 내게 관계할 것이 없으니"라고 말씀하셨다(요 14:30).

그리스도는 악에 대해 모든 권세를 가지고 계시기 때문에 당신이 자유케 되는 유일한 방법은 주님께 나아오는 것이다. 당신은 자유케 되기 위해 자유의 근원으로 와야만 한다.

주님이 전쟁을 치르셨다

예수님께서 이 땅을 거니실 때에 주님은 사단의 권세를 멸하셨다. 주님은 계속해서 그의 백성을 괴롭히는 귀신을 쫓아내셨다. 귀신들이 주님을 보면 그들은 비명을 지르고 소리쳤으며 자신들을 괴롭히지 말아 달라고 간구했다(눅 8:30-31을 보라). 그들은 주님이 누구신지 알았다.

이 위대한 전사는 결코 힘이 빠지거나 뒤로 물러서지 않으셨다. 주님은 온유하고 겸손하셨지만 이런 순간에는 힘과 능력을 보이셨다. 다음의 성경 말씀은 견줄 수 없는 주님의 능력을 설명한다.

> 갈릴리의 가버나움 동네에 내려오사 안식일에 가르치시매 그들이 그 가르치심에 놀라니 이는 그 말씀이 권위가 있음이러라 회당에 더러운 귀신 들린 사람이 있어 크게 소리 질러 이르되 아 나사렛 예수여 우리가 당신과 무슨 상관이 있나이까 우리를 멸하러 왔나이까 나는 당신이 누구인 줄 아노니 하나님의 거룩한 자니이다 예수께서 꾸짖어 이르시되 잠잠하고 그 사람에게서 나오라 하시니 귀신이 그 사람을 무리 중에 넘어뜨리고 나오되 그 사람은 상하지 아니한지라 다 놀라 서로 말하여 이르되 이 어떠한 말씀인고 권위와 능력으로 더러운 귀신을 명하매 나가는도다 하더라 (눅 4:31-36)

좌우에 날선 검

그리스도는 너무나 강력하셔서 주님은 단지 악한 세력들에게 말씀만 하셔도 그들은 두려움으로 벌벌 떨었다. 성경은 그의 입에서 좌우에 날선 검이 나온다고 묘사한다(계 1:16을 보라). 예수님이 자신을 사랑하는 사람들에게 말씀하실 때에 그들은 생명을 얻는다. 주님께서 악한 영들에게 말씀하실 때에 그들은 심판을 받는다. 어떤 사람의 말도 예수님과 같은 힘을 지니고 있지 않다. 가장 악한 세력들도 주님을 두려워한다.

주님은 귀신들과 게임을 하지 않으셨으며, 다음 기회가 더 편해 보일 때에도 그들에게 대항하는 것을 미루지 않으셨다. 주님은 주변에 군중이 있든 없든 상관치 않으셨다. 주님은 자신이 누구신지 아셨고 귀신이 나타나면 즉시 처리하셨다.

한 번은 예수님께서 갈릴리 바다를 건너 군대 귀신 들린 자를 처리하셔야만 하셨다. 그는 사슬에 묶여 있었고 무덤가에서 살았다. 로마 군대에서 군대(legion)는 6,000명의 군사로 이뤄진 단위이다. 어떤 성경학자들은 아마도 이 고통 받는 사람 안에 6,000개의 귀신이 들어 있었을 것이라고 말한다.

상식적으로 생각한다면 주님은 어려운 상황에 계셨다. 왜냐하면 악한 영의 숫자가 예수님을 압도했기 때문이다. 그러나 그리스도는 절대로 평범한 분이 아니시다. 군대 귀신들도 주님이 하나님의 아들이신 것을 알았다. 그들이 주님을 보았을 때에 그들은 공포에 질려 소리를 질렀고 자비를 구했다. 예수님은 그 사람에게서 귀신들을 쫓아내셨다. 즉각적으로 그들은 돼지 떼에 들어갔고 돼지들은 절벽 아래에 있는 바다로 뛰어 들었다.

아마 당신은 주님의 이런 면에 대해 한 번도 들어본 적이 없을지 모른다. 주님은 믿을 수 없는 힘과 능력으로 최악의 상황을 처리하실 수 있으시다. 그리고 그 어느 것도 주님을 위협할 수 없다!

주님께서 당신을 위해 싸우신다

예수님께서 이 땅을 거니실 때에 왜 주님은 이런 악한 세력들과 싸우기로 결단하셨는지 궁금해한 적이 있는가? 주님은 걸어 다니시는 마귀 파괴자이셨다. 주님은 원수에게 고통을 받는 병자들을 고치셨다. 마귀에 의해 18년 동안 몸이 굽어진 여인에 대해 생각해 보라. 주님은 이런 질병을 일으킨 악한 영에게서 그녀를 풀어주셨다(눅 13:10-13을 보라).

주님은 멀리 떨어진 어린 소녀에게서 귀신을 쫓아 주셨다. 어린 아이의 어머니는 주님께 자기 딸을 풀어 달라고 간청했다. 주님은 당시에 물리적으로 그 어린 소녀와 함께 하지 않으셨지만 기적을 행하셨다(막 7:24-30을 보라). 어떤 사람도 그리스도처럼 당신을 위해 싸우지 않는다!

주님은 악을 참으실 수 없기 때문에 이 모든 것을 하신 것이 아니다. 그것보다 더 심오하다. 하나님이 행하시는 이유는 믿을 수 없을 정도로 자기 자녀들을 사랑하시 때문이다. 주님은 상처받은 자들을 긍휼히 여기시기 때문에 마귀를 대적하신다. 사랑의 주님은 누군가가 고통을 받는 것을 보시면 그 고통을 끝내길 원하신다. 자기에게 속한 자가 공격을 당하는 것을 보실 때에 주님은 자기 신부를 보호하신다. 신부를 귀하게 여기는 모든 남편처럼 누군가가 주님의 사랑하는 자를 건드리면 그것은 전쟁을 의미한다. 어둠의 세력들이 당신을 공격할 때에 하나님은 개입하실 것이다.

당신은 "주님을 사랑하지 않는 사람들을 도우시는 것은 왜 그렇죠?"라고 물을지 모르겠다. 그 대답은 간단하다. 주님은 그들이 언젠가 주님을 사랑하고 주님의 백성이 되도록 그들을 위해 싸우시는 것이다.

예수님께서 사람들을 자유케 하신 후에 그들은 종종 다시 자기 마음대로 살길 택한다. 얼마 안 가서 그들은 이전보다 더 악화된 상황을 만나게 된다. 당신의 사랑을 얻기 위해 기꺼이 싸우려 하셨던 주님을 당신이 무시하고 옆으로 던져버리면 이런 상황은 피할 수 없다. 귀신을 쫓으시면서 예수님은 다음처럼 말씀하셨다. "이에 가서 저보다 더 악한 귀신 일곱을 데리고 들어가서 거하니 그 사람의 나중 형편이 전보다 더욱 심하게 되느니라 이 악한 세대가 또한 이렇게 되리라"(마 12:45).

하나님의 소유

예수님께 당신의 모든 것을 드리면 당신은 주님의 소유가 된다. 당신은 더 이상 당신에게 속하지 않는다. 주님의 눈에는 세상의 어떤 피조물보다도 당신이 가장 소중하게 보인다는 사실이 참으로 놀랍다. "너희를 범하는 자는 그의 눈동자를 범하는 것이라"(슥 2:8). 당신은 주님의 생명과도 같은 사랑이다.

만일 당신이 주님 곁에 가까이 머물면 주님은 당신이 악의 세력에 패하는 것을 허락지 않으실 것이다. 주님이 당신과 함께 하시면 그 어느 것도 당신을 막을 수 없다. "내가 여호와를 항상 내 앞에 모심이여 그가 나의 오른쪽에 계시므로 내가 흔들리지 아니하리로다 이러므로 나의 마음이 기쁘고 나의 영도 즐거워하며 내 육체도 안전히 살리니"(시 16:8-9). 바울은 "만일 하나님이 우리를 위하시면 누가 우리를 대적하리요"라고 말한다(롬 8:31).

사자

구세주에 관한 장에서 당신은 예수님께서 하나님의 어린 양이 되신 조용하고 부드러운 면에 대해 읽게 될 것이다. 그러나 주님에겐 사자라 불리는 다른 면이 있으시다. 성경은 주님을 유다의 사자라 부른다(계 5:5를 보라). 우리는 예수님이 성전에 들어가실 때 환전상들이 하나님의 집을 사업장으로 바꾼 그곳에서 사자와 같은 주님의 모습을 본다. 진노를 보이시는 주님은 돈 탁자를 집어 들어서 그들을 향해 던지셨다. 주님은 실제로 시간을 내어 채찍을 만드셨으며 그것으로 환전상들과 소와 양과 비둘기를 파는 자들을 성전에서 내쫓으셨다(요 2:14-16을 보라).

그리스도의 이런 면을 생각하고 싶어 하는 사람들은 거의 없다. 왜냐하면 그것은 하나님의 진노와 심판을 보여주기 때문이다. "살아 계신 하나님의 손에 빠져 들어가는 것이 무서울진저"(히 10:31). 성경은 우리가 주님을 진노케 하여 주님으로 하여금 행동을 취하시도록 하는 것들이 있다고 말한다. 성전은 주님께 거룩한 곳이었다. 그리고 재물에 관해서는 고결해야 한다. 그런데 이 두 가지를 잘못 사용하면 주 예수님은 강경하게 반응하셨다. "누가 내게 감히 대항할 수 있겠느냐 누가 먼저 내게 주고 나로 하여금 갚게 하겠느냐 온 천하에 있는 것이 다 내 것이니라"(욥 41:10-11).

주님의 힘

주님의 날들은 스트레스와 수고로 가득했지만 주님은 이 땅을 힘 있게 걸으셨다. 주님은 제자들에게 가시기 위해 성난 파도가 일 때에도 물

위를 걸으셨다. 폭풍으로 흔들리는 바다도 주님의 목적에서 주님을 멀어지게 할 수는 없었다.

종교지도자들이 주님을 대적했을 때에 주님은 담대하게 그들을 독사와 위선자라고 부르셨다. 나에게 이 말은 약한 이의 말로 들리지 않고 믿을 수 없는 권세를 지닌 분의 말씀으로 들린다. 주님은 거룩한 이스라엘 땅을 거니시면서 복음을 전하시고 사역하셨다. 단지 삼년 반 동안 지속된 사역을 통해 세상을 이렇게 흔든 자가 있었던가? 오직 주께서 고되게 일하셨기에 이런 결과들이 생겨났다.

오늘 우리는 오래 비행기를 타면 다리가 저린 것과 불편한 좌석을 불평한다. 성도들 중에 예배가 한 시간이 넘으면 참지 못하는 자들이 많다. 그럼에도 불구하고 예수님은 밤새 기도하셨고 하루 종일 사람들을 고치셨다. 주님께서는 병자를 고치거나 축사(逐邪)하지 않으실 때에는 하나님의 진리를 전하고 가르치셨다.

주님이 이 땅에 계시는 동안 내내 사람들은 주님의 관심을 끌려고 했으며, 주님을 잡아당기고, 주님을 만지려 했다. 주님께서 어떤 사람에게서 귀신을 쫓아내시고 다른 사람을 고치시는 장면을 상상해 보라. 주님은 하나님 아버지께서 주님께 말하거나 하라고 명하신 것은 무엇이든 하실 힘이 있으셨다.

- 주님은 아무 것도 드시지 않고 광야에서 40일을 보내셨다.
- 주님은 종교지도자들에게 그들의 아비가 마귀라고 말했다.
- 비판자들이 주님께 돌을 던지려한다는 것을 아셨을 때에 주님은 그들의 눈을 쳐다보시면서 "내가 아버지로 말미암아 여러 가지 선한 일로 너희에게 보였거늘

그 중에 어떤 일로 나를 돌로 치려 하느냐"라고 말씀하셨다(요 10:32).

주님께서는 진리를 말씀하신다

그리스도께서는 결코 물러서거나 원수들을 두려워하지 않으셨다. 주님은 또한 권세자들에게 잘 보이기 위해 결코 진리를 왜곡하지 않으셨다. 한 번은 예수님이 바리새인의 집에 초대를 받으셨다(누가복음 11장을 보라). 예수님이 손을 씻지 않고 식사하시는 것이 이 종교지도자에게는 문제가 되었다. 예수님은 이 사람의 집에 손님이었다는 사실을 기억하라.

예수님은 그에게 "너희 바리새인은 지금 잔과 대접의 겉은 깨끗이 하나 너희 속에는 탐욕과 악독이 가득하도다"라고 말씀하셨다(눅 11:39). 그런 뒤에 주님은 덧붙여 말씀하셨다. "너희는 평토장한 무덤 같아서 그 위를 밟는 사람이 알지 못하느니라"(눅 11:44). 참으로 강력한 말씀이 아닐 수 없다!

바리새인들을 변호하기 위해 소위 유대 율법 전문가가 소리를 높여 주님께 말했다. "선생님 이렇게 말씀하시니 우리까지 모욕하심이니이다"(11:45). 예수님은 이런 비난을 어떻게 다루셨는가? 주님은 그들을 똑바로 쳐다보시면서 말씀하셨다. "화 있을진저 또 너희 율법교사여 지기 어려운 짐을 사람에게 지우고 너희는 한 손가락도 이 짐에 대지 않는도다"(11:46).

주님은 얼마나 담대하신가! 주님은 참으로 하나님을 알기 원하는 자들을 보호하시기 위해 종교지도자들을 심하게 나무라셨으며 바리새인의 집에서 그들을 꾸짖으셨다.

끝내시는 권세

나사렛 예수님만이 십자가의 그러한 고통과 죽음을 참으실 수 있었다. 십자가에 달리신 후에도 그리스도께서는 하나님 아버지께서 주신 사명을 계속 행하셨다. 주님은 지하세계로 가셔서 지옥의 권세를 대면하시고 마귀를 물리치셨다(벧전 3장을 보라).

당신은 주님께서 잔혹한 고난을 받으시고 죽으신 후에 마침내 안식하셨을 것이라고 생각할 것이다. 사자이신 주님은 그렇지 않으시다! 주님은 지옥으로 가셔서 마귀의 일을 멸하신 것을 공개적으로 보여주셨다. 주님은 지옥의 권세를 빼앗으셨고 그곳에 있는 모든 존재들은 그 장면을 목격했다. 마침내 3일 후에 그리스도는 죽은 자들 가운데 부활하셨다. 이것은 예수님의 능력과 권세를 궁극적으로 보여주는 부분이다.

주님은 무덤을 떠나실 때에 못 박히신 강한 팔로 당신 영혼의 안전성을 확보하셨다. 심지어 그 때조차도 주님은 휴식에 관심이 없으셨다. 예수님은 계속해서 제자들에게 나타나셨고, 그들에게 성경을 가르치셨으며, 그들의 마음을 회복하시고, 그들과 함께 음식을 드셨다. 주님은 엠마오로 가는 길에 두 제자와 함께 걸으시면서 대화하셨다. 40일째 되는 날 주님은 승천하셨다. 이제 주님께서는 마땅히 안식하셔야 하지 않겠는가?

아니다. 주님은 여전히 쉬지 않으셨다. 그리스도께서는 지금도 계속해서 우리의 삶에 개입하시며 우리와 하나님 아버지 사이에서 우리의 거룩한 구세주로 서 계시다. 이것은 예수님이 하셔야 할 주님만의 사역이며 주님은 영원히 이 일을 하려 하신다.

주님이 더 크시다

예수님께 온 자들 중에 많은 이들이 절망의 상황에 있었다. 어떤 이들은 결국 죽을 수밖에 없는 질병에 걸렸고 다른 이들은 귀신이 들렸으며 아무도 그들을 풀어 줄 수가 없었다. 그들의 유일한 미래는 고통과 슬픔의 삶 뿐이었다. 어떤 사람들은 평생 다리를 저는 장애인으로 살아야만 했으며, 다른 이들은 죄로 인해 파괴되고 있었다. 어떤 이들은 간음에 중독되었고 어떤 이들은 탐욕에 물들었다. 어느 인생도 그들의 문제에 대해 치료책이나 처방전을 줄 수가 없었다. 그런데 갑자기 주님께서 그들의 마을에 오셨고 모든 것이 달라졌다. 이제 이런 사슬에 강하게 묶여 있던 인생들은 그들을 순식간에 풀어주실 수 있는 하나님을 만났다.

당신도 이와 비슷한 상황에 갇혀 있고 당신을 너무나 오랫동안 붙들고 있던 사슬에 묶여 있을지 모른다. 아마도 당신은 성 도착증에 중독되어 있거나 상습적으로 마약을 할지 모르겠다. 당신은 이 문제를 해결하기 위해 반복적으로 시도해 보았지만 이전보다 더 심해졌다. 당신은 악몽에 시달리고 미래에 대한 두려움이 당신의 삶을 옥죈다. 아마도 당신은 병마와 비극이 당신과 사랑하는 자를 칠 것을 두려워할지 모른다.

당신은 실패를 두려워하는가? 당신은 자신에 대해 미워하는 것들이 있는가? 당신은 마음이 더럽다고 느끼는데 지쳤는가? 어쩌면 당신은 병이 들었지만 의사들이 포기했을지도 모른다. 이 모든 것은 지옥의 권세가 그 원인이 될 수 있다. 그 권세가 아무리 강하게 보인다 할지라도 하나님에겐 아무 것도 아니다. "주의 영이 계신 곳에는 자유함이 있느니라"(고후 3:17).

오래 전에 수많은 사람들이 불렀던 주님을 지금 부르지 않겠는가? 수많은 사람들이 주님을 찾았다. 주님은 오늘도 살아 계셔서 당신의 상황에 개입하시길 원하신다. 이는 주님께서 당신을 자유케 하실 수 있기 때문이다. 예수님의 능하신 팔을 펴서 지금 당신이 직면하고 있는 지옥을 멸하시도록 주님께 간구하라. 주님은 당신의 유일한 소망이시다.

주님께서 절망 가운데 있던 남자, 여자, 어린이를 자유케 하신 것처럼 주님은 당신 목에 걸린 모든 사슬을 부수실 것이다. "그러므로 아들이 너희를 자유롭게 하면 너희가 참으로 자유로우리라"(요 8:36).

예수님께서 지나가시다

주님이 당신에게 제공하시는 놀라운 자유는 일시적인 유행이 아니다. 그것은 영원하다. 예수님께서 마을에 들어가실 때마다 "예수님께서 지나가신다!"라는 말이 낙심되고 실망한 모든 사람들에게 퍼져갔다. 이런 광고는 그들의 자유의 시작이었다. 그들이 해야 할 일은 그저 주님을 믿고 그분의 손길을 받아들이는 것이었다.

오늘날 당신도 동일한 메시지를 듣고 있다. "예수님께서 지나가신다!" 주님께 팔을 내밀라. 한 번도 전쟁에서 지신 적이 없는 이 놀라운 전사를 만나기 전에 당신은 당신의 마음을 주님께 드려야만 한다. 당신 삶을 향하신 주님의 뜻을 받아들이라. 겸손과 깨어진 마음으로 그리스도께 나아오라. 주님은 당신이 자신을 아는 것보다 더 당신을 잘 아신다.

주님께 정직하라. 당신의 실패를 인정하고 아무 것도 감추지 말라. 왜냐하면 주님은 모든 것을 보시기 때문이다. "사람이 내게 보이지 아니하려고 누가 자신을 은밀한 곳에 숨길 수 있겠느냐"(렘 23:24). 다른 곳에서 성경은 "귀를 지으신 이가 듣지 아니하시랴 눈을 만드신 이가 보지 아니하시랴"라고 선언한다(시 94:9).

주님과 홀로 할 수 있는 조용한 곳을 찾으라. 그리고 당신의 가장 악한 죄들을 인정함으로써 시작하라. 어떤 것도 남기지 말고 기꺼이 주님의 도우심을 받으라. 당신의 가장 절망적인 상황조차도 주님에게는 가장 쉬운 일이다. 죄가 너무 크거나 어두워서 예수 그리스도께서 극복하실 수 없는 죄는 없다. 주님은 당신을 자유케 하실 준비가 되어 있으시다. 그리고 주님은 당신이 알 수 있는 것보다 더 많이 당신을 사랑하신다. 만일 주님이 당신을 위해 죽을 정도로 당신을 사랑하신다면 주님은 당신을 분명히 구원하실 것이다. 이제 당신의 시간이다. 주님은 준비가 되어 있으시다.

사랑하는 예수님,

강하고 능하신 전사시여. 저는 당신 앞에 깨어진 자입니다. 제 삶은 엉망이기 때문에 주의 도우심이 필요합니다. 저는 당신 이외에 어떤 사람이나 장소로 돌이킬 수 없습니다. 저는 사슬에서 자유롭게 하실 주의 능력이 필요합니다. 저는 너무 지쳤습니다! 저는 제 뜻과 죄 그리고 중독들을 주님께 드립니다. 저는 당신이 살아 계시며 저를 위해 십자가에서 피를 흘리신 것을 믿습니다. 주께서 보혈로 저를 덮어주시길 간구합니다. 당신은 저의 주님이십니다. 저는 주님이 어떤 악의 세력보다 더 강하심을 믿습니다. 저는 제 힘으로 살고, 마귀에게 끌려 다니는 삶에 질렸습니다. 주님은 원수의 일을 멸하셨습니다. 저는 사탄을 거부하고 당신께 순복합니다. 주의 거룩한 말씀은 "하나님의 아들이 나타나신 것은 마귀의 일을 멸하려 하심이라"고 말씀하십니다(요일 3:8). 주의 죽으심과 부활하심으로 마귀는 패했습니다. 저는 지금 주님을 원합니다. 위대한 전사시여, 저를 자유케 하여 주옵소서. 예수님, 저의 삶을 지배하는 모든 죄의 영향력을 깨뜨려 주옵소서. 저는 당신께 속합니다. 주의 놀라우신 이름으로 기도합니다. 아멘.

Chapter 9

FRIEND

이제부터는 너희를 종이라 하지 아니하리니 종은 주인이 하는 것을 알지 못함이라 너희를 친구라 하였노니 내가 내 아버지께 들은 것을 다 너희에게 알게 하였음이라

요 15:15

우리의 친구가 되고 싶어 하시는 예수님의 마음은 얼마나 아름다우신가! 모든 만물을 창조하신 하나님께서 우리와 시간을 보내시길 갈망하신다는 것은 그저 놀라운 뿐이다. 주님은 우리가 멀리서 주님을 알고 지내길 원하지 않으시며 단지 주님을 전능한 세상의 구세주로만 예배하길 원치 않으신다. 하나님은 지금보다 주님과 친밀한 관계에 있는 자들이 더 많아지길 원하신다. 주님은 언제나 주님과 함께 설 자들을 찾고 계신다. 그렇다. 그리스도께서는 당신의 친구가 되길 원하신다.

사람들의 가장 큰 걱정 중 하나는 혼자가 되는 것에 대한 두려움이다.

너무도 많은 사람들이 친구가 없고 상호반응이 없는 삶을 두려워한다. 충분히 이해한다. 인생에서 대화나 우정을 원하지 않는 자가 어디 있겠는가?

세계 어디에서나 사람들은 관계를 원한다고 소리친다. 서로 사람들을 연결해 주는 모든 종류의 웹사이트들이 왜 그렇게 성공적이라고 생각하는가? 그 이유는 간단하다. 모든 사람은 친구를 원하기 때문이다.

어린이, 청소년, 청년의 경우에 동료보다 더 중요한 것은 거의 없다. 우정이 무엇이기에 동료를 그렇게 소중하게 만들어 주는가? 우리 모두는 기댈 다른 사람이 필요하다. 문제는 좋은 친구를 찾기가 어렵다는 것이다. 당신이 충성스러운 사람 한두 명만이라도 찾을 수 있다면 많은 친구들이 필요 없다.

영원한 친구

12살 때 어떤 사람이 주님에 대해 정말 실감나게 말하는 것을 듣고 나는 예수님을 나의 가장 친한 친구로 모시게 됐다. 그곳은 플로리다 올랜도였다. 나는 어머니와 동생 그리고 사촌들과 함께 앉아서 이 말씀을 들었다. 우리는 이 말씀을 들으려고 그 교회에서 두 시간 반이나 떨어진 타폰 스프링스에서부터 자동차를 타고 갔다. 그 사역자는 그리스 사람이었고 나처럼 그리스 정교회에서 성장했다.

나는 즉각적으로 그 사역자가 전하는 분에 대해 매료되었다. 이 설교자는 그가 듣거나 학교에서 공부한 어떤 분에 대해 이야기하지 않았다. 그는 자기가 개인적으로 아는 구세주에 대해 말했다. 나는 그분과 주님의 생생한 관계에 감동되었으며 그분이 주님을 아는 것처럼 나도 그리스도를 알고 싶은 갈망이 생겼다. 그것은 내가 계속해서 찾았던 것이었다.

 소년 시절에 나는 이미 여행을 하면서 세계에서 가장 큰 골프 대회에서 몇 번 우승했었다. 신문들은 장래가 촉망되는 소년에 대한 기사들을 썼다. 나는 연속으로 20번 이상의 대회를 우승했고 프로 골퍼로서의 나의 미래는 전도양양했다. 성적이 너무 좋아서 12살의 나이에 나는 많은 성인들보다 더 많은 것을 이뤘다. 그런데도 나는 내 인생에서 뭔가가 빠졌다는 것을 알았다. 나는 하나님을 믿었지만 주님을 알고 싶었다.

 그날 밤 나는 베니 힌 목사님이 개인적으로 알 수 있는 그리스도의 임재와 사랑에 대해 설교하는 것을 들었다. 나에게 그런 갈망을 준 것은 무엇이었을까? 나는 "또 전에 예수와 함께 있던 줄도 알고"란 성경 말씀을 생각할 수밖에 없다(행 4:13). 바로 그것이었다. 나는 베니 힌 목사님이 주님과 함께 있었다는 것을 알았고 나도 주님과 동행하고 싶었다.

 그날 주일 밤, 12살의 소년이었던 나는 열린 마음으로 강단으로 달려가 예수님께 나의 모든 것이 되어 달라고 간구했다. 그것은 그처럼 간단했다. 그리고 주님은 그렇게 하셨다! 주님은 나에게 주님의 임재를 깨닫게 하시고 나와 함께 시간을 보내는 것을 요구하시기 시작했다.

 나는 베니 힌 목사님을 사용하신 것에 대해 주님께 감사한다. 나의 가족과 나는 그날 받은 영향 때문에 영원히 변했다.

 다음 해에 나는 내 방에서 홀로 주님과 많은 시간을 보냈다. 나는 주님의 얼굴을 구하고 주님의 마음을 발견하면서 흥분했다. 얼마 안 되어 나는 예수님께서 계속해서 나와 함께 하심을 느끼기 시작했다. 나는 주님이 언제나 나와 함께 하신다는 것을 의심하지 않았다.

 나는 성경을 들고 다니면서 이모와 고모들, 삼촌들, 할아버지와 할머니, 사촌들 그리고 친구들에게 주님께 돌아가야만 한다고 말했다. 할아버지는 나에게 "리틀 파파(Little Pappa)"라는 별명을 지어주셨다. 이는 그리스어로 '작은 사제(priest)'를 의미한다.

오늘까지도 여전히 존경하는 사제 한 분이 내게 와서 내 삶에서 주께서 행하신 일에 대해 물었다. 나는 성경을 열어서 주께서 기록된 말씀을 통해 나에게 하셨던 말씀을 그에게 대답했다. 그는 약간 당황해 했다. 나는 그가 그리스도의 임재를 실제적으로 느꼈던 나의 경험에 대해 어떻게 말해야 할지 몰랐다고 생각한다.

나는 나와 하나님의 관계에 동의하지 않는 고모가 나를 구석으로 데려갔던 기억을 결코 잊지 못할 것이다. 그녀는 내가 성경을 읽고 그렇게 많이 기도함으로써 내가 무엇을 하는지 알고 싶어 했다. 나는 그녀에게 "우리는 모두가 죄인이기 때문에 우리를 용서하시는 주님이 필요합니다"라고 말했다.

"만일 네가 나를 죄인이라고 한 번만 더 말하면 나는 네 뺨을 때릴 거다"라고 그녀가 대답했다.

그리스 여인들은 세다! 나는 하나님께서 나를 기뻐하신다는 것을 알았기 때문에 개의치 않았다. 나는 이처럼 어린 나이에 처음으로 성경공부를 인도했다. 어떻게 어린 아이가 주님에 대해 어른들을 가르칠 수 있단 말인가? 그것은 주님이 나의 친구이셨기 때문에 가능한 일이었다. 우리는 진정한 관계를 맺었다. 나는 계속해서 주님과 대화를 했고 주님은 계속해서 내 마음에 말씀하셨다.

내가 완벽했는가? 물론 아니다. 실제로 나는 몇 년 동안이나 주님께 등을 돌렸다. 내가 나쁜 사람들과 어울렸을 때에 나는 마치 주님을 한 번도 만나본 적이 없는 것처럼 행동했다. 나는 내가 얼마나 주님의 마음을 아프게 했는지 상상할 수 없다. 그럼에도 불구하고 주님은 여전히 주님 자신을 위해 나를 원하셨다. 오늘날 주님은 나의 모든 것이며 내가 숨 쉬는 공기라고 할 수 있다. 이제 이 변함없이 신실한 친구가 당신을 알기 원하신다.

주님은 당신의 가장 친한 친구가 되길 원하신다

누군가가 "베스트 프렌드"라는 호칭을 주장하려면 다른 사람들과 구별되는 시간을 따로 떼어둬야 한다. 참된 친구들은 일정 시간 동안 서로의 충성심을 보여주기 때문에 더 높은 수준의 신뢰를 얻는다. 그런 사람들은 갑자기 나타나지 않는다. 그들은 당신과 어려운 시기를 함께 통과했고 다른 사람들이 의심하고 떠날 때에 계속해서 신실하게 남아 있었다.

어느 누구도 예수님보다 자신을 더 좋은 친구로 증명한 자는 없다. 주님은 "사람이 친구를 위하여 자기 목숨을 버리면 이보다 더 큰 사랑이 없나니"라고 말씀하셨다(요 15:13). 주님은 당신을 위해 죽으심으로써 자신의 우정을 보여주셨다. 하나님의 아들께서는 자신의 유익을 뒤로 하고 당신을 위해 기꺼이 자신의 목숨을 희생하셨다. 이 희생으로 예수님은 당신의 진정한 친구임을 증명하셨다.

당신이 어떤 비밀을 말씀드려도 언제나 주님은 신뢰할 수 있다. 실제로 당신이 마음을 열어 당신의 가장 깊은 은밀한 생각들을 말씀드리면 드릴수록 당신은 그만큼 더 하나님의 임재를 느낄 것이다(마 6:6을 보라). 오직 당신과 예수님께만 속한 것들이 있다. 주님과 당신의 가장 깊은 비밀들을 나누길 두려워 말라. 이렇게 할 때 당신은 은밀하지만 친밀한 영역을 발견하게 될 것이다. 주님은 주님의 마음에 당신의 비밀을 담아 두신다. 그리고 그것은 당신과 주님 사이에만 남아 있게 될 것이다.

나는 인생의 대부분을 그리스도인으로 지내면서 다른 그리스도인들에게 배신을 당한 사람들을 많이 알고 있다. 그들은 자신의 가장 깊은 비밀들과 단점들을 은밀하게 드러내지만 다른 사람이 그 신뢰를 깨고 가십거리로 삼는다. 보호를 받는 대신에 그들은 배신과 판단을 받는다. 그 결과 이로 인해 그들은 교회를 미워하고 교회와 관련된 모든 것을 미워한다. 불행하게도 그들은 이에 대한 책임을 예수님께 돌리고 주님을 떠난다.

그러나 잘못한 분은 예수님이 아니시다. 진실은 정반대이다. 당신이 주님의 음성을 듣는다면 주님은 당신을 부드럽게 어루만지실 것이다.

주님은 항상 그곳에 계신다

당신이 친구에게서 가장 원하는 것은 그들이 좋은 때나 나쁜 때나 당신을 위해 함께 있어 주는 것이다. 심지어 당신에게 어떤 특별한 일이 없다 할지라도 그런 친구가 있다는 사실을 떠올리는 것만으로도 행복할 것이다.

예수님은 우리의 친구가 되어 주시겠다고 약속하셨으며 우리에게 다음과 같은 말씀으로 이를 확증하셨다. "내가 세상 끝날까지 너희와 항상 함께 있으리라"(마 28:20). 주님께서 "항상"이라고 말씀하신 것에 주의하라.

이 얼마나 놀라운 약속인가! 주님은 특별히 힘주어서 "반드시(surely)"(우리말 성경에는 이 단어가 빠져 있다-역자 주)란 말씀을 하신다. 주님은 지금도 이 맹세를 지금도 지키고 계신다. 하나님이 아들이 당신과 함께 하시는 것을 의심하지 말라. 하루 24시간, 일 주 7일 그리고 일 년 365일 내내 같이 하시겠다고 맹세하신 분은 주님이시다.

천국에서도 주님은 영원히 당신과 함께 하실 것이다. 당신이 하나님과 이야기할 때에 주님은 너무 피곤해서 듣지 못하시는 적이 결코 없다. 날마다 주의 이름을 부르는 자들이 수없이 많지만 이와 상관없이 주님은 언제나 당신의 말을 들으실 것이다. 이 거룩한 우정 가운데 오직 당신과 주님만 있다는 느낌을 주실 수 있는 분은 그리스도뿐이시다. 그러나 동시에 주님은 모든 곳에 있는 인류를 돕고 계시다. "여호와께서 하늘에서 굽어보사 모든 인생을 살피심이여 곧 그가 거하시는 곳에서 세상의 모든 거민들을 굽어살피시는도다"(시 33:13-14). 주님의 눈은 언제나 당신에게 맞춰져 있다!

그리스도의 관심

소외감과 완전히 홀로라는 느낌을 받을 때에는 어떻게 해야 하는가? 예수님의 사랑스러운 임재를 느끼기 위해선 무엇을 할 수 있는가?

그 해답은 전혀 복잡하지 않다. 당신이 홀로 있다는 사실은 당신에게 가장 큰 기회가 될 수 있다. 주님은 당신과 일대일로 만나는 시간을 사랑하신다. 이제 당신은 산만한 것들로부터 자유롭고 당신의 베스트 프렌드와 함께 할 준비가 되어 있다.

당신의 눈을 감고 놀라운 이름인 예수님을 불러 보라. 주님은 인격체이시기 때문에 당신 마음에 사랑을 가지고 주님을 부르면 주님은 사랑으로 당신을 돌보실 것이다. 주님은 가장 어두운 순간에도 생생하게 만날 수 있는 분이다.

당신이 주님의 사랑과 돌보심 안에 있으면 아무 것도 당신을 해칠 수 없다. 당신은 잠잠히 그리고 깊게 감사하는 마음을 갖게 될 것이며 이 때 당신은 그리스도께서 바로 이 순간에 당신에게 초점을 맞추고 계시다는 것을 깨닫게 된다.

주님께서는 결코 당신을 떠나지 않으신다는 사실을 기억하라. 우리가 주님과 교통할 때에 우리는 주님을 더욱 가깝게 느낄 것이다. 소중한 이름인 예수님이 인생의 산만한 것들을 씻어 버리고 당신을 다시 주님께로 데려갈 것이다.

세상의 산만하게 하는 것들을 닫아 버리고 주님의 평화가 당신의 마음을 채울 때까지 주님의 이름을 조용히 부르라. 지금 시작하라. 주님은 당신이 부르기를 기다리고 계신다. "예수님, 예수님, 예수님"이라고 조용히 부르라. 당신은 당신이 있는 곳에서, 심지어 이 책을 읽는 중에도 주님의 사랑을 감지할 수 있다. 주님이 당신과 함께 하신다는 것을 알고 또한 진실한 애정을 가지고 예수님의 이름을 부르는 것보다 더 만족스러운 것은 없다.

당신의 입술과 마음에 주님의 이름이 있는 한 당신은 결코 다시 외롭게 느낄 필요가 없다. 이 사실을 마음에 품으면 하나님께서 당신을 부르셔서 주님이 원하시는 모든 것을 이루는 것을 누가 막을 수 있겠는가? "나에게 당신의 친구들을 보여 달라. 그러면 나는 당신에게 당신의 미래를 보여줄 것이다"란 말이 있다. 만일 당신의 베스트 프렌드가 그리스도이시라면 당신의 미래는 놀라울 것이다!

당신은 한 점의 의심의 구름도 없이 주님께서 항상 당신과 함께 하신다는 사실을 믿어야만 한다. 당신이 교회에 있든, 직장에 있든, 집에 있든, 휴가 중이든 주님은 함께 하신다. 만일 의사들이 치료를 포기한 상태일지라도 하나님은 여전히 당신과 함께 하신다. 당신이 성경을 읽을 때에도 주님은 그곳에 계신다. 당신의 부모는 이혼했을지라도 주님은 당신 곁에 계신다. 주변 사람들이 당신을 잊었어도 주님은 떠나지 않으신다. 주님은 당신과의 우정을 전율할 정도로 기뻐하셔서 당신과 함께 할 모든 기회를 찾으신다. 당신이 실패하여 주님의 마음을 아프게 할지라도 하나님은 당신 곁에 계신다.

관계

우정이 지속되려면 상호 관계가 성립되어야 한다. 일방적인 우정은 불공평하며 지속되는 경우가 거의 없다. 일반적으로 한쪽만 열심히 노력하는 경우에 결국 이용만 당했다는 느낌이 들 것이다. 자기 마음을 예수님께 드렸던 사람들이 다시 옛 생활로 돌아가는 이유는 그들이 관계의 기쁨을 잃어버렸기 때문이다. 그들은 자신의 삶을 교회나 친교 그룹, 성경, 기도, 사역, 신앙 체계, 혹은 교단에 드림으로써 곁길로 빠졌을지도 모른다. 인격이신 예수님을 망각할 때에 우리는 생명 없는 종교에 빠진다.

예수님께서 우리를 구속하셨기 때문에 우리가 살아계신 하나님과 관계를 맺을 수 있다는 사실을 기억하라. 우리는 다음의 사실에서 결코 벗어나서는 안 된다. 즉, 기독교는 어떤 것(something)에 대한 것이 아니라 어떤 분(someone)에 대한 것이다. 성령께서 이 계시에 당신의 눈을 열어주시면 당신은 주님과 많은 시간을 보내고 싶어질 것이다. 주님께서 당신을 원하시는 만큼 당신도 주님을 친구로서 원할 것이다.

당신과 하나님의 관계에 있어서 단지 하나님께 은혜를 구하는 것보다 더 실제적인 뭔가가 있어야만 한다. 주님은 당신이 단순히 당신의 필요를 공급해 주시는 친구보다 더 깊은 친구로서 주님을 알길 원하신다. 당신이 주님과의 관계에서 이처럼 특별한 위치에 왔을 때에 당신은 예수님과 함께 하는 아름다움을 발견하게 될 것이다.

주님께서 그들을 필요로 했을 때 그들은 어디에 있었는가?

아마 당신은 다음처럼 생각할지 모르겠다. '이거 미치겠군! 왜 예수님은 내가 주님을 위해 그곳에 있길 원하실까?' 이에 대한 답을 찾기 위해 이 땅에서의 주님의 삶을 살펴보자. 세상 죄를 지려던 겟세마네의 어두운 순간에 주님은 하나님 아버지께 기도하신 후에 무엇을 하셨는가? 주님은 자기의 가장 가까운 제자인 베드로, 야고보, 요한에게 가셔서 기도를 부탁하셨다(마 26:40-43을 보라).

왜 그러셨는가? 그 때가 주님이 제자들을 가장 필요로 하셨던 때였기 때문이다. 그때까지 주님은 언제나 그들을 위해 그곳에 계셨다. 주님은 그들을 먹이시고 돌보시고 종으로서 그들의 발을 씻겨주셨다. 주님은 변화산상에서 변화하시는 역사 가운데 가장 거룩한 순간을 경험하도록 그들을 초청하셨다(마 17:1-9을 보라). 주님은 구름이 그들을 덮고 하나님 아버지의 음성을 듣도록 허락하셨다. 그것은 모세가 시내산에서 만났던 바로 그 영광의 구름이었다.

주님께서 제자들을 얼마나 신뢰하시고 존중하셨으면 이렇게 하셨을까! 하나님의 아들은 언제가 그들이 주님의 영광의 아름다운 광채를 나누게 될 것이라고 약속하셨다(요 17:22을 보라). 주님은 또한 열 두 제자에게 이스라엘 지파를 심판할 열 두 보좌를 주시겠다고 약속하셨다(마 19:28).

자기 영광을 나눌 정도로 다른 사람을 사랑하는 친구는 거의 없다. 인간의 관계들은 경쟁적이 될 수 있지만 그리스도와의 관계는 그렇지 않다. 주님은 사람들로 하여금 자기 마음의 깊은 곳에 들어오게 하셨다. 그리고 주님도 사람들의 지지가 필요하셨고 그것을 기대하셨다. 그것은 그들이 신실하다는 것을 주님께 보여드릴 절호의 기회였다. 그러나 그들은 그렇게 하는 대신에 잠이 들었고 예수님은 동산에서 홀로 이 순간을 맞이하셨다.

너무 바쁘다?

구세주는 변치 않으시기 때문에 주님은 여전히 자기 친구들에게 충성을 원하신다. 때로 주님은 우리가 주님을 섬기길 원하신다. 주님은 아파하는 한 영혼을 위해 기꺼이 자동차나 비행기를 탈 수 있는 그런 종류의 친구를 요구하신다. 주님은 새벽 세 시에 당신을 깨워 주님과 이야기하는 그런 종류의 관계를 찾고 계시다. 하나님은 우리에게 이런 종류의 친구이시기에 우리도 주님께 동일한 충성을 돌려드려야만 한다.

우리를 위해 죽으신 주님과 이런 종류의 교제를 하지 못하게 막는 것은 무엇인가? 아마도 우리는 너무 바쁘거나 피곤할지 모른다. 당신이 주님께 기도했는데 주님께서 "나는 지금 약간 피곤해. 하루나 이틀 후에 다시 기도해라"라고 반응하신다면 친구라 할 수 없을 것이다. 만일 당신이 병원에 입원해 누워있는데 주님께서 너무 바쁘셔서 당신의 기도를 들으실 수 없다면 무슨 일이 일어날지 생각해 보라. 감사하게도 주님은 믿을 수 있다. "주님은 피곤하지 않으시며 곤비하지 않으시다"(사 40:28).

주님이 당신을 신뢰할 수 있는가?

예수님은 속내를 털어 놓으실 사람들을 간절히 찾으신다. 주님은 주님의 마음에 많은 것들을 가지고 계시며 그것들을 나누길 갈망하신다. 우리는 이 사실에 놀라지 말아야 한다. 당신은 당신 마음의 비밀한 것들을 가장 가까운 사람들에게 털어 놓을 수 있다. 그렇게 하면 마음의 짐이 가벼워진다.

예수님은 말씀하신다. "이제부터는 너희를 종이라 하지 아니하리니 종은 주인이 하는 것을 알지 못함이라 너희를 친구라 하였노니 내가 내 아버지께 들은 것을 다 너희에게 알게 하였음이라"(요 15:15). 당신은 이 말씀에서 주님의 열정과 갈망을 들을 수 있다. 주님은 하나님 아버지의 비밀들을 우리에게 계시하시는 것에 흥분하신다. 그리고 주님이 그렇게 하시는 것은 우리가 주님의 친구이기 때문이다.

우리는 만물 가운데 가장 위대하신 분과 교통하는 기회를 가진다. 사람을 창조하신 이래로 하나님은 주님의 사랑을 나눌 수 있는 자들을 지금도 찾고 계시다. 문제는 주님께서 주님이 신뢰하실 수 있는 사람들을 많이 찾지 못하신다는 것이다. 이 때문에 주님은 종종 많은 무리 대신에 몇몇 소수의 사람들에게만 주님의 가장 깊은 진리들을 나누시기로 작정하셨다.

주님은 아브라함을 택하셔서 주님의 마음을 그에게 여셨다. 주님은 모세를 택하셨고 그렇게 하셨다. 주님은 다윗, 사무엘, 예레미야와 그 외의 많은 사람들을 부르셨다. 나는 이전에 주님이 사용하실 수 있는 사람은 단지 소수에 불과하다고 믿었다. 그러나 나는 마음을 바꿨다. 왜냐하면 나는 이제 주님께서 어떤 것이나 어떤 사람도 사용하실 수 있다는 사실을 깨달았기 때문이다.

주님은 심지어 자기를 존중하지 않는 사람들도 자기 목적을 위해 사용하셨다. 사울 왕은 계속해서 주님을 존중하지 않았지만 하나님은 여전히 그를 사용하셨다. 그때나 지금이나 주님은 신뢰할 만하여 그분의 가장 깊은 마음을 나눌 사람들을 찾고 계시다. 주님이 이런 종류의 사람을 찾으시면 그들은 심지어 테스트도 없이 주님의 그릇이 된다. 그들의 삶은 하나님의 손에 붙들린 도구가 된다.

예수님을 알면 알수록 당신은 더욱 더 주님처럼 된다. 당신이 주님처럼 되면 될수록 당신은 주님이 하신 것을 하기 시작한다. 주님이 말씀하시는 것을 말하고, 주님처럼 사랑하고, 주님처럼 하나님 아버지를 기쁘시게 하는 사람이 되면서 당신은 많은 사람들의 삶에 커다란 영향을 미치게 될 것이다. 당신의 전 존재는 당신 안에 계신 그리스도의 살아 있는 화신이 된다. 내가 묘사하고 있는 이런 생활방식을 설명하는 단어가 바로 기독교(Christianity)이다.

다시 처음으로

아마 당신은 목사, 사역자 혹은 교회 성도일지 모른다. 하지만 당신은 주님과 당신의 우정을 무시해 왔다. 당신의 인생에서 한 때 당신은 주님의 가장 세미한 부르심에도 응답했을 것이다. 주님은 당신에게 주님의 가장 친밀한 감정들을 말씀하셨지만 이제 사정이 달라졌다. 사역이 하나님과 교제하는 것보다 더 중요하게 되어서 실제로 사역이 당신의 우상이 되었다.

한 때 너무나 분명했던 음성은 이제 과거의 추억이 되었다. 당신은 당신이 상상했던 것보다 더 많은 것들을 성취하고 있다. 그렇지만 당신은 공허하다. 이제 예수님을 위한 사역과 주님을 아는 것 사이에 존재하는 커다란 차이점이 당신에게 보인다.

이제 베스트 프렌드에게로 돌아갈 때이다. 주님은 지금도 여전히 당신과 교제하고 싶어 하신다. 주님에게 죄송하다고 말씀드리고 주님의 손을 다시 잡으라. 오래 전에 했던 것처럼 주님께 말하고 당신 마음의 비밀들을 나누라. 그것이 죄의 고백이 될지라도 말이다. 주님은 이미 알고 계시기 때문에 어떤 것도 숨기려 하지 말라. 주님을 무시했던 것에 대해 사과드리고 당신 마음을 다시 한 번 주님께 복종시키라.

주님을 무시한 것은 우리다. 주님은 결코 우리를 버리지 않으신다. 주님보다 주님의 사역을 더 중요시하는 것이 주님을 기쁘게 하는 것이라 생각하고 있진 않은가? 다시 주님께로 돌아와 마땅히 해야 하는 방식으로 주님과 동역하라. 오직 하나님의 아들과 함께 해야만 당신은 진정으로 '사역하는' 것이다.

참된 친구이신 예수님

어떤 사람들은 우정을 가볍게 맹서하고 단지 립 서비스만 제공하는 반면에 어떤 이들은 자신의 생명을 걸고 이를 입증한다. 그리스도를 크게 사랑한 사람 중에 2세기의 교부였던 폴리캅(Polycarp)이란 사람이 있다. 그는 사도 요한의 제자였으며 현재 터키에 위치한 서머나 교회의 감독이었다.

당시에 로마 제국 당국자들은 모든 그리스도인들에게 심한 박해를 가했으며 폴리캅도 타깃이 되었다. 어떤 이가 그들에게 이 감독의 행방을 알리자 사람들이 그를 체포하러 왔다. 체포자들은 제국에 큰 위협적인 존재로 생각한 이 사람이 단지 힘없고 늙은 사람에 지나지 않는다는 사실에 놀랐다.

폴리캅은 자신을 체포하러 온 그들에게 음식을 제공하면서 자신이 잡혀가기 전에 한 시간만 기도할 수 있겠느냐고 물었다. 기도 시간은 두 시간으로 늘어났고 사람들은 죄책감이 몰려오는 것을 느꼈다. 왜냐하면 그들은 그리스도를 따르는 그처럼 경건한 제자를 체포했기 때문이다. 마침내 그들은 그를 체포하여 도시로 갔다. 거기서 그는 전차를 탄 두 명의 관료를 만났다.

관료들은 그에게 시저(Caesar)에게 경배하고 예수님을 버릴 것을 명했다. 그리고 만일 그렇게 한다면 그의 목숨을 살려주겠다고 말했다. 폴리캅은 그들에게 자신은 예수님을 버릴 수 없다고 밝혔다. 그러자 관료들은 그를 전차에서 던졌으며 이로 인해 그의 턱이 땅바닥에 부딪혀 찢어졌다. 아무런 일이 일어나지 않은 것처럼 폴리캅은 땅에서 일어나 자기를 죽이기 위해 원수들이 기다리고 있는 경기장 안으로 위엄 있게 걸어갔다.

그가 경기장 안에 들어서자 하늘에서 음성이 들려왔다. "오, 폴리캅, 담대하게 너 자신이 대장부임을 보이라." 누가 말했는지는 보지 못했지만 모든 사람이 그 소리를 들었다고 역사는 기록하고 있다.

로마 관료들은 다시 그를 위협했다. "만일 네가 그리스도를 욕하기만

하면 너를 풀어줄 것이다." 폴리캅은 담대하게 대답했다. "86년 동안 나는 주님을 섬겼습니다. 그리고 주님은 저에게 한 번도 잘못하신 적이 없습니다. 그런데 어떻게 제가 저를 구원하신 저의 왕을 욕할 수 있겠습니까?"

화가 난 집정관은 경기장에 야수들을 풀어 놓겠다고 위협했다. 폴리캅은 담대하게 말했다. "그들을 보내십시오!"

그러자 이번에는 그를 불로 태우겠다고 위협했다. 그러자 여전히 흔들림 없는 이 나이 많은 성자는 그들에게 불길은 잠시이며 회개하지 않으면 영원한 형벌의 불이 그들을 기다리고 있을 거라고 말했다. 두려움 없이 그는 "여러분이 원하는 대로 하십시오"라고 대답했다.

인내심을 잃은 군중은 폴리캅을 산 채로 화형 시키라고 한 목소리로 외치기 시작했다. 로마 군인들이 그를 나무에 못 박아 화형을 할 준비를 할 때에 폴리캅은 못으로 나무에 박히는 대신에 자신이 그 나무를 안을 수 있겠느냐고 물었다. 그는 불길이 그를 삼킬 때라도 하나님께서 그에게 자발적으로 나무를 붙들 수 있는 힘을 주실 것을 믿었다.

모든 사람들 앞에서 그는 자신이 순교할 수 있게 해 주신 것과 예수님을 위해 고난 받게 해 주신 것에 대해 하나님께 감사했다. 그들이 불을 붙였으나 불길이 폴리캅을 태우지 못하자 구경꾼들은 충격을 받았다.

이전에 그들은 다른 신자들을 화형에 처할 때 살이 타는 냄새를 맡았지만 이번엔 불이 이 경건한 사람을 해칠 수 없었다. 그는 절대로 죽지 않는 사람처럼 보였다. 사형 집행자는 단검을 꺼내어 그의 심장을 찔렀다. 피가 그에게서 뿜어져 나왔으며, 놀랍게도 그 피가 불을 꺼뜨렸다.

이 믿을 수 없는 용기의 행동을 지켜보던 사람들은 하나님의 참된 친구의 순교의 목격자가 되었다.

중간 지대는 없다

당신은 자신이 예수님의 참된 친구라고 확신하는가? 주님은 말씀하신다. "나와 함께 아니하는 자는 나를 반대하는 자요"(마 12:30) 주님은 중간 지대에 대해 말씀하지 않으신다. 우리는 어떠한 희생을 치르더라도 충성스러운 주님의 신실한 친구가 되든지 차든지 둘 중 하나이다. 미지근한 것은 상황에 따라 적당히 하는 헌신이며, 주님의 눈에 이는 용납되지 않는다(계 3:16을 보라).

폴리캅의 헌신에 대해 생각하면서 당신은 주님과의 우정을 어떻게 측정했는가? 주님은 다음처럼 말씀하심으로써 이에 대한 답을 주신다. "너희는 내가 명하는 대로 행하면 곧 나의 친구라"(요 15:14). 그리스도가 당신의 친구이시기 때문에 주님께 순종하지 않아도 괜찮다고 생각하지 말라. 주님의 명령은 타협할 수 없다. 주님은 "천지는 없어지겠으나 내 말은 없어지지 아니하리라"고 선포하신다(눅 21:33).

당신의 순종은 당신과 예수님과 얼마나 가까운지를 보여주는 지표가 된다. 더구나 이 우정은 값싼 것이 아니다. 주님의 가르침은 당신의 열정이 되어야 한다. 그것은 당신이 순종해야만 하기 때문이 아니라 당신이 주님을 사랑하기 때문이다.

당신이 이런 관계를 파괴하면 이제 당신이 주님께 죄송하다고 말하고 주님께 돌아갈 기회도 파괴된다. 당신은 예수님을 이용했는가? 주님은 당신의 있는 모습 그대로 당신을 원하시며 당신을 너무나 사랑하시기 때문에 당신을 위해 주님의 생명을 쏟으셨다. 이 위대한 친구에게 지금 나오라. 그러면 당신은 결코 다시 외롭지 않을 것이다.

친애하는 예수님,

나의 사랑하는 친구시여, 언제나 제 곁에 계시겠다는 놀라운 약속을 해주셔서 감사합니다. 당신은 저의 상태와 상관없이 언제나 저를 위해 그곳에 계셨습니다. 이제 저는 당신을 위해 그곳에 있길 원합니다. 저는 당신의 친구가 되고 싶습니다, 예수님. 다른 이들이 배신한다 할지라도 저는 당신과 함께 교제하며 머물 것을 믿어주옵소서. 지금 이 순간부터 저는 당신이 의지할 수 있는 친구가 되고 싶습니다. 영원히 저의 베스트 프렌드가 되어 주옵소서. 당신을 사랑합니다. 아멘.

Chapter 10

HEALER

> 한 나병환자가 나아와 절하며 이르되 주여 원하시면 저를 깨끗하게 하실 수 있나이다 하거늘 예수님께서 손을 내밀어 그에게 대시며 이르시되 내가 원하노니 깨끗함을 받으라 하시니 즉시 그의 나병이 깨끗하여진지라
>
> 마 8:2-3

데오(Theo)는 4년 이상 미코박테륨 마리눔(Mycobacterium Marinum)이라 불리는 혈액병으로 고생했다. 이 질병은 그의 왼쪽 무릎과 점액낭에 심각한 손상을 입혔다. 그래서 그는 수술을 네 차례나 받았다. 그 4년의 기간 대부분 데오는 목발이나 휠체어의 도움이 없으면 걸을 수 없었다. 예상하는 대로 그의 왼쪽 허벅지 근육은 점점 악화되었다. 게다가 무릎 덮개는 만지기만 해도 점점 더 예민하게 반응했다.

그러던 어느 날 저녁에 사촌 집에 방문했는데 삶을 변화시키는 놀라운 기적의 사건이 일어났다. 우리가 거실에 앉아 있을 때에 그리스 정교회 사제였던 안토니 포르페시스 신부가 앞문으로 걸어 들어왔다. 그가 방 안에 들어오는 순간에 우리는 그의 주변에서 뭔가 특별한 것을 느꼈다. 그의 얼굴은 그리스도와 동행하는 사람에게 나타나는 광채가 보이는 듯했다.

당시에 나는 단지 다섯 살이었지만 예수님의 임재를 느꼈던 것을 아직도 기억한다. 그것은 마치 예수님께서 그 사제와 함께 안으로 걸어들어 오신 것 같았다. 방 안의 분위기는 하나님의 능력으로 충만했다. 마치 열기와 전기가 공기에 가득한 것 같았다.

안토니 신부는 데오 맞은편에 있는 의자에 앉았다. 사제는 그를 바라보더니 인생을 바꿀 질문을 했다. "예수님을 본 적이 있습니까?"

이전에 한 번도 만나 본 적이 없는 사람에게서 이처럼 범상치 않은 질문에 어떻게 반응해야 할지 몰라서 데오는 "아니오, 그런 적이 없는 것 같은데요"라고 대답했다.

안토니 신부는 힘 있게 "왜 그렇죠?"라고 물었다. "저도 모르겠습니다"라고 데오가 조용히 대답했다. 갑자기 사제는 방을 가로질러 오더니 데오의 무릎에 안수하고서 말했다. "예수님의 이름으로 나음을 받을지어다."

그 순간에 데오는 전기가 그의 발을 관통하는 것을 느꼈다. 그런 뒤에 그것은 그의 몸 전체를 관통했다. 이전에 그의 무릎을 만지면 엄청난 통증이 있었다. 그런데 지금은 상황이 달랐다. 안토니 신부가 그의 무릎을 붙들었을 때에 데오는 불과 같은 하나님의 능력을 느꼈다.

뒤로 물러서서 방의 한끝으로 가더니 안토니 신부는 데오에게 그에게 걸어오라고 명했다. 데오는 처음에 자기의 목발을 집으려 했다. 하지만 안토니 신부는 자기 발로 걸어 오라고 했다.

믿음으로 그는 자리에서 일어나 이 겸손한 사람에게 다가가기 시작했다. 즉시 사랑의 감정이 데오를 압도했다. 그는 방을 가로질러 가면서 기쁨의 눈물을 흘리기 시작했다. 그는 완전히 나음을 입었다!

이틀 후에 데오는 약해진 허벅지 근육 회복을 위해 일상적으로 받는 치료를 위해 의사에게 갔다. 의사가 왼쪽 사두근을 검사했을 때에 그는 근육이 돌아온 것을 보고 놀랐다.

데오는 이틀 전에 어떤 사람이 자기를 위해 기도해줬다는 것을 의사에게 설명했다. 그는 하나님께서 자기 다리를 만지셨던 놀라운 순간과 그가 느낀 불에 대해 설명했다. 의사가 그를 검진했을 때에 그는 자신의 다른 무릎보다 하나님이 고쳐주신 무릎이 더 강하다는 진단 결과를 받았다.

아마도 고침을 받은 이 사람이 누구인지 궁금할지 모르겠다. 데오는 우리 아버지시다!

당시에 아버지는 의인의 반열에서 너무 먼 사람이었다. 그는 참된 그리스도인이 되는 것과는 정말 거리가 멀었다. 그러나 주께서 행하신 일은 그의 치유의 열쇠였다.

사제가 그에게 예수님을 보고 싶은지 물었을 때에 아버지는 그러고 싶다고 대답했다. 그것이 열쇠다. 그것이 바로 치유를 경험하는 비밀이다. 비밀은 치유자이신 주님을 찾고 주님을 원하는 것이다.

친구여, 당신의 치유자 되신 그리스도를 보고 싶은가? 만일 그렇다면 주님은 당신을 만지실 준비가 되어 있다. 당신이 침례교도이든 그리스정교회 교인이든 감리교도이든 가톨릭 신자이든 오순절 교인이든 심지어 가장 의롭지 못한 삶을 사는 자이든 상관없다.

주님은 결코 "네가 선해야만 너를 고쳐주겠다"고 말씀하신 적이 없다. 주님은 결코 "교회에 가라. 그러면 내가 너를 고쳐주겠다"고 말씀하신 적이 없다. 베데스다 못가에 있던 그 남자를 보라. 먼저 주님은 그를 고치시고 나서 그에게 더 이상 죄를 짓지 말라고 명하셨다(요 5:14를 보라). 치유자가 당신에게 오시는 이유는 주님이 사랑이시고 자비하시기 때문이다.

예수님은 당신을 고치시기 원하신다

하나님이 치유하실 수 있다고 믿는 사람들은 많다. 하지만 주님께서 그들을 고치길 원하신다고 믿는 사람들은 거의 없다. 당신이 이 책을 읽고 있지만 아마 당신은 질병으로 고생하고 있을지 모른다. 가족 중에 아픈 사람이 있거나 암과 투병하는 친구가 있을지도 모른다. 상황과 상관없이 예수님께서 당신 영혼의 구원자이신 것처럼 당신 몸의 치유자이심을 발견하는 것은 무척 중요하다.

의사들은 당신의 의학적 상황을 이미 포기했을지 모른다. 그리고 어쩌면 당신의 목사님도 그랬을지 모른다. 믿는 친구들도 당신에게 "상황이 어쩔 수 없네. 이건 너의 인생을 향하신 하나님의 뜻이야"라고 말했다. 그러나 당신이 치유자의 마음을 발견하면 다르게 볼 것이다.

이 순간을 그리스도께서 친히 작정하신 것이다. 실제로 주님은 당신이 주님의 치유하시겠다는 약속을 결코 잊지 않길 원하신다. "내 영혼아 여호와를 송축하며 그의 모든 은택을 잊지 말지어다 그가 네 모든 죄악을 사하시며 네 모든 병을 고치시며"(시 103:2-3).

주님은 지금도 당신의 치유자이심을 계시하는 중이시다. 치유하시려는 계획 중에 있는 것이 아니다. 주님은 지금 치유하고 계신다. 그가 어디로 가시든 치유가 주님을 따른다.

당신의 있는 모습 그대로

본 장에 서두에 나오는 성경 말씀인 마태복음 8:2-3은 치유를 갈망하시는 주님의 모습을 완벽하게 보여준다. 이 말씀은 치유하시고자 하는 주님의 갈망과 주님의 능력을 보여준다.

나병환자가 다음처럼 질문한 것에 주의하라. "주여, 원하시면…" 그는 그리스도께서 고치실 능력이 있다는 것을 알았지만 실제로 주님께서 자기를 고치길 원하시는지를 확신하지 못했다. 주님의 대답을 살펴보라. "예수님께서 손을 내밀어 그에게 대시며 이르시되 내가 원하노니 깨끗함을 받으라."

주님께서 기도도 하시기 전에 먼저 손을 내밀어 그 나병환자를 만지셨다는 것은 매우 의미심장하다. 주님은 나병환자가 고침을 받고 싶어 하는 것보다 훨씬 더 그를 고치고 싶어 하셨다. 그것은 마치 주님께서 그의 병든 몸을 신체적으로 만지는 걸 기다릴 수 없었던 것과 같다.

이 병은 평범한 병이 아니었다. 나병은 무서운 병이며 당시엔 불치병으로 사람의 몸을 망가뜨렸다. 나병환자의 피부는 퍼진 상처와 드러난 살로 덮여 있었고 이로 인해 그는 유대인의 율법에 따라 부정하게 되었다. 나병에 걸린 자들은 사회에서 버림받은 자들이었다. 그들은 어쩔 수 없이 분리된 지역에서 살아야만 했으며 건강한 사람이 가까이 올 때마다 "부정하다"고 외쳐야만 했다.

내가 예수님을 사랑하는 것은 주님께서 다른 사람들이 생각하는 것을 개의치 않으셨다는 사실이다. 주님의 마음은 이 고통 받는 하나님의 자녀를 고치는데 고정되었다. 예수님은 나병환자를 위해 멀리서 기도하지 않으셨고 이 사람의 외모를 혐오하지 않으셨다. 흉측한 상처들도 주님을 멀리 떨어뜨려 놓지 못했다.

대신에 예수님은 이 사람의 고통을 보셨다. 주님은 나병환자에게 다가가셨다. 예수님은 자기 손을 펴서 그의 환부를 만지셨다. 당신이 너무 혐오스러워서 하나님의 아들이 당신에게 다가올 수 없다고 생각하지 말라.

당신의 외모가 아무리 끔찍하고 당신이 아무리 아프다 할지라도 주님은 여전히 당신의 몸을 만지길 갈망하신다. 주님은 나병환자가 즉시 낫기를 원하셨으며 그에게 "내가 원하노라"는 사실을 알리는데 한 순간도 낭비하지 않으셨다. 주님은 당신을 낫게 하는데 열정적이시며 그렇게 하길 열망하신다.

아마 당신은 '글쎄, 그 나병환자에겐 뭔가 특별한 것이 있었음에 틀림없어'라고 생각할지 모르겠다. 그에게 있어 특별한 것은 그가 소외된 자였다는 것이다. 하나님은 어떤 특별한 기준에 합당하거나 충분히 "선한"자들을 위해 주님의 치유의 능력을 따로 떼어놓지 않으신다. 주님의 자비 때문에 주님은 신실하게 주님을 위해 사는 자들만 치유하시는 것이 아니라 죄인들도 치유하신다.

조금의 망설임도 없으심

아직 확신이 들지 않는다면 누가복음 7장에서 주님의 삶이 보여주시는 아름다운 예를 보라. 로마의 백부장에게 매우 충성스러운 하인이 하나 있었는데 그는 심한 병이 들었다. 백부장은 예수님에 대해 너무도 많은 소문을 들었다. 백부장은 하인의 병이 낫는 것을 간절히 보길 원했지만 스스로 너무 무가치하게 느껴서 예수님에게 다가갈 수가 없었다. 그래서 그는 자기가 가는 대신에 그가 존경하는 유대인 친구들을 보냈다. 그들이 주님을 찾았을 때에 그들은 예수님께 백부장의 집으로 가서서 하인을 고쳐달라고 부탁했다. 주님은 병든 자를 고치시고자 하는 열정 때문에 즉시 동의하셨다. 이 말씀에서 주께서 망설이셨다는 말이 조금도 언급되어 있지 않다.

그리스도께서 백부장의 집으로 걸음을 떼실 때마다 백부장은 아마도 더욱 더 죄책감을 느끼고 자신의 무가치함을 더 느꼈을 것이다. 예수님께서 그 집에 더 가까이 오셨을 때에 그는 자기 친구들을 보내어 주님을 만나 자신이 주님을 자기 집에 모셔 들일 가치가 없는 존재라고 말씀드리도록 했다.

그러나 그는 하나님의 아들이 멀리서 치유의 말씀만 하셔도 자기 하인이 나을 것이라고 믿었다. 예수님은 백부장의 믿음에 놀라셨다. 왜냐하면 그는 주께서 치유하시는데 거리가 정말 상관이 없다는 것을 이해했기 때문이다. 그의 믿음에 대한 반응으로 예수님은 그의 하인을 고쳐주셨다.

아마 당신도 합당한 존재가 아니며 무가치한 존재라고 느끼기 때문에 이 치유자에게 다가가지 못할지 모른다. 당신은 다른 사람들을 통해 주님과 소통할 때에 더욱 편안하게 느낀다. 아마 당신에겐 소위 "종교적인" 친구들이 있는데 당신은 하나님께서 당신보다 그들을 더 사랑하신다고 생각할 것이다. 예수님께서 그 사람의 집으로 곧바로 향하신 것처럼 만일 당신이 주님을 기대한다면 주님은 지금 곧바로 당신에게 오실 것이다.

이 군인은 의롭지 않았다. 하지만 그는 그리스도에게 정직했으며 거룩한척하지 않았다. 그는 단지 자신이 무가치하고 예수님은 병을 고치신다는 것을 알았을 뿐이었다. 주님의 치유의 손길이 필요할 때에 이것이 바로 주님께 다가가는 아름다운 방법이다. 치유하시고자 하는 주님의 갈망과 능력이 너무 크기 때문에 거리는 문제가 되지 않는다는 사실을 당신은 이제 깨달았다.

예수님은 시도도 해보지 않고 고치셨다

마가복음 5:25-26에 12년 동안 혈루병을 앓은 여인이 나온다. 그녀는 자신의 모든 돈을 의사에게 썼다. 하지만 문제는 악화되기만 했다. 유대인의 율법에 따르면 이 질병으로 그녀는 사회에서 버림받은 자가 되었다.

그녀가 느꼈을 수치와 고통을 상상해 보라. 그녀는 하나님을 예배하기 위해 성전에도 갈 수 없었고 다른 여인들처럼 살면서 교제할 수도 없었다. 이와 같은 고통을 지니고 12년을 살았다면 그녀의 몸이 얼마나 약해졌을지 생각해보라. 감사하게도 치유가 그녀에게 다가오고 있었다.

기쁜 소식은 그녀의 이웃에 새로운 의사가 이사 왔다는 내용이 아니었다. 새로운 신약에 관한 소식도 아니었다. 그녀는 누군가가 "나사렛 예수님께서 지나가신데"라고 말하는 것을 들었다. 그녀의 마음속에서 믿음이 솟아오르도록 하는데 필요한 것은 오직 그 말이었다. 왜냐하면 그리스도께서 계신 곳마다 믿음을 사용할 수 있기 때문이다.

그녀는 자기 침상에서 일어나 집에서 입고 다니던 낡은 옷을 벗어 버렸다. 그녀가 밖으로 나왔을 때에 주님을 따라가며 사방에서 주님을 잡아당기는 무리들이 보였다. 너무나 많은 필요를 지닌 사람들이 모인 그 군중을 뚫고 가기란 불가능해 보였다. 그러나 그녀는 필사적이었다. 그녀는 이 치유자가 그 어떤 의사들보다 더 많은 소망을 준다는 것을 알고서 그녀는 군중을 뚫고 나아갔다.

우리는 이 여인이 "저 아픈 모든 사람들을 봐봐. 주님은 이미 고쳐야 할 사람들이 너무 많아. 왜 주님이 나에게 신경을 써야 하지?"라고 불평하는 소리를 듣지 못한다.

대신에 그녀는 군중을 뚫고 나아가 주님의 옷자락 끝을 만졌다. 그녀가 그렇게 했을 때에 성경은 능력이 주님에게서 나갔다고 말한다. 즉각적으로 그녀는 혈루가 멎은 것을 느꼈다. 그리고 그녀는 결코 다시 혈루병을 앓지 않을 것이다. 그녀의 인생은 회복되었고 그녀는 더 이상 이 질병에게 조종당하지 않을 것이다. 주님은 심지어 시도해 보지도 않으시고 그녀를 고치셨다. 실제로 주님은 심지어 그녀를 위해 기도조차 하지 않으셨다! 주님은 우리가 숨 쉬는 것처럼 자연스럽게 고치신다는 것을 기억하라. 왜냐하면 주님은 그런 분이시기 때문이다.

치유에 대한 열정

주님이 치유의 손길을 내밀어 고칠 수 없는 질병은 그 병의 중함과 경함에 차이가 없다. 예를 들어, 베드로의 장모는 단지 열병에 걸렸지만 주님은 그녀를 고치셨다(막 1:30-31을 보라). 어떤 상황도 너무 어려워서 예수님께서 기적을 행하실 수 없는 경우는 없다. 주님은 죽은 자를 여러 번 일으키셨다. 야이로의 딸과 과부의 아들, 그리고 나사로에 이르기까지 이 모두는 죽은 자들 가운데 살아났다. 죽음의 현장에서도 우리는 생명의 창조주께서 개입하시길 소망할 수 있다.

주님은 사람들을 너무나 고쳐주고 싶어 하셔서 자기를 죽이려고 하는 바리새인들 앞에서도 고치셨다. 주님은 기적을 행하면 논란과 조롱을 일으킨다는 것을 아시면서도 이를 행하셨다. 만일 주님이 병을 고치지 않으셨다면 바리새인들은 분노하지도 않고 주님의 삶도 스트레스가 덜 하셨을 것이다. 그렇게 하시면 물의를 일으키는 것보다 더 편하게 사실 수 있는데 왜 사람들을 고치시기로 선택하셨는가?

그 이유는 하나님 아버지께서 주님을 보내신 것은 질병을 지고 가도록 하셨기 때문이었다. 주님은 사람들을 온전케 하시기로 작정하셨다. 그리스도께서는 치유에 대한 너무나 큰 열정을 가지셨기 때문에 그것은 주님의 개인기도 생활의 일부가 되었다. 주님은 "나라가 임하시오며 뜻이 하늘에서 이룬 것 같이 땅에서도 이루어지이다"라고 기도하셨다(마 6:10). 천국에는 병자가 없다는 것은 주님께서 땅에서도 아픈 사람이 없길 바라셨다는 것을 의미한다고 할 수 있다.

주님의 방법을 신뢰하라

나는 예수님께서 병을 고치길 원하신다는 것을 믿지만 주님이 이를 어떻게 행하시는지에 대해 너무 관심이 많은 사람들을 만났다. 어떻게 치유가 일어나는지에 대해 너무 골몰할 필요가 없다. 그러므로 단지 주님께 당신을 고쳐주시도록 부탁만 하라.

예수님은 언제나 같은 방법으로 병을 고치지 않으셨다. 어떤 때에 주님은 땅에 침을 뱉어서 진흙을 이겨 소경의 눈에 바르셨다(요 9:1-12를 보라). 어떤 때에 주님은 날 때부터 소경된 자에게 직접 침을 뱉으셨다(마 8:22-26을 보라). 심지어 주님은 자신의 침을 사용하여 벙어리의 혀에 대셨다. 그러자 그 사람이 말하기 시작했다! 주님은 멀리서도 말씀으로 병을 고치셨으며, 사람들에게 안수하셨고, 사람들이 주님을 만지는 것을 허용하셨다. 방법은 다양하지만 치유자는 한 분이시다.

만일 내 몸이 통증이 심하고 질병으로 황폐하게 되었는데 주님께서 나를 고쳐주시기만 한다면 고치시는 방법은 아무런 상관이 없을 것이다. 주님의 모든 방법에 대해 마음을 열고 위대한 의사께서 자신이 무엇을 행하고 계신지 정확히 알고 계시다는 사실을 신뢰하라. 당신이 예수님을 만나면 치유를 만난다는 것을 기억하라. 혈루병을 앓던 여인처럼 치유자를 좇으라. 그러면 치유가 따라올 것이다.

예수님께서 적을 고쳐주시다

당신을 치유하길 하나님께서 갈망하신다는 사실에 대해 여전히 의심이 든다면 다음에 나오는 예는 주님의 마음을 최종적으로 입증해 줄 것이다. 주님께서 겟세마네 동산에서 기도하실 때에 무리들이 곤봉과 칼을 들고 주님을 체포하러 왔다. 베드로는 칼을 빼내어 무리 가운데 한 사람인 대제사장의 종 말고의 귀를 잘랐다.

당신은 그리스도께서 그 사람이 고통스러워하며 피를 흘리도록 나뒀을 것이라 생각할 것이다. 어쨌든 그는 주님을 고문하고 처형하기 위해 주님을 체포하러 온 무리에 속해 있었다. 만일 하나님의 아들에게 치유를 보류할 수 있는 권리가 있다면 반드시 말고에게 그렇게 하셨을 것이다.

그러나 주님은 그러는 대신에 그 사람의 귀를 만져주시고 그를 고쳐 주셨다(눅 22:51를 보라). 만일 예수님께서 자기를 십자가에 처형하기 위해 잡으러 온 자를 고쳐주셨다면 왜 주님께서 당신을 고쳐주지 않으시겠는가? 만일 당신이 주님을 사랑하지 않는다 할지라도 주님은 여전히 당신을 사랑하시고 당신과 당신의 친구들, 그리고 가족을 고쳐주길 원하신다.

주님은 결코 변함이 없으시다

성경은 주님이 이 땅에 계시는 동안에 병자를 어떻게 대하셨는지를 보여준다. 실제로 주님은 계속해서 사람들을 고쳐 주셨고 주님의 목적은 결코 변하지 않으셨다. "예수님께서 모든 도시와 마을에 두루 다니사 그들의 회당에서 가르치시며 천국 복음을 전파하시며 모든 병과 모든 약한 것을 고치시니라"(마 9:35).

이처럼 수많은 군중을 고쳐주신 그 하나님은 어제나 오늘이나 영원토록 동일하시다(히 13:8). 주님의 이름을 언급하는 것 자체가 병자에겐 치유의 기름이다(아가서 1:3을 보라). 예수님의 이름은 세상의 어떤 질병도 고칠 수 있다. 만일 주님의 이름이 영혼을 구원할 수 있다면 주님에게 너무 어려운 것은 아무 것도 없다.

오늘날 주님께서 병을 고치길 원하시는 주님의 갈망을 부인하는 것은 주님께서 채찍 맞으시고 매 맞으신 사실을 무시하는 것이다. 구약성경은 메시아께서 병을 고치실 것을 예언하고 있다. "그가 찔림은 우리의 허물 때문이요 그가 상함은 우리의 죄악 때문이라 그가 징계를 받으므로 우리는 평화를 누리고 그가 채찍에 맞음으로 우리는 나음을 받았도다"(사 53:5). 치유하시는 주님의 능력과 의지를 무시하는 것은 하나님의 말씀의 유효성에 도전하는 것이다.

그리스도의 성품은 변하지 않는다. 예수님이 2000년 전에 원하셨던 것을 오늘날에도 원하신다. 이와 다르게 믿는 것은 성경이 가르치는 모든 것을 거스르는 것이다. 다른 사람들에게 "하나님은 병을 치유하실 수 있지만 오늘날에는 치유하길 원치 않으신다"고 말하면서 성경 전부를 여전히 믿는다고 말하지 말라. 만일 오늘날 성경말씀을 적용할 수 없다면 왜 성경을 읽는가? 만일 주님의 말씀의 약속이 현재를 위한 것이라면 그 말씀 모두가 유효하든가 아니면 그 말씀 전부가 유효하지 않든가 둘 중 하나이다.

그리스도는 "지금의" 하나님이다. 정말 이처럼 단순하다. 만일 주님이 살아 계시고 당신을 향한 주님의 마음이 변하지 않으셨다면 주님은 여전히 당신을 고치길 원하신다. 만일 의사가 당신을 포기했고 살날이 얼마 안 남았다 해도 예수님께서 지금 당장 당신을 고치실 수 있다.

암은 그리스도의 임재 앞에서 소멸된다. 만일 당신이 병원에 누워서 이 책을 읽는다면 주님은 당신을 즉시 병상에서 나오게 하실 수 있다. 만일 당신이 휠체어에 앉아 있다면 오늘 주님께서 당신의 몸을 만지셔서 걸어가게 하실 수 있다는 것을 알라. 당신의 상황과 상관없이 주님은 여전히 당신의 치유자이시다.

이것은 당신이 꿈꿔왔던 순간이다. 왜냐하면 예수님께서 당신에게 오셨기 때문이다. 당신이 상상할 수 있는 있는 것보다 당신을 더 사랑하시는 분과 대화하라. 그리고 주님께 당신의 몸을 고쳐달라고 간구하라.

사랑하는 예수님,

저를 고쳐주시길 원하셔서 감사합니다. 주님은 저의 치유자이십니다. 열정적으로 저를 고치고 싶어 하셔서 감사드립니다. 주님은 변치 않으시며 저는 주님께서 오늘 저를 만지실 수 있다는 것을 압니다. 주의 사랑이 크시기에 저는 주께서 저를 고치길 원하신다는 것을 압니다. 저는 주님이 선하시며 긍휼로 충만하심을 믿습니다. 저는 주님께서 고난을 받으시고 저를 고치기 위해 죽으셨다는 것을 믿습니다. 주님은 제 인생의 이 순간을 위해 채찍에 맞으셨습니다. 저는 지금 이 시간에 저의 몸을 주님께 맡기며 주님께서 손을 내미사 저의 질병을 제거해 주시길 간구합니다. 제가 당신에 대해 다른 사람들에게 전할 수 있도록 저를 완벽하게 건강하게 만들어 주옵소서. 주님을 사랑합니다. 주님의 이름으로 간구합니다. 아멘.

Chapter 11

SERVANT

> 인자가 온 것은 섬김을 받으려 함이 아니라 도리어 섬기려 하고 자기 목숨을 많은 사람의 대속물로 주려 함이니라
>
> 막 10:45

　예수님의 가장 아름다운 성품 중 하나는 종의 마음이다. 하나님께서 자기를 향해 죄를 범하고 있는 바로 그 사람들을 섬기시기 위해 이 땅에 오셨다. 성경은 주님께서 우리 죄 때문에 괴로워하신다고 말한다. "여호와께서 사람의 죄악이 세상에 가득함과 그의 마음으로 생각하는 모든 계획이 항상 악할 뿐임을 보시고 땅 위에 사람 지으셨음을 한탄하사 마음에 근심하시고"(창 6:5-6). 우리의 악함에도 불구하고 주님은 우리를 섬기러 오셨다.

　우리는 종 되신 그리스도를 필사적으로 알아야만 한다. 전례 없이 사람들의 마음에 교만이 가득한 이 시대에 주님을 아는 것은 너무 중요하다. 나는 어린 시절부터 교회에 다녔고 오랫동안 다양한 교단들과 사역들을 지켜보았다. 그 과정 중에 나는 내가 그리스도와 동행하는데 가장 많은 영향을 미친 사람들은 주님의 종 되심을 아는 자들이라는 사실을 발견했다. 내가 인도를 받으며 깊은 관계를 갖기로 선택한 자들은 바로 그런 자들이었다. 당신은 그들의 눈에서 주님을 볼 수 있다.

왜 그런가? 왜냐하면 그들은 참된 예수님을 알고 주님께서 다른 사람들을 먼저 섬긴 뒤에 자신을 가장 나중에 두셨다는 사실을 진정으로 이해했기 때문이다. 만일 하나님의 아들이 다른 이들의 필요를 자기 자신의 것보다 먼저 두셨다면 우리도 그렇게 해야만 할 것이다.

만일 오늘날 우리가 이런 모범을 따른다면 사람들은 우리의 삶을 통해 놀라운 방법으로 주님께 나오게 될 것이다. 당신이 계속해서 이 책을 읽을 때에 나는 성령께서 세 가지 진리에 대해 당신 마음을 열어 주시길 기도한다. 첫째, 나는 주님께서 당신으로 하여금 예수님께서 겸손한 종이신 것을 보도록 허락하여 주시길 기도한다. 둘째, 나는 주님께서 당신으로 하여금 그리스도처럼 종이 되게 하시길 기도한다. 셋째, 나는 당신이 이 빛 가운데 주님을 봄으로써 주님과 깊은 사랑에 빠지길 기도한다.

그리스도인이 된다는 것은 그리스도와 같이 된다는 것을 의미한다. 예수님은 우리의 역할 모델이시다. 우리가 다른 사람들을 섬기길 멈출 때에 이는 우리가 주님과 같이 되는 것을 멈추는 것이다. 그리고 이것은 우리가 순전한 그리스도인의 삶을 살지 않고 있다는 것을 의미한다.

겸손한 시작

온 우주의 창조주께서 사람이 되신 것에 대해 생각해 보라(요 1:14를 보라). 이 사실 한 가지만으로도 우리의 삶을 변화시키기에 충분한 의미와 깊이를 지닌다. 그러나 당신이 그리스도의 온유하심을 발견하면 성령께서는 당신에게 그리스도에 관해 더 많은 것을 계시하고 싶어 하신다. 예수님이 천한 구유에 태어나시기 위해 천국을 떠나신 것은 정말 놀랍다. 주님은 궁전이나 성전에서 태어나지 않으시고 가축을 키우는 곳에서 태어나셨다. 왜냐하면 주님을 위한 방이 없었기 때문이었다.

하늘의 하나님이 동물들이 사는 곳에서 주무시고 넝마로 싸인 것은 우리의 이해를 초월한다. 누군가가 최고의 돌봄을 받고 가장 값비싼 옷으로 입혀져야 할 자격이 있다면 그분은 바로 예수님이셨다. 그러나 그런 일은 일어나지 않았다. 마굿간에서의 탄생은 우리의 사랑하는 주님이 이 땅에 처음 도착하셨을 때부터 얼마나 겸손하셨는가를 보여준다.

주님은 겸손한 환경 가운데서 이 세상에 들어오셨을 뿐만 아니라 나사렛이라 불리는 천한 도시에서 성장하셨다. 이 동네는 가장 존경받는 부자들을 위한 동네가 아니었으며 또한 모든 사람이 이사하고픈 곳이 아니었다. 실제로 주님의 제자들 중 한 사람은 "나사렛에서 무슨 선한 것이 나겠는가?"라고 말했다(요 1:46).

주님은 부요한 성전이 있는 예루살렘에서 태어나 대제사장이나 영향력이 있는 사람의 손에서 자라야만 하지 않으셨던가? 결국 이분은 하나님의 아들이셨다. 주님은 왕의 왕이셨기 때문에 왕이 주님을 키우셔야만 하지 않았던가?

그러나 그것은 하나님의 계획이 아니었다. 하나님 아버지는 자기 아들이 이 땅에 겸손하게 오길 원하셨다. 마리아와 요셉은 왕족이 아니었다. 요셉은 목수였고 왕이 아니었다. 그리스도께서 눈살이 찌푸려지는 동네에서 평민의 가정에서 성장하셨다는 것은 의미심장하다. 우리 삶에서 너무나 중요하다고 생각하는 것은 주님에겐 실제로 전혀 중요하지 않다!

아마도 당신은 나사렛과 같은 동네에서 살고 있고 당신 가족은 무시를 당하고 있을지 모르겠다. 만일 당신이 돈이 없거나 당신 동네 위치 때문에 존경을 받지 못한다면 주님은 당신의 느낌이 어떤지 정확히 아신다. 주님은 당신의 아픔을 이해하신다.

겸손한 종

예수님의 삶과 사역 전체에서 보여주신 겸손은 어느 누구와도 비교할 수가 없다. 만일 겸손의 영이 당신 안에 거하지 않는다면 하나님의 눈에 참된 종으로 비춰지기란 불가능하다. 주님을 발견하고 주님과 사랑에 빠지는 것을 제외하고, 교만하지 않는 삶은 우리가 힘써야 할 가장 필요한 성품 중 하나이다. 겸손은 명성을 얻으려는 마음과 자아중심적 삶을 버리고 다른 사람들을 제일 중요하게 삼는 삶이다.

겸손이 없는 참된 기도는 불가능하다. 낮은 마음으로 기도할 때에 우리는 주님의 갈망을 최우선으로 삼게 된다. 만일 겸손의 영이 없으면 우리는 주님과 참다운 교제를 할 수 없다. 기도로 주님께 나온다는 것은 주님께서 모든 것을 하시며 우리는 아무 것도 할 수 없다고 인정하는 것이다. 다른 사람들을 위해 기도하는 것은 우리는 그들의 필요를 우리 자신의 필요보다 먼저 우선순위에 두는 것이다.

"내가 그를 위해 한 기도가 응답받으면 나는 인정을 받을 거야"라는 태도를 가지고 다른 사람들을 위해 기도하는 사람들이 많다. 참된 겸손은 완전히 다른 차원에서 움직이며 인정이나 명예를 받는 것에 관심이 없다. 기도에서 중요한 것은 예수님께서 영광을 받으시도록 하나님께서 그 사람의 필요를 채우는 것이다. "누구든지 자기를 높이는 자는 낮아지고 누구든지 자기를 낮추는 자는 높아지리라"(마 23:12). 그리스도께서 사람들을 존중하시는 방법은 이와 같다. 교만이 우리의 삶에서 사라질 때 하나님은 우리를 은혜의 눈길로 보실 것이다.

주님이 어떤 삶을 사셨는지 자세히 보라. 그리고 우리의 마음에 성령께서 이 겸손하신 종에 대해 계시해주시도록 구하라. 상상해 보라. 드디어 예수님께서 요단강에 나타나셨다. 세례요한이 간절히 기다린 바로 그 순간이다. 하나님의 아들을 직접 볼 수 있는 영광을 누리게 되었다.

내가 그 자리에 있었다면 얼마나 좋을까? 직접 주님을 보았던 기억, 소중하게 간직한 경험을 떠올리면 그리스도를 향한 사랑이 당신 안에 다시 불타오를 것이다. 요한은 군중들을 향해 예수님에 대해 설교했다. "내가 전에 말하기를 내 뒤에 오시는 이가 나보다 앞선 것은 나보다 먼저 계심이라 한 것이 이 사람을 가리킴이라"(요 1:15).

역사를 바꾼 사건

하나님이 세상을 구원하기 위해 오셨음을 알리는 것은 세례 요한의 사역 중에서 가장 중심이 되는 주제였다. 그의 임무는 메시아를 영접하기 위해 사람들의 마음을 준비시키는 것이었다. 이제 하나님의 아들이 요단 강변으로 오실 순간이 도래했다. 그리고 요한은 그때까지 내내 그렇게 신실하게 섬겼던 바로 주님을 보았다. 이 얼마나 놀라운 보상인가!

마침내 그들은 사람들이 지켜보는 가운데 서로 대화를 나눴다. 요한의 세례를 받기 위해 모여들었던 수많은 군중은 이 역사를 바꾼 사건의 증인이 되었다. 두 사람은 서로를 바라보면서 이 순간의 무게를 이해했다. 하나님의 말씀이신 예수님께서 자기의 대리인인 요한을 쳐다보신다. 한 사람이 지금 하나님과 함께 서 있다.

거룩한 세례를 위한 물이 그들을 지나 흘러가고 있고, 하늘에 계신 아버지는 이 만남을 매우 주의 깊게 살피신다. 잠시 후면 주님은 성령을 자기 아들에게 보내시고 하늘에서 "이는 내 사랑하는 아들이요 내 기뻐하는 자라"라고 말씀하실 것이다(마 3:17). 이 말씀은 주님이 맡으신 사명을 완수하는데 필요한 능력을 주님께 주었다.

그러나 예수님은 이뤄야 할 사항이 한 가지 더 있으셨다. 성령께서 주님 위에 머무시기 위해 주님이 하셔야 할 마지막 순종의 행동은 무엇이었는가? 그것은 주님이 요한에게 세례를 받으셔야만 하는 것이다.

두 사람 중에 하나님의 아들이 요한에게 세례를 주는 것이 아니라 반대로 요한이 하나님의 아들에게 세례를 준다는 것은 생각만 해도 놀랍다. 그러나 하나님은 이렇게 행하길 원하셨다(요 1:32-34를 보라). 예수님은 요한에게 자기를 세례 줄 것을 요청하셨다.

사람인 요한이 어떻게 하나님께 세례를 준단 말인가? 예수님은 하나님 아버지를 기쁘시게 하기 위해 자신의 영광을 내려놓으시고 인간과 자신을 동일시하심으로써 겸손한 종으로서의 성품을 보여 주신다. 성령의 능력을 받기 전의 마지막 단계는 겸손에 뿌리를 둔 순종이었다.

주님의 마음을 보여주는 또 다른 예는 예수님께서 각 사람의 삶의 변화를 위해 얼마나 열심히 일하셨는가 하는 것이다. 주님은 문자 그대로 지구에서의 온 존재를 하나님과 인류를 섬기는데 보내셨다. 주님이 사람의 몸을 입으시고 하신 모든 일을 볼 때에 주님은 완전히 피곤하셨음이 틀림없다. 성경은 주님께서 폭풍이 이는 동안에 쉬기 위해 배에서 주무셨다고 기록하고 있다(눅 8:23을 보라).

문자 그대로 예수님이 군중을 위해 사역하시는 3년 동안 수천 명의 사람들이 다가와 주님을 잡아당겼다. 주님은 피곤하셨지만 계속해서 사람들을 도우셨다. 주님은 그들을 먹이시고, 고치시고, 구원하시며, 귀신을 쫓아주시고, 군중에게 복음을 전하셨다. 마을에서 마을로, 집에서 집으로, 종이신 예수님은 자신의 몸이 얼마나 피곤하든지 간에 계속해서 움직이셨다.

발을 씻기심

당신은 수년간 다른 사람들을 섬기신 후 제자들과의 마지막 날 밤에 비로소 그리스도는 자기에게 초점을 맞추고 제자들로 하여금 자신을 섬기도록 하셨으리라 생각할지도 모른다. 그러나 예수님은 여느 때와 같이 자신의 마음에 합한 일을 하셨다. 주님은 자기를 좇기 위해 모든 것을 버린 사람들의 발을 씻어 주신다. 하나님께서 사람의 더러운 발을 씻어 주신 것이다!

나는 성경에 나오는 다음 말씀이 당신 마음 속 깊숙이 침잠할 것이라 믿는다.

> 저녁 먹는 중 예수는 아버지께서 모든 것을 자기 손에 맡기신 것과 또 자기가 하나님께로부터 오셨다가 하나님께로 돌아가실 것을 아시고 저녁 잡수시

던 자리에서 일어나 겉옷을 벗고 수건을 가져다가 허리에 두르시고 이에 대야에 물을 떠서 제자들의 발을 씻으시고 그 두르신 수건으로 닦기를 시작하여 시몬 베드로에게 이르시니 베드로가 이르되 주여 주께서 내 발을 씻으시나이까 예수께서 대답하여 이르시되 내가 하는 것을 네가 지금은 알지 못하나 이후에는 알리라 베드로가 이르되 내 발을 절대로 씻지 못하시리이다 예수께서 대답하시되 내가 너를 씻어 주지 아니하면 네가 나와 상관이 없느니라 (요 13:3-8)

우리가 간과할 수 없는 거룩한 보물들이 이 말씀 속에 숨겨져 있다. 예수님은 당신이 이 말씀에서 주님이 단지 제자들의 발을 씻기셨다는 사실 이상의 것을 깨닫길 원하신다. 주님은 당신이 이 말씀을 더 깊이 이해하길 원하신다.

위의 말씀에서 성경은 "아버지께서 모든 것을 자기 손에 맡기셨다"고 말한다. 주님은 모든 것을 다 가지셨다. 하지만 "주님의 손"은 황금이나 이 세상의 부나 혹은 왕국의 왕관을 잡지 않으셨다. 자기가 마음대로 할 수 있는 모든 권세를 가지셨음에도 불구하고 주님은 기적을 행하는 대신에 섬기는 삶을 택하셨다. 주님은 그 어떤 것보다도 자기의 손으로 자기를 사랑하는 자들의 더러운 발을 씻기길 원하셨다.

그 발들은 주님이 고난당하실 때에 주님을 버릴 바로 그 발들이었다. 그러나 주님의 사랑은 자기 명예보다 그들의 더러움을 택하셨다. 종의 자리를 취하심으로써 예수님은 자기 허리에 수건을 동이셨다. 다른 말로 표현한다면, 주님은 그것으로 자신을 묶길 원하셨다. 이는 주님께서 우리에게 "나는 단지 지금만 너희를 섬기고 있는 것이 아니다. 나는 종이다"라는 사실을 보여주셨다. 주님은 그 직함을 원하셨다.

또한 이 말씀은 주님께서 수건을 허리에 동이시기 전에 먼저 "겉옷을 벗으셨다"고 말한다. 그것은 주님께서 가르치시고, 고치시고, 군중에게 쓸 것을 공급하실 때에 입으셨던 옷이었다. 상징적으로 주님께서는 선생, 치유자, 공급자라는 명예로운 역할들을 벗으시고 낮은 종의 역할을 품으신 것이다.

무릎을 꿇으시다

만일 우리가 참으로 그리스도처럼 되려 한다면 우리는 모든 명예와 권세를 먼저 벗어버려야만 한다. 이렇게 할 때에 실제로 우리는 그 순간에 하나님 아버지께 존귀함을 얻는다. 우리가 가장 비천하게 느낄 때에 하나님의 눈에 우리는 가장 높은 자이다. 왜냐하면 우리는 주님의 아들처럼 되었기 때문이다.

주님은 서서 제자들의 발을 씻기실 수 없었다. 하나님의 아들의 무릎은 이를 위해 바닥에 굽혀야만 했다. 자기 손으로 제자들의 호흡을 붙들고 계신 분이 노예의 일을 하기 위해 자기 무릎을 꿇으셨다. 어떤 왕도 그와 같은 일을 할 것을 생각하지 못했을 것이다. 그러나 예수님은 평범한 왕이 아니시다. 종이 되신 이 왕은 자기의 순전한 사랑을 보이셨다. 주님은 명예와 권능을 벗어 버리셨으며, 다른 사람들이 자신에 대해 어떻게 생각하는지 상관치 않으셨다. 이 분이 바로 사랑할 가치가 있는 참된 예수님이시며, 우리가 좇아야 할 예수님이시다.

마음의 X-레이

나의 가장 큰 특권 중 하나는 2005년부터 2008년까지 캘리포니아 오렌지카운티에 있는 훌륭한 교회의 목사가 된 것이었다. 이 경험이 나를 영원히 변화시켰다. 주의 마음이 나의 갈망이 된 때는 내 인생 여정에 있어서 바로 이 때였다. 또한 나는 이곳에서 각 사람이 하나님께 얼마나 소중한 존재인가를 배웠다.

나는 내가 너무나 사랑하는 사람들을 섬기는 축복을 받았다. 그들 중 많은 이들이 지금도 계속해서 강력한 예수님의 메시지를 전하고 있다. 내가 처음 목회를 시작했을 때에 많은 헌신된 자들이 나와 함께 교회 일을 도왔다. 그들은 열정적이었으며 그들의 시간과 에너지를 하나님의 일에 자발적으로 쏟았다. 교회 스태프들은 너무나 훌륭했고 나는 그들처럼 하나님을 사랑하는 사람들과 일해 본 적이 한 번도 없었다. 그들은 나 혼자서는 다 챙길 수 없는 너무도 많은 일들을 함께 돌봐주었다. 그래서 나는 자유롭게 사역할 수가 있었다. 나는 그들의 헌신적인 마음에 너무나 감사를 드린다.

그러나 나의 태도가 올바르지 못했던 때가 있었음을 고백해야만 한다. 나에게 초점이 맞춰져 있던 시간이 있었다. 심지어 나는 이 사람들이 나와 나의 필요를 위해 존재한다고 생각하기 시작했다. 이 얼마나 잘못된 생각인가!

돌이켜 보면 나는 주님의 모범과 반대되는 방식으로 사역했음을 알 수 있다. 그들의 목사가 된지 1년 반이 지났을 즈음에 예수님은 내 삶에 믿을 수 없을 정도로 생생하게 역사하기 시작하셨다. 주님의 감정과 마음을 발견하기 시작하면서부터 주님과 내가 얼마나 다른지를 볼 수 있는 눈이 열렸다. 나는 갑자기 교회 성도들과 스태프들이 나를 위해 존재하는 것이 아니라 내가 그들을 위해 존재한다는 것을 깨달았다.

만일 그들이 나를 섬기려 한다면 나도 기꺼이 그렇게 해야 하지 않을까? 주님의 성품에 대한 이런 면이 목사이면서 그리스도의 제자인 나의 삶을 바꿔 놓았다. 내가 이 메시지로 마음이 불타오르기 시작했을 때에 나는 지역 교회의 목사로서의 나의 시간이 끝나가고 있다는 것을 감지할 수 있었다. 그럼에도 불구하고 하나님께서 나를 옮기실 때까지 나는 순종하면서 주님과 주님의 백성들에게 최선을 다했다.

내 인생이라는 책에 한 단락이 끝나기 바로 직전에 주님께서 나를 위해 한 가지 시험을 준비하고 계셨다. 나는 그 시험이 다가오고 있다는 것을 전혀 알지 못했다. 나는 주님께 교회 사역 초창기에 내 마음에 있었던 교만한 마음을 용서해달라고 간구했다. 내가 변화되고 다른 사람들을 더 중요시하게 되었을 때에 나는 그 시험을 통과했으며 소중한 교훈을 배웠다는 느낌이 들었다. 나는 충분히 깨어졌다고 생각했다. 그러나 하나님은 내가 다른 곳으로 옮기기 전에 나를 완전히 부수길 원하셨다.

종을 경험하다

새벽 5시쯤 나는 자고 있었다. 문자 그대로 그때 나는 내가 교회 지도자들의 발을 씻기고 있는 것을 보았다. 그 이미지가 너무나 생생했다! 그것은 마치 내가 물리적으로 그 자리에 있는 것 같았다. 우리가 주일 예배를 드리기 위해 만나는 장소가 보였다. 사람들도 보였다. 그런 뒤에 속삭이시는 목자의 세미한 음성이 들렸다. "그들의 발을 씻기라." 그것은 귀에 들리는 어떤 음성보다 더 생생했다.

예수님께서 우리에게 말씀하실 때에 그것은 우리 존재 전체를 만진다. 나는 그것이 주님이신 줄 알았다. 그런 뒤에 주님은 "만일 네가 이것을 하지 않으면 너는 목사가 되는 시험에 실패한 것이며, 지난 3년은 너에게 시간 낭비가 될 것이다"라고 덧붙이셨다.

사랑을 가지고 말씀하셨지만 그 말씀은 극도로 직선적이었다. 나는 놀라서 몸을 떨며 잠에서 깨어났다. 나는 이것을 어느 누구하고도 나눠서는 안 된다고 느꼈다. 다음 몇 주 동안 나는 계속해서 이 순종의 행위에 대해 생각했다. 생활을 하면서도 이 생각이 내 마음에서 떠나지 않았다.

우리 팀 중에 한 사람은 내 동생인 데오이다. 그의 아내 레이철도 지도자이다. 스태프들과 교회 지도자들의 발을 씻기는 것과 동생과 제수의 발을 씻기는 것은 별개의 일이다. 그러나 하나님의 메시지는 실수가 없으시며 주님은 조금도 양보하지 않으셨다. 그 일은 실행에 옮겨져야만 했다.

그날 밤이 되자 나는 "가장 높은 부르심, 예수님을 사랑하는 것"이란 제목으로 설교를 시작했다. 나는 내가 설교를 하는 순간마다 나의 깨어짐의 순간에 점점 더 가까이 가고 있다는 것을 알았다. 나는 내가 사랑하는 분에게 "예" 혹은 "아니오"라고 답해야만 했다. 거기에는 우회로가 없었다.

내가 설교를 마쳤을 때에 나는 양동이와 수건을 교회 앞으로 가져오라고 부탁했다. 우리는 설교 단상 옆에 의자를 일렬로 정렬했다. 사람들은 완전한 침묵 가운데 의자에 탁 붙어 앉아 있었다. 그들은 무슨 일이 벌어지고 있는지 알았으며 그 방에서 하나님의 임재를 느낄 수 있었다.

나는 지도자들에게 앞으로 나와 회중 앞에 앉으라고 부탁했다. 나의 깨어짐을 대중에게 보여줄 필요가 있었고 회중도 이를 봐야만 했다. 내가 첫 번째 수건을 들었을 때에 압도적인 주님의 영이 나를 덮었다. 나는 어린 아이처럼 울기 시작했다. 방안 곳곳에서 다른 이들의 우는 소리가 들렸다.

나는 내 친구인 팀의 발과 내 동생의 발을 씻겨 주었다. 나는 계속해서 지도자들의 발을 씻겨 주었다. 주님께서 그들의 마음을 만지셨을 때에 그들의 눈에 눈물이 시내처럼 흘러내렸다. 내가 계속해서 울 때에 종 되신 주님께서 나에게 결코 잊지 못할 교훈을 가르쳐 주셨다. 그것은 만일 내가 예수님을 그들과 나누려면 내가 마지막 거쳐야 할 관문은 주님의 마음을 경험해야만 한다는 것이었다. 나는 내가 전하는 분을 알아야만 했다.

그런 뒤에 지도자들이 회중의 발을 씻기기 시작했다. 성령의 임재에 대한 거룩한 경외감이 방 안에 가득했다. 우리는 지금 우리가 하나님 만나고 있다는 것을 알았다. 그것은 단연 그 교회 역사상 가장 감동적인 순간이었다. 나는 나의 순종으로 인해 주님께서 기뻐하셨고 내가 주님의 시험을 통과했다는 것을 알았다.

참된 종들

예수님께서 최후의 만찬을 드신 후에 제자들과 함께 보내신 마지막 밤에 마지막으로 행하신 것이 발을 씻기신 것은 우연의 일치가 아니다. 주님은 이 사건이 다가올 수천 년 동안 많은 사람들이 기억할 것을 아셨다.

사랑하는 사람들과의 시간이 점차 끝나가고 있다는 것을 알 때 사람들은 자신이 사랑하는 사람들이 언제나 기억하게 될 것을 말하거나 행할 때가 많다. 나의 할머니는 돌아가시기 바로 전에 "사랑한다, 내 자녀들"이라고 외치셨다! 할머니는 우리가 이 말을 결코 잊지 않길 원하셨다.

하나님의 아들은 그날 밤 발을 씻기셨다. 이는 우리가 모든 사람에게 겸손한 종이 되어야 함의 중요성을 결코 잊지 않도록 하기 위함이었다. 나는 그래서 주님께서 나에게 주님의 모범을 따라 교회 성도들의 발을 씻을 것을 요구하셨다고 믿는다. 주님은 우리가 언제나 가장 낮은 자리를 취해야 함을 기억하길 원하셨다.

교만은 정말 끔찍하다. 우리의 교만과의 싸움은 얼마나 강력한가! 나는 내가 주님의 부르심에 순종하지 않고 고집을 피웠다면 이 책을 쓸 성령의 능력은 내게 임하지 않았을 것이다.

우리의 직함이나 직위와 상관없이 주님은 우리의 완전한 모범이시다. 주님보다 자기 직위에 더 집착할 권리를 가진 자가 누구인가? 목사여, 회중 가운데 최근에 다른 사람의 발을 씻겨 본 적이 언제인가? 하나님의 사람이여, 당신은 어떤가? 설교자여, 당신은 당신 스태프의 발을 씻겨줄 것을 생각한 적이 있는가? 만일 성령께서 당신에게 그런 마음을 주신다면 기꺼이 그렇게 하겠는가? 예수님과 같은 종이 되는 것을 방해하는 것은 무엇인가? 교만 때문에 그럴 수 있는가? 우리는 교만이 무엇을 가져다 주는지를 안다. 그것은 넘어짐이다(잠 16:18을 보라).

사역자는 먼저 사람들의 종이 되어야 한다. 우리는 그리스도처럼 되어 세상에 주님이 어떤 분인지를 보여주고자 하는 불타는 갈망을 가져야 한다. 심지어 그것이 일반 상식이나 전통을 깬다 할지라도 말이다. 사랑하는 목회자여, 당신 교회의 귀한 성도가 당신에게 물을 떠다준 적이 몇 번인가? 당신도 기꺼이 그렇게 하지 않겠는가? 지도자들이 마음을 열고 이 놀라운 성도들에게 물을 따라주면 주님과 같이 되지 않겠는가?

　그리스도인이라고 주장하는 모든 사람들의 목적은 주님에 대해 단순히 이야기하는 것이 아니라 주님을 아는 것이다. 만일 당신이 주님이 하신 말씀이나 보여주신 것을 행하지 않는다면 어떻게 이렇게 할 수 있겠는가? 하나님의 아들은 당신이 주님이 걸어가신 길을 걸어가고 주님이 느끼신 것을 느끼길 갈망하신다. 이것이야말로 주님의 마음을 찾을 수 있는 유일한 방법이다.

　주님의 모범은 주님을 따르는 모든 자들에게 적용되며 전임 사역자에게만 적용되는 것은 아니다. 당신도 주님을 위해 사람들 중에 가장 낮은 자처럼 기꺼이 보이겠는가? 우리가 주님처럼 느낄 때까지 우리는 주님의 충만케 하심을 발견하지 못할 것이다. 그것은 오직 마음의 깨어짐을 통해 올 수 있다. 만일 당신이 정말로 구세주를 알고 계속해서 주님의 길을 따르길 원한다면 겸손은 필수이다. "온유한 자를 정의로 지도하심이여 온유한 자에게 그의 도를 가르치시리로다"(시 25:9).

종에서 주님으로

　나는 당신이 이 거룩하신 하나님의 임재 안에서 교만이 소멸되기를 기도한다. 주님은 자신을 계시하기 위해 당신이 마음을 비우는 법을 배우길 기다리고 계신다. 당신은 주님께서 그렇게 하도록 허락하겠는가?

　다음의 성경 말씀을 읽으면 아마 당신은 주님의 마음이 당신에게 열리는 것을 감지할지 모르겠다.

너희 안에 이 마음을 품으라 곧 그리스도 예수의 마음이니 그는 근본 하나님의 본체시나 하나님과 동등됨을 취할 것으로 여기지 아니하시고 오히려 자기를 비워 종의 형체를 가지사 사람들과 같이 되셨고 사람의 모양으로 나타나사 자기를 낮추시고 죽기까지 복종하셨으니 곧 십자가에 죽으심이라 이러므로 하나님이 그를 지극히 높여 모든 이름 위에 뛰어난 이름을 주사 하늘에 있는 자들과 땅에 있는 자들과 땅 아래 있는 자들로 모든 무릎을 예수의 이름에 꿇게 하시고 모든 입으로 예수 그리스도를 주라 시인하여 하나님 아버지께 영광을 돌리게 하셨느니라 (빌 2:5-11)

하나님 아버지께서 존재하는 이름 중에 최고의 이름을 그리스도께 주신 것은 주님의 겸손 때문이다. 나의 친구여, 당신이 무엇을 경험하고 무엇을 보았든지 간에 이것이 진정한 예수님이시다. 주님은 당신이 필요로 하는 분이시며 당신의 인생을 영원히 바꾸실 분이시다.

사랑하는 예수님,

당신은 얼마나 겸손한 종이신지요! 당신의 모든 것을 주셔서 제가 당신을 알고 사랑할 수 있도록 해 주신 것에 감사드립니다. 교만해서 죄송합니다. 주님과 다른 사람들보다 저를 더 중요하게 생각한 것을 용서해 주옵소서. 저는 당신의 겸손함에 놀랍니다. 이로 인해 저는 당신을 그만큼 더 사랑합니다. 제가 저의 주변에 있는 사람들을 섬길 수 있도록 도와주옵소서. 당신의 이름을 위해 자기를 부인하는 종이 되게 해 주옵소서. 아멘.

Chapter 12

버림받은 자
OUTCAST

> 그러나 그가 먼저 많은 고난을 받으며 이 세대에게 버린 바 되어야 할지니라
>
> 눅 17:25

이 세상에서 가장 큰 비극 중 하나는 사람들을 사랑하는 것이 유일한 소원이셨던 예수님이 그들에게 거절당하신 것이다. 주님을 버림받은 자로 취급한 것은 인간이 보여준 증오와 교만 중에서도 가장 비열한 것이었다.

지금도 너무나 많은 사람들이 그분을 배척하고 있지만, 당신의 마음에 성령께서 역사하셔서서 예수님을 위한 공간을 만들어 주시길 기도한다.

우리는 예수님이 태어나셨을 때, 천사의 무리들이 그리스도의 탄생을 축하했고, 동방박사들은 새로 탄생하신 왕께 드릴 선물을 가져왔다는 것을 익히 알고 있다. 또한 목자들의 경배와 베들레헴 하늘에 반짝이며 주님을 경배하는 아름다운 별도 기억한다. 그러나 우리는 예수님이 세상에 발을 내딛기도 전에 이 거룩한 아기를 죽이려고 한 자들이 있었다는 사실을 잊곤 한다.

동방박사들이 그리스도의 나심에 대해 물으려고 헤롯왕에게 갔을 때를 성경은 "헤롯 왕과 온 예루살렘이 듣고 소동"했다고 표현한다(마 2:3). 시기심과 분노에 사로잡힌 헤롯은 2살 이하의 모든 남자 아이들을 죽이라는 대량학살을 명령했고, 이것으로 그리스도를 분명히 죽일 수 있을 거라고 생각했다. 하지만 하나님은 이미 그의 악한 계획을 알고 계셨고, 요셉에게 천사를 보내어 헤롯의 악한 계획에 대해 알려주시고, 새로 태어난 아기를 애굽으로 데려가라고 지시하셨다. 아무 힘도 없는 이 아기는 걷기도 전에 공격을 받았는데, 이것은 그에게 닥칠 수많은 거절의 시작일 뿐이었다.

가족과 친구에게 거절당하시다

가족이 당신의 있는 모습 그대로를 받아들이지 않는다면, 당신은 가장 큰 상처를 입고 말 것이다. "이는 그 형제들까지도 예수님을 믿지 아니함이러라"(요 7:5). 이렇게 가족들이 당신을 지지하지 않을 때에 당신은 깊은 상처를 입고 아픔을 느낀다. 그리스도께서도 가족 안에서 이런 고통을 경험하셨다.

어느 날, 예수님은 고향인 나사렛으로 돌아가셔서 하나님 나라에 대한 새 계명들을 가르치시고 상처받은 사람들과 병자들을 치유하시며, 그들 가운데서 기적을 행하셨다. 그러나 어린 시절의 예수님을 보고 알았던 사람들은 주님을 목수의 아들로만 보았고, 그들이 기다려왔던 메시아라고 믿는 것을 거절했다.

결국 그들은 어떻게 행동했는가? 그들은 주님을 사랑하고 환영하는 대신에 분노로 가득하여 그분을 벼랑으로 떨어뜨리려고 했다.

그 순간 주님이 얼마나 큰 거절감을 느끼셨을지 상상이 간다. 주님은 삼십 년간 하나님 아버지께 온전히 순종하시면서 때를 준비하셨다. 그리고 드디어 주님이 사랑하시고 그 능력으로 자유케 해 주시려는 자들을 도울 기회가 온 것이다. 그러나 슬프게도 주님의 제안은 거절당했다.

한편 요단강에서 세례를 받으신 다음 주님은 성령의 인도하심을 따라 광야로 들어가셨으며 사십 주야를 금식하며 시험을 견디셨고, 마침내 사역을 시작하실 때가 되었다. 하나님 아버지는 성령을 보내셔서 주님이 원하시기만 한다면 어떤 기적이든 행하실 수 있는 능력을 주셨다. 주님은 말씀으로 가장 깨어진 영혼에게 생명을 주고자 하셨다. 이스라엘은 수세기 동안 메시아가 나타나길 기다렸으며 이제 그 때가 된 것이다.

그러나 고향 사람들의 반응은 어떠했는가? 그들은 주님을 죽이고 싶어 했다! 하나님의 아들은 그들을 구원하고 고치기 위해 천국에서 그곳까지 오셨지만, "자기 땅에 오매 자기 백성이 영접하지 아니하였다"(요 1:22).

주님이 무리들 가운데를 지나 떠나셨다

주님이 고향에서 배척을 당하시자 더는 그곳에 머물지 않으셨다. 또한 그들에게 자신을 받아들여달라고 요청하거나 존경을 구걸하지 않으셨다. 주님은 단지 부드러운 마음으로 그곳을 떠나셨다. 주님이 동네에서 빠져 나오실 때에 사람들은 그들의 소망이 떠나고 계시다는 것을 깨닫지 못했다.

하나님의 아들은 그냥 떠나시지 않았다. 주님은 자신을 거절한 자들이 더욱 더 후회할 수밖에 없는 방식으로 떠나셨다. 예수님이 고향의 동네 회당에서 설교하시자 많은 사람들이 분노하여 다음과 같이 행동했다. "일어나 동네 밖으로 쫓아내어 그 동네가 건설된 산 낭떠러지까지 끌고 가서 밀쳐 떨어뜨리고자 하되 예수님께서 그들 가운데로 지나서 가시니라"(눅 4:29-30).

사람들이 주님을 원하지 않을 때에 예수님이 그들을 떠나시는 모습을 이 말씀은 얼마나 분명하게 보여주는가! 주님은 사람들이 손을 뻗으면 자신을 만질 수 있을 정도로 가까운 거리를 유지한 채 그들 사이로 지나가셨다. 주님은 군중들로부터 탈출하기 위해 도망가신 것이 아니다. 오히려 주님은 군중 가운데로 걸어가셨는데, 이것은 주님의 떠나심을 더욱 드라마틱하게 만들었다. 구세주께서 군중 가운데 계셨고 그렇게 천천히 떠나셨다. 사람들은 하나님의 아들을 거절했다. 언젠가 그들은 자신들이 주님과 얼마나 가까이 있었는지를 깨닫게 될 것이다.

쉴 곳이 없으셨던 주님

그리스도보다 더 헌신적으로 열심히 일한 이는 이전에도 없었고 앞으로도 결코 없을 것이다. 주님은 발로 땅을 밟으셨고, 기도하기 위해 산에 오르셨으며, 제자들에게 가시기 위해 물 위를 걸으셨고, 병이 낫고자 하는 수천 명의 사람들에게 시달리셨고, 수많은 군중에게 설교하셨으며, 사람들을 자유케 하시기 위해 마을에서 마을로 여행하셨다. 그리고 종국에는 자신이 지고 가기로 작정하신 십자가에서 결국 죽으셨다.

당신은 많은 사람들이 자신의 집을 개방하여 그분을 영접하고 쉴 곳을 주었을 거라고 생각할 것이다. 주님은 예루살렘을 사랑하셨고, 그들의 죄에 대해 우셨으며, 그 도시에서 많은 병자들을 고치셨고, 성전에서 가르치셨다. 하지만 주님은 그곳에서 결코 쉴 수가 없으셨다. 종교지도자들이 계속해서 주님을 죽일 공모를 했기 때문이다. 그분은 자신이 사랑하여 울어 주신 도시에서 안전함을 결코 느끼지 못하셨다. 그래서 주님은 어쩔 수 없이 겟세마네 동산으로 가셔서 그곳에서 안식을 찾으셨다. 왕께서 가장 가난한 자들이 눕는 곳에서 주무셔야만 했던 것이다.

어느 날, 예수님은 사역의 본부라고 할 수 있는 동네인 가버나움에서 모든 병자들을 고쳐 주셨다. 그러자 한 서기관이 은혜로운 구세주의 치유의 능력을 보고서 "선생님, 주님이 어디로 가시든지 저도 따르겠습니다"라고 말했다. 이에 주님은 "여우도 굴이 있고 공중의 새도 거처가 있으되 인자는 머리 둘 곳이 없다"라고 대답하셨다(마 8:19-20). 방금 그 도시의 모든 사람들을 고치셨지만, 정작 쉴 곳이라고 부를 곳이 그곳에는 없었다.

버림받으신 분께 쉴 곳을 드리라

　어느 날 저녁, 아내와 나는 정말 존경하는 분들이 마련한 저녁 식사에 참석하러 가고 있었다. 우리는 그들과 함께 시간을 보낸다는 것에 흥분되고 영예로운 느낌이 들었다. 우리는 이 행사를 위해 정장도 차려입었고, 마침내 그 레스토랑에 도착하여 테이블을 찾아갔다. 그러나 거기에는 우리를 위해 마련된 의자가 없었다. 그런데 어느 누구도 우리를 위해 자리를 마련하거나 더 큰 테이블을 찾으려 하지 않았다. 테이블에 앉아 있는 모든 사람들은 그저 우리를 쳐다보기만 했다. 우리는 정말 마음이 불편해졌으며 그 자리에 어울리지 않는다는 느낌을 받았다. 결국 우리는 창피해서 그 레스토랑에서 조용히 나와 식사할 다른 곳을 찾았다.
　솔직히 우리는 그 상황에서 버림받은 자같이 느껴졌다. 그리스도께서 당신 마음의 테이블로 오셔서 당신과 앉아 시간을 보내고 싶어 하신다고 상상해 보라. 당신은 어떻게 반응하겠는가? 당신은 그저 쳐다만 보고 있겠는가?
　이 세상에서는 매일 수많은 사람들이 주님을 거절하고 있다. 당신이 주님을 무시하고 거절할 때, 주님은 자신을 환영해 줄 다른 마음을 찾아 떠나신다. 그럴 때에 주님의 마음은 어떠실까? 제발, 주님이 다시는 버림받은 자같이 느끼시도록 하지 말라.
　주님이 친밀한 기도의 시간을 당신에게 요구하실 때에 당신은 뭐라 말하는가? 주님이 당신과 함께 있고 싶어 하실 때에 그분의 감정을 무시하지 말라. 당신이 다른 이들의 환영을 받지 못했을 때에 어떤 느낌이 들었는지 떠올려 보라. 그러면 예수님이 많이 경험하신 그 감정이 무엇인지를 잊지 않을 수 있을 것이다. 주님이 그렇게 먼 길을 걸으셔서 사람들에게 복음을 전하셨지만 오직 소수의 사람들만이 시간을 내어 그분을 섬겼다.

바로 지금 이 순간에도 세상의 많은 사람들이 주님을 버림받은 자로 여긴다. 당신은 그분을 어떻게 대우할 것인가? 팔을 활짝 벌리고 사랑으로 그분을 맞아들이겠는가?

당신 마음의 문을 열라

오늘날 주님이 가장 쉬기 원하시는 곳은 당신의 마음이다. 주님이 들어오시도록 영접하고 절대로 거절하지 말라. 당신의 마음을 예루살렘 어귀에 있던 나사로의 집처럼 만들라. 마리아, 마르다 그리고 나사로는 언제나 문을 열고 주님을 따뜻하게 맞이했다. 그들은 주님이 마땅히 받으셔야 할 사랑과 존귀를 보여드렸다. 그에 대한 보답이 무엇이었는지 우리는 알고 있다. "예수님께서 본래 마르다와 그 동생과 나사로를 사랑하시더니"(요 11:5).

바실리아 슈링크 수녀의 사역은 나에게 다음과 같은 위대한 교훈을 가르쳐주었다. 그것은 주님이 사랑을 느끼시며 안식하실 수 있도록 마음을 열고 그분을 영접하면 나사로의 가정에게 하신 것처럼 주님은 가던 길을 돌이켜서 당신을 향한 사랑을 선언하신다는 것이다. 당신이 가질 수 있는 가장 위대한 영광은 예수님이 당신에 대해 사랑을 선언해 주시는 것이다. 나사로가 죽고 그의 자매들이 슬퍼할 때에 예수님은 찾아 가셔서 그를 죽은 자 가운데서 살리셨다. 주님은 사랑으로 마음을 여는 사람들에게 언제나 찾아오신다.

단순한 요청

내가 12살 되던 해 어느 날 밤, 플로리다 타폰 스프링스에 위치한 거대한 성 니콜라스 성당에서 청소년들이 밤새도록 "락-인(lock-in, 문을 잠그고 수련회를 하는 것-역자 주)"을 한 적이 있었다. 그 교회는 나의 조상들이 지은 아름답고 역사 깊은 교회였다. 깜빡이는 촛불들과 스테인드글라스 그리고 교회 장식품의 조화는 환상적이었다.

그때에 이미 나는 내 마음을 예수님께 드렸고 성경을 열심히 읽고 있었다. 그 나이에도 나는 언제나 주님을 환영해야 하는 것이 중요하다는 것을 알고 있었다. 나는 친한 친구의 손을 붙잡고 오래된 나무 장의자에 앉아 함께 머리를 숙였다. 나는 "주님 환영합니다. 이 자리에 오세요"라고 기도함으로써 주님을 초대했다.

하나님의 사랑의 임재가 즉각적으로 나를 덮었으며 나는 그분을 너무나 강하게 느낄 수 있었다. 마치 따뜻한 평화와 능력이 담요처럼 나를 덮는 것 같았다. 나는 친구에게 아무 말도 하고 싶지 않았다. 왜냐하면 나는 지금 내가 경험하고 있는 것을 그 친구가 반드시 느껴야만 한다고 생각하지 않았기 때문이었다. 그때였다. 그 친구는 즉시 눈을 크게 뜨고 나를 쳐다보면서 "너도 그걸 느끼고 있니?"라고 물었다.

이처럼 독특하고 생생한 방법으로 그리스도를 감지하는 특권을 누릴 때마다 우리는 영광스럽게 느꼈다. 그분은 단순한 우리의 마음에 응답해 주셨다. 주님은 우리가 얼마나 그분을 원하는지 아시기 때문이다. 많은 사람들이 주님을 버릴 때에 주님은 진정으로 그분의 임재를 갈망하는 자들을 간절히 찾으신다.

주님을 환영하는 기도를 하면 우리는 즉시 응답을 받았다. 그 잊을 수 없는 밤에 우리에게 하신 것처럼 지금 주님은 당신 마음에서 안식을 찾길 원하신다.

주님은 환영 받으시는 곳에만 안주하신다

예수님은 모든 자를 사랑하시지만 아무 데서나 안식을 취하지는 않으신다. 주님은 자신을 사랑하고 영접하는 곳에만 안주하신다. 친히 만물을 창조하셨지만 집을 결코 가지지 않으셨던 주님을 생각해 보라. 주님은 모든 것의 주인이시지만 언제나 정말 정중하시고 부드러우셔서 어느 곳이든지 결코 억지로 들어가지 않으신다. 어떤 도시든지 팔 벌려 주님을 환영하지 않으면, 주님은 그곳을 떠나 원하시는 다른 곳으로 가셨다. 당신도 똑같이 하지 않겠는가?

주님은 지역의 아름다움이 아니라 그 지역에 사는 사람들의 마음이 굶주렸는지에 관심을 가지셨다. 주님은 웅장한 성전이 있는 특권을 누린 예루살렘보다 볼품없는 베다니 동네를 택하신 것이다. 왜 그런가? 왜냐하면 베다니 사람들은 주님을 사랑했고 그분을 위해 마음의 자리를 비워 두었기 때문이다. 주님은 그곳에서 안정감을 느끼셨다.

예수님이 탄생하실 때에 여관에는 주님을 위한 방이 없었다. 여관 주인에게 거절당한 주님은 허름한 구유로 들어가셨다. 왜냐하면 그곳에서 주님은 환영을 받았기 때문이다.

어쩌면 당신은 주님을 받아들이기에 충분히 선하지 않다고 생각하거나 당신 마음이 너무 더럽다고 걱정할지 모르겠다. 두려워 말라. 당신이 주님을 초청한다면 그분은 그곳에 안주하실 것이다. 주님은 당신의 가족

사나 당신이 가지고 있는 돈의 액수나 당신이 살고 있는 동네에 관심이 없으시다. 만일 당신이 주님의 안식처가 된다면 그분은 기쁜 마음으로 들어오셔서 당신 안에 영원히 거하실 것이다.

당신의 몸이 질병으로 아프든 아니면 감옥에 갇혔든지 간에 버림당한 그분은 당신 안에서 정말 살고 싶어 하신다. 혹시 당신이 반복해서 주님을 밀쳐냈다 해도 그분은 여전히 당신 안에 들어오길 원하신다. 그분의 탄생은 부요한 헤롯왕과 천한 목자들 모두에게 알려졌다는 것을 기억하라. 또한 그 중에서 목자들만이 주님을 원했기 때문에 그 아기를 보는 영예를 누릴 수 있었다는 것도 기억하라. 주님은 자기를 갈망하는 자가 누구든 그들의 초청을 기쁜 마음으로 받아들이실 것이다.

오직 그 이름

오늘날 예수님은 너무나 많은 곳에서 그리고 너무나 많은 사람들의 마음에서 밀어냄을 당하고 계신다. 수많은 사람들이 예수님의 이름에 분노하여 그분을 우리 사회에서 완전히 제거하는 것을 목표로 삼는다. 학교에서 그분의 이름을 언급할 수 없는 반면에 다른 종교들은 열정적으로 수용되고 용납되어지고 있다.

어떤 국가에서는 예수님의 이름을 기도할 때조차도 언급하지 못하도록 금지한다. 그런데 애석하게도 이런 일이 교회 안에서도 벌어지고 있다. 교회 안에서 모든 것이 말해지지만 교회의 머리되신 주님이 제외되고 있다. 주님은 교회를 자기의 피로 사셨지만 그분이 구속한 바로 그 교회는 그분을 잊었다(행 20:28을 보라). 많은 교회들이 시스템과 프로그램으로 살아 계신 그리스도를 대체했다. 그분이 흘리신 보혈을 언급하기 보다는 "기분 좋은" 주제들로 강단을 채우면서 어떤 사람의 감정도 상하지 않기만을 바란다.

만일 교회 의자에 앉은 사람들이 그리스도를 충만하게 만나지 못했다면 교회가 가득 차는 것이 무슨 유익이 있단 말인가? 영혼들이 구원받지 못했는데 교회 성도의 숫자가 증가하는 것이 무슨 소용이 있는가?

나는 기도가 끝날 때에 그분의 이름을 사용하는 것을 말하는 것이 아니다. 예수님은 처음부터 끝까지 모든 사역의 중심이어야만 한다. 그분의 거룩하신 이름은 축복 기도를 마무리하는 우표와 같은 역할 이상이다. 만일 그분이 사역의 초점이 아니라면 영원한 열매들은 생길 수 없다.

그리스도의 사역 밖에서 생겨난 모든 것은 사라질 것이다. 단지 "하나님"이란 단어를 언급하는 것으로는 충분하지 않다. 성경은 "다른 이로써는 구원을 받을 수 없나니 천하 사람 중에 구원을 받을 만한 다른 이름을 우리에게 주신 일이 없음이라"라고 말한다(행 4:12). 그 이름이 예수님이다.

아들을 무시하면 하나님 아버지도 무시를 당하신다. 요한복음 5:23에서 예수님은 "아들을 공경하지 아니하는 자는 그를 보내신 아버지도 공경하지 아니하느니라"라고 말씀하신다.

모든 그리스도인의 갈망은 하나님을 사랑하고 공경하는 것이어야 한다. 만약 우리의 예배 가운데 예수님이 높임을 받지 못하신다면 하나님 아버지도 높임을 받지 못하신다는 것이다. 그리스도가 더 이상 초점이 되지 않고 안일한 자세로 주님을 무시하고 있다면, 그것은 성령께서 더 이상 인도하고 계시지 않다는 증거이다. 예수님은 "그[성령]가 나를 증언하실 것이요"라고 말씀하셨다(요 15:26).

또 그리스도께서는 "오직 성령이 너희에게 임하시면 너희가 권능을 받고 … 내 증인이 되리라"라고 말씀하셨다(행 1:8). 이 땅에서 성령님이 하시는 사역의 주된 목표는 예수님을 인류에게 계시하시는 것이다. 만일 당신이 성령의 인도하심을 받는 삶이나 사역을 원한다면, 예수님과 사랑에 빠져서 살고 사역하라. 교회의 주인 되신 그분께 돌아가라. 그분을 위해 일한다고 주장하면서 그분을 제외시키는 일이 절대로 일어나서는 안 된다.

목회자와 신부, 그리고 사역자와 신자들이여, 주님을 다시는 잊지 말라. 그분을 모든 설교와 사역과 행동의 중심으로 삼으라.

그리스도가 없는 기독교

그리스도께서 "기독교"의 중심이 되셔야 하지 않을까? 많은 사람들이 그리스도인들을 사귀어 보고 교회에도 다녀보지만 만족을 느끼지 못한다. 그들은 세상과는 다른 뭔가를 찾았지만, 교회와 사역단체들 역시 세상과 동일한 죄들로 망가져 있는 것을 목격한다. 또 교회에 다녀도 그 전과 동일한 죄와 중독들에 패배 당한다. 이런 현상들의 원인은 기독교에 그리스도가 빠져 있기 때문이다.

예수님과 그분의 고난을 망각할 때에 죄는 우리 삶 가운데 더욱 더 깊이 자리 잡는다(롬 1:21-32를 보라). 우리는 결코 예수님과 그분의 죽음과 십자가의 고통을 잊어서는 안 된다. 모든 교회의 지도자와 성도들은 1세기 초대교회였던 에베소 교회가 주님을 향한 '첫 사랑'을 잃어버렸던 것을 기억해야 한다. 주님은 만일 그들이 주님께로 돌아오지 않는다면 "촛대"를 옮기시겠다고 경고하셨다.

얼마 후에 에베소 교회는 그 촛대가 옮겨지고 말았다. 우리의 사랑의 초점을 잊어버리는 것은 위험한 일이다. 단지 종교 "시스템"을 아는 것만으로는 충분하지 않다. 우리는 주님 자체를 알아야만 한다. 우리가 하나님을 망각하면 주님은 우리를 향한 모든 축복을 제거하실 것이다.

망각하는 자들은 감사하지 않는다. 그리고 감사하지 않는 자들은 주님께 가까이 갈 수가 없다. 우리는 "감사함으로 그분의 문에 들어가야만 한다"(시 100:4). 그러나 그분을 잊은 우리가 어떻게 감사할 수가 있겠는가?

우리는 주님이 무거운 십자가를 지시고 골고다 언덕을 오르신 것과 하나님 아버지께서 그분의 아들에게서 얼굴을 돌리신 것과 그분을 모욕하는 군중의 악한 말들과 벌거벗은 수치와 우리를 위해 흘리신 보혈을 항상 기억해야 한다.

모욕당하시고 잊힌 분

오늘날의 가정들은 주님을 잊어가고 있다. 그들은 더 이상 그들 앞에 놓인 음식으로 인해 주님께 감사하지 않는다. 한때, 하나님께서 공급하실 것을 믿었던 사업가들이 그분을 무시하고 있다. 어린 시절에 그분의 사랑을 알았던 젊은이들이 그분을 무시한다. 한때, 공직을 얻게 해달라고 도움을 구하며 기도했던 관료들이 이제 대중 앞에서 그분을 언급하지 않으려 한다. 우리 주님은 분명히 슬퍼하고 계실 것이다. 너무나 많은 사람들이 그분의 거룩한 이름을 모욕하고 그분의 희생적인 죽음을 망각하고 있기 때문이다.

주님은 십자가에서 고난을 당하실 때에 소수의 군중에게 모욕을 당하셨다. 그러나 오늘날에는 영화, 텔레비전 프로그램, 미디어를 통해 전 세계적으로 조롱을 받고 계시다. 그리스도를 오래전 과거의 역사적 인물로 만들기 위해 실제로 자기의 삶을 바치는 자들도 있다. 주님을 잊어버리는 것은 그분의 마음을 무너뜨리는 일이다.

나는 사랑하는 사람의 생명을 구하기 위해 자신의 콩팥을 기꺼이 기증하는 사람들에 대한 이야기를 듣고 놀란다. 이 얼마나 이타적인 참된 사랑인가! 만일 기증자가 콩팥을 받아 생명을 얻은 이에게서 감사하다는 말을 전혀 듣지 못했다고 상상해 보라. 그러나 주님은 우리에게 이보다 훨씬 더 많은 것을 주셨다. 그분은 자기의 생명을 주셨다. 주님은 우리를 위해 이 모든 것을 행하셨지만 너무나 많은 사람들이 그분을 인정하지 않고 심지어 대중 앞에서 그분의 이름을 언급하는 것을 부끄러워한다.

그들의 이런 마음이 바뀌지 않는다면 주님도 그들을 부끄러워하실 것이다. 주님은 우리에게 다음처럼 말씀하셨다. "누구든지 나와 내 말을 부끄러워하면 인자도 자기와 아버지와 거룩한 천사들의 영광으로 올 때에 그 사람을 부끄러워하리라"(눅 9:26).

그리스도는 이 세상을 위해 죽으셨지만 극소수의 사람들만이 그분을 원한다. 당신이 숨을 쉬는 한, 주님을 위해 서서 모든 자들에게 예수님의 사랑의 이름을 일깨우라.

"그를 없애라!"

대학에 입학해서 나는 예수님을 떠나 내 방식대로 살기 시작했다. 그러던 어느 날, 나는 우울하고 죄책감이 가득한 마음을 안고 강의실을 향해 걸어가고 있었다. 나는 하나님이 이런 나의 삶의 방식을 좋아하지 않으신다는 것을 알고 있었다. 그래서 거울을 볼 때마다 나 자신이 부끄러웠다. 나는 몇 달 동안 기도도 하지 않고 성경도 읽지 않았다. 나는 완전히 비참한 상태였다.

플로리다 대학 캠퍼스를 가로질러 한 걸음 한 걸음 내딛을 때마다 나는 공허함과 죄책감의 수렁 속으로 깊이 빠져 들어가는 것 같았다. 게다가 나는 그 전날 늦게까지 잠을 자지 못해 지쳐 있었다. 나는 어떤 것도 하고 싶지 않았다. 몇 시간 동안 강의실에 앉아 있기도 싫었고 골프팀에 껴서 연습할 에너지도 없었다. 나는 그저 기숙사 방으로 사라지고 싶을 뿐이었다.

그 때였다. 갑자기 많은 군중이 내 뒤쪽에 있는 언덕을 따라 올라오며 외치는 소리가 들렸다. 한 목소리로 외치는 함성은 다음과 같은 것이었다. "그를 없애라! 그를 십자가에 못 박으라! 그를 죽여라!"

나는 귀를 의심했다. 순간 내가 지금 미치고 있는 건지 아니면 이것이 실제 상황인지 헷갈렸다.

뒤를 돌아보자 2000년 전에 이스라엘에서나 입었을 법한 옷을 차려입은 많은 사람들이 보였다. 그리고 그 많은 군중 가운데 피범벅이 된 채 가시 면류관을 쓰고 커다란 십자가를 등에 진 한 남자가 있었다.

나는 내가 보고 있는 것을 믿을 수가 없었다. 마치 환상 중에 내가 2000년 전으로 거슬러 올라가 십자가 사건을 목격하고 있는 것 같았다. 정신을 차리고 자세히 살펴보니 그들은 지역 교회에서 나온 청년들이었다. 그들은 캠퍼스 전도를 위해 부활절 패션 플레이(Passion Play, 예수님의 고난과 부활을 거리 연극으로 재현한 것-역자 주)를 하고 있었다.

이 배우들이 나의 사랑하는 구세주를 조롱하는 모습을 지켜보는 내 마음이 아프기 시작했다. 눈앞에서 펼쳐진 그 장면은 주님이 나를 위해 겪으셨던 일을 생생하게 상기시켜 주었다. 마치 하나님께서 나를 위해 이 젊은이들을 이곳으로 보내신 것 같았다.

그들은 계속해서 언덕을 따라 행진하면서 캠퍼스에서 가장 사람들의 왕래가 많은 곳으로 갔다. 수업을 마치고 나온 학생들은 무슨 일이 벌어지고 있는지 알고 싶어 그 주위로 곧 몰려들었다.

배우들은 계속해서 "그를 십자가에 못 박아라! 그를 십자가에 못 박아라!"고 외치면서 그리스도 역을 맡은 남자를 십자가에 매달았다. 수백 명의 학생들이 지켜보는 가운데 배우 중 한 사람이 모든 구경꾼들을 향하신 주님의 사랑의 메시지를 전했다.

이 모든 것을 지켜보던 나는 이것이 우연의 일치가 아니라는 것을 깨달았다. 그것은 내 인생의 바로 그 순간에 내게 필요한 바로 그것이었다. 그때에 나에게 말씀하시는 세미한 음성이 들렸다. "비록 네가 나를 원치 않는다 할지라도 나는 아직도 내 마음을 다해 너를 원한다." 내가 그분을 찾지 않을 때에도 주님은 여전히 나를 찾으셨다.

나는 조용히 기도했다. "주님, 저는 당신에게서 도망가려 했지만 그럴 수가 없군요. 제가 어디를 가든지 주님은 저를 쫓아오시는군요."

나는 주변에 있는 다른 학생들을 살펴보았다. 어떤 학생들은 자신이 보고 있는 것에 충격을 받은 듯했다. 다른 어떤 학생들은 마치 그분을 십자가에 못 박으라고 소리치는 군중처럼 분노하며 예수님을 모욕했다. 그리고 또 다른 어떤 학생들은 냉소적인 표정으로 이런 연극을 캠퍼스에 허락한 학교를 비판하기도 했다. 사랑과 증오, 이처럼 상반된 반응을 이

끌어내는 예수님은 도대체 누구란 말인가?

그 순간 나는 내가 어느 편에 서야 하는지 결정해야만 한다는 것을 깨달았다. 계속해서 반항적인 삶을 살 것인가 아니면 다시 그분께 다가갈 것인가?

하나님은 이 사건을 경험하게 하셔서 나를 다시 주님께 돌아오게 하셨다. 복음에 적대적인 캠퍼스에 들어와 예수님을 증거한 용기 있는 그 학생 배우들에게 영원한 감사를 전한다.

왜 예수님을 미워하는가?

어떤 사람들은 예수님의 이름을 들으면 몹시 화를 낸다. 주님의 이름은 사람들 안에 있는 최선과 최악을 이끌어낸다. 일반적인 하나님에 대해 말하면 사람들은 화를 내지 않지만 구체적으로 예수님을 언급하면 사람들의 반응이 완전히 달라진다. 심지어 교회에 다니는 사람들조차도 예수님의 이름을 언급하기보다는 "하나님"에 대해서만 편안하게 이야기하는 것을 좋아한다. 왜 그런가? 그 이유는 주님이 이 땅을 거니실 때와 마찬가지로 오늘날에도 주님은 여전히 미움을 받으시기 때문이다.

예수님은 "그들이 이유 없이 나를 미워하였다"고 말씀하셨다(요 15:25). 어쩌면 당신은 주님을 향한 사랑으로 인해 지금 무시를 당하고 한 때 당신을 사랑했던 사람들에게 거절을 당하고 있을지도 모른다. 이것은 놀랄 일이 아니다. 주님은 "또 너희가 내 이름으로 말미암아 모든 사람에게 미움을 받을 것"이라고 이미 경고하셨다(눅 21:17).

왜 당신이 다른 사람들에게 미움을 받는가? 왜냐하면 당신이 예수님께 속해 있기 때문이다. 여기에서의 미움이란 단순히 좋아하지 않는 정도가 아니라 그리스도와 그분을 따르는 모든 자들을 작정하고 혐오하는 것을 말한다. 이 세상이 존재하는 한 이런 일은 결코 없어지지 않을 것이다.

이것으로 놀랄 필요는 전혀 없다. 구세주께서는 끊임없이 고난과 모욕을 당하셨다. 어떤 사람들은 주님이 귀신에 들렸다고 비난하기까지 했는데, 이 일은 주님이 자신을 자기 양을 위해 자기 목숨을 버리는 선한 목자라고 군중에게 소개하신 후에 일어났다. 사랑이 가득한 이와 같은 말씀에 대해 어떻게 이와 같은 거친 반응을 보인단 말인가! 성령님을 귀신에 빗댄 것은 가장 극심한 증오의 표현이다.

주님이 당신에게 뭘 잘못하셨는가?

하나님의 아들이 재판을 받으실 때에 그분을 고소했던 자들에게는 한 가지 선택권이 있었다. 유월절 축제를 기념하여 죄수 한 명—하나님의 아들이나 바라바라 하는 살인자—을 풀어줄 수 있었던 것이다. 그런데 그들은 살인자를 선택했다. 그 살인자는 구세주 대신에 자비를 입을 자로 선택되었다.

오늘날에도 많은 사람들이 그리스도 대신에 바라바를 택할 것이다. 계속해서 사람들은 삶 속에서 하나님의 아들과 그분의 방법들보다는 죄를 택했다. 빌라도가 군중에게 예수님을 어떻게 하면 좋겠느냐고 물었을 때에 그들은 "십자가에 못 박으라!"고 소리쳤다. 빌라도는 "어찜이냐 무슨 악한 일을 하였느냐"라고 반문했다(마 27:23).

나도 "예수님이 무슨 악을 행하셨는가?"라고 질문함으로써 빌라도의 말을 반복하고 싶다. 주님은 결코 당신에게 해를 끼치신 적이 없다. 그런데 왜 당신은 주님을 멸시하는가?

제발 다른 사람들의 잘못에 대한 책임을 주님께 묻지 말라. 만일 당신이 기도교인들에게 화가 난 거라면, 나는 우리가 일관성이 없다는 것을 인정하겠다. 제발 우리를 용서해 달라. 만일 당신이 설교자나 목회자를 신뢰하지 않는다 해도 우리는 이해한다. 우리는 창피할 정도로 많은 일을 엉망으로 만들어 놓았다. 우리에게 잘못된 일이 얼마나 많은가!

당신은 재정적 탐욕으로 물든 설교를 듣는데 신물이 났는가? 이것 역시 잘못되었다. 교만하며 정치적인 교회에 실망했는가? 제발 우리를 용서해 달라. 예수님은 지금까지 말한 것과는 완전히 다른 분이시다.

불행하게도 교회와 사역단체에 소속된 많은 사람들이 사역 현장이나 가정에서 주님처럼 행동하지 못한다. 우리를 용서해 달라. 제발 당신의 분노와 상처를 주님께 쏟지 말라. 그분은 그런 대우를 받으실 분이 아니시다. 주님의 고귀한 이름에 흠집을 내고 그 이름을 더럽히는 사람들 말고 그리스도만 바라보라. 그러면 당신은 그분보다 더 사랑을 받으실 만한 분이 없다는 것을 알게 될 것이다.

당신에게 간청한다. 예수님을 미워하지 말라. 그분은 놀라울 만큼 당신을 사랑하는 분이시다.

외로운 길

당신이 주님을 찾으면, 주님은 당신을 외딴 곳으로 인도하실 것이다. 당신은 다른 사람들에게서 받는 거절을 경험하기 시작할 것이다. 당신이 버림받은 그분을 좇아가면 당신은 죄에서 떠나게 될 것이다. 그리고 한적한 곳에 계신 주님을 발견할 것이다.

> 그러므로 보라 내가 그를 타일러 거친 들로 데리고 가서 말로 위로하고 거기서 비로소 그의 포도원을 그에게 주고 아골 골짜기로 소망의 문을 삼아 주리니 그가 거기서 응대하기를 어렸을 때와 애굽 땅에서 올라오던 날과 같이 하리라 여호와께서 이르시되 그 날에 네가 나를 내 남편이라 일컫고 다시는 내 바알이라 일컫지 아니하리라 (호 2:14-16)

슬프거나 정체되었다는 기분이 느껴질 때는 그리스도와 함께 단둘이 시간을 보내라. 그러면 어느 날 당신이 "애굽-당신의 옛 생활-을 떠났을 때"처럼 노래하게 될 것이다. 그리고 당신이 있는 그곳에서 하늘에 계신 당신의 남편을 발견하게 될 것이다. 사랑이 당신을 찾아오고 속박은 사라질 것이다.

성경은 "하나님이여 진실로 주는 스스로 숨어 계시는 하나님이시니이다"라고 말한다(사 45:15). 주님이 당신 안에 계시면 이전에 당신을 더럽혔던 모든 것은 과거의 일이 된다. 주님은 당신에게 한 때 매력적이었던 사람들과 사물들을 제거하신다. 그러나 주님은 때로 그분만의 방식으로 숨어 계시기도 하는데 이는 당신이 그분을 찾길 갈망하시기 때문이다. 만약 주님이 숨으시면 당신은 굶주린 자와 같이 주님을 찾을 것이다.

주님이 그런 당신의 마음을 보시고 "다른 이들이 나를 어떻게 대하든지 상관없이 너의 마음이야말로 언제나 나를 환영하는 마음이로구나. 이곳이 나의 안식처구나"라고 말씀하시길 기도한다.

순전한 사랑

예수님께서 십자가에 달리셨을 때, 그분 옆에 달린 한 범죄자만이 유일하게 그리스도를 변호하고 그분께 선하게 말했다. 이 사건을 지켜보고 있던 자들은 그렇게 순전하고 이기적이지 않은 주님을 어떻게 그렇게 미워할 수 있단 말인가? 정말 극악무도한 자일지라도 어떤 사람이 고통을 받는 것을 보면 대개 동정한다. 심지어 그들이 원수라 할지라도 말이다. 그런데 그토록 큰 사랑과 선한 일을 베푸신 분께 그들은 어떻게 그렇게 잔혹할 수가 있단 말인가?

나는 당신이 그분을 멸시하는 수많은 사람들 중에 속하지 않길 기도한다. 그리스도께서 개인적으로 당신에게 어떤 잘못을 저지르셨는가? 주님이 그렇게 악한 무엇을 행하셨는가? 십자가에서 기꺼이 고문을 당하신 것이 잘못이란 말인가? 주님의 머리를 찢은 가시가 문제인가? 주님의 팔과 다리를 관통한 못이 잘못인가? 주님의 아름다운 얼굴에 피와 침이 범벅된 것이 잘못인가? 주님의 뺨에서 수염이 뜯기고 눈을 수건으로 가린 채 주먹질을 당한 것이 잘못인가? 천국의 아름다움을 떠나 이 강퍅한 땅에 오신 것이 잘못인가? 모든 사람들이 보는 앞에서 무섭도록 수치스러운 십자가에 달리신 것이 잘못인가? 주님이 당신에게 제안한 것이 순전한 사랑 이외에 다른 무엇이었던가?

사랑하는 예수님,

많은 사람들이 이유 없이 당신을 미워합니다. 저는 저의 마음을 다해 당신을 사랑하길 원합니다. 다른 사람들이 당신을 어떻게 대하든 상관없이 저는 당신을 환영하는 자가 되게 하옵소서. 제가 이 세상 사람들에게 참으로 당신이 누구신지 보여줄 수 있도록 도와주옵소서. 제가 다시는 당신에게 '아니오'란 말을 하지 않게 하소서. 예수님, 제 마음이 언제나 당신을 사랑하고 당신을 미워하는 자들로 당신의 놀라운 사랑을 볼 수 있게 하옵소서. 아멘.

Chapter 13

PRISONER

그 때에 예수께서 무리에게 말씀하시되 너희가 강도를 잡는 것 같이
칼과 몽치를 가지고 나를 잡으러 나왔느냐

마 26:55

대부분의 사람들은 예수님에 대한 자신들만의 그림을 가지고 있다. 그것은 그분이 어떤 분이시며 어떠한 삶을 사셨는지에 대한 마음의 그림이다. 대개 우리는 빛 가운데에 계신 주님을 상상하길 좋아한다. 그러나 나는 주님이 행하신 모든 것과 계속해서 행하실 모든 것에 대해 감사하지만, 주님이 겪으셔야만 했던 일들을 생각하면 마음이 늘 아프다. 즉, 마음 한구석에선 너무 감사하지만 다른 한편으론 그분이 당하신 고난을 생각할 때 마음이 어려워지는 것이다.

특히 내 마음을 가장 아프게 하는 것은 겸손하신 구세주께서 거짓 송사와 배신을 당하신 사건이다. 하늘 보좌에 앉으셨던 하나님의 아들이 사람들에 의해 체포당하시고 범죄자처럼 취급을 받으셨다는 것은 상상이 잘 안 되는 일이다. 그럼에도 이것은 우리가 인정해야만 하는 사실이다. 성령의 도우심 가운데 이 상황에 더욱 깊이 들어가서 이 무시무시한 순간에 주님이 느끼셨을 감정들을 경험해 보자.

체포될 당시, 예수님의 마음

군사들이 체포하러 왔을 때에 주님은 어떤 마음이셨을까? 군인들은 주님을 마치 위험한 범죄자처럼 취급했다. 이사야는 "그는 곤욕과 심문을 당하고 끌려갔으나"라고 예언했다(사 53:8). 예수님은 그들의 체포에 저항할 의사가 없으셨기 때문에 자기를 찾는 자들에게 "너희가 강도를 잡는 것 같이 칼과 몽치를 가지고 나를 잡으러 나왔느냐"라고 말씀하셨다(마 26:55).

전 생애를 바쳐 사람들을 고치시고 도와주신 주님이 받으신 보상은 이와 같은 것이었다. 당신이 가장 사랑하는 사람들이 이런 식으로 당신을 대한다고 상상해 보라. 만일 당신의 선함과 관대함을 그들이 악과 증오로 갚는다면 어떤 느낌이 들겠는가?

주님은 자신을 체포하는 자들을 우리가 상상할 수 있는 그 어떤 사랑보다 더 큰 사랑으로 사랑하셨다. 이런 일이 벌어지고 있을 때의 주님의 눈을 들여다보자. 주님의 사랑스런 눈길에는 아픔이 가득하다. 주님은 피를 흘리시면서도 자기를 묶어 끌고 가는 자들에게 자신의 손을 부드럽게 내어 주셨다.

주님이 어떤 느낌이셨을지 상상해보라. 배신의 칼이 그분을 찌른다.

제자들이 도망가는 모습을 볼 때에 마음이 아프시다. 짐승과 같은 취급을 받을 때에 수치감을 느끼신다.

이는 무엇에도 비교할 수 없는 사랑을 주신 주님을 너무나 수치스러운 방식으로 더럽힌 가장 어두운 밤이었다. 세상에 계시는 내내 주님은 이런 시간이 올 것을 알고 계셨지만, 마음 한편으로는 이것이 도래하지 않길 바라기도 하셨다(마 26:39). 주님은 종종 제자들에게 이 시간이 다가오고 있다고 말씀하시곤 했다. "인자가 많은 고난을 받고 장로들과 대제사장들과 서기관들에게 버린 바 되어 죽임을 당하고 사흘 만에 살아나야 할 것을 비로소 그들에게 가르치시되"(막 8:31).

주님은 이 순간을 얼마나 자주 생각하셨을까! 주님은 이 순간이 얼마나 고통스러운지 자기 친구들에게 설명하려 했지만 그들은 이해하지 못했다. 끌려가시는 주님의 얼굴을 보라. 주님은 겟세마네 동산에서 자기의 뜻을 버리셨으며, 죽을 준비를 마친 죄수처럼 어두움 속으로 순순히 걸어 가셨다.

주님은 모든 인류를 사랑하셨지만 이들은 예물을 들고 화평한 가운데 찾아오지 않았다. 대신에 그들은 칼과 몽치를 들고 나왔다. 이 얼마나 모욕적인 행위인가! 비록 이것이 하나님 아버지의 계획이었지만 그것은 여전히 수용하기가 고통스러운 것이었다.

만일 당신이 예수님과 사랑에 빠진 사람이라면 이렇게 억울한 상황에 놓이셨던 주님을 떠올릴 때, 당신의 마음은 비수가 꽂힌 듯 고통스러울 것이다. 왕의 왕이신 주님이 이 땅의 찌꺼기와 같은 대우를 받으셨고, 제자들은 주님 홀로 이 상황을 감당하도록 남겨두고 떠났다. 구원자로 오신 주님은 죄수 취급을 당하셨다.

이제 주님을 체포하려고 단단히 벼르고 있는 성난 군인들을 마음에 그려 보라. 그들이 주님을 어떻게 붙잡았고 어떻게 밀쳤으며 얼마나 심하게 대했는지 그릴 수 있겠는가? 주님의 몸은 하나님 아버지께서 모든 인류를 위해 희생제물로 예비하신 몸이었다. "그러므로 주께서 세상에 임하실 때에 이르시되 하나님이 … 오직 나를 위하여 한 몸을 예비하셨도다"(히 10:5). 드디어 자신의 몸을 악한 자들의 손에 넘길 때가 다가왔다.

주께서 당신을 믿고 그분의 고통을 느끼게 해 주시길 바란다. 그리스도는 당신에게 자신의 인내가 어떤 것이었는지를 가르쳐 주고 싶어 하신다. 또한 주님은 당신이 "예수님, 감사합니다. 놀라우신 주님을 사랑합니다"라고 외치길 갈망하신다.

오늘도 감옥에 갇히시는 예수님

바로 이 순간에도 예수님은 여전히 체포 당하고 계신다. 주님은 지금도 전 세계적으로 핍박을 받으시고 투옥되신다. 성경은 예수님이 그리스도인들을 핍박하는 다소 출신 사울에게 직접 나타나셨다고 기록하고 있다. 이 회심의 경험을 통해 사울은 사도 바울로 변화되었다.

흙이 나뒹구는 길에서 바울에게 나타나신 메시아 예수님은 "왜 너는 나의 백성을 핍박하느냐?"라고 묻지 않으셨다. 주님은 "왜 너는 나를 핍박하느냐?"고 말씀하셨다(행 9:4). 예수님의 복음을 반대하는 것은 곧 그리스도를 대적하는 것이다. 그리고 예수님의 이름을 드러내지 않는 것은 예수님을 드러내지 않는 것이다.

예수님은 말씀이시다. 살아 있는 말씀이신 주님은 자신의 이름이 언급되는 곳에 찾아오신다. 그리고 신부가 공격을 당하면 그것을 자신에 대한 직접적인 공격으로 여기신다.

다르게 해석할 방법이 있는가? 만일 누군가가 당신 가족을 괴롭힌다면 내가 괴롭힘을 당하는 것처럼 느껴지지 않겠는가? 당신이 공격당한 것과 마찬가지인 것이다. 남편들이여, 만일 당신 아내가 괴롭힘을 당한다면 당신은 그것을 당신에 대한 공격으로 보지 않겠는가? 하나님 역시 가족으로 부르신 자들에 대해 이와 같이 생각하신다.

공격을 받는 사랑

지금은 과거 어느 때보다도 하나님의 아름다운 사랑의 메시지가 공격을 받고 있다. 예수님의 이름을 영원히 없애고 주님을 또 다시 감옥에 가두고 싶어 하는 자들이 있다. 이런 싸움을 시도하는 자들은 자신들이 사람들이나 종교와 싸우는 것이 아니라 하나님과 싸우고 있다는 사실을 모르고 있다.

2000년 전에 이 죄수(Prisoner)를 미워했던 사람들은 그들이 주님을 체포하자 자신들이 이겼다고 생각했다. 그들은 주님의 사랑이 그분을 대적하고자 하는 모든 시도들을 항상 이긴다는 사실을 전혀 알지 못했다. 이런 그리스도의 사랑을 인격적으로 만나면 그것은 어떤 것과도 비교할 수가 없는 감정을 느끼게 된다.

주님을 십자가에 못 박았던 로마 군인 중 한 사람은 주님의 사랑에 직면하고는 결국 "이는 진실로 하나님의 아들이었도다"라고 고백했다(마 27:54). 하나님의 놀라운 사랑과 능력이 그 군인의 영혼을 사로잡은 것이다.

어쩌면 당신은 지금까지 살아오는 내내 예수님의 반대편에 선 사람일지 모른다. 만약 그렇다면 당신은 주님을 체포하려했던 성난 병사들과 같다. 사실 그런 사람은 수도 없이 많다. 그러나 당신을 향한 주님의 사랑은 그분을 향한 당신의 증오보다 더 크다.

그러므로 이제 주님을 감옥에 가두려고 하는 사람들 속에서 나오라. 당신 스스로 주님을 인생의 어두운 구석에 억지로 가두어 놓고 단지 교회에서나 잠시 나오시게 하지 말라. 그분은 당신에게 자유와 해방을 주시기 위해 오셨다.

가장 깊은 구덩이

나는 예수님이 친히 거니셨던 땅, 이스라엘을 방문하는 특권을 누렸었는데, 그곳에서 본 어두운 계단을 잊지 못할 것이다. 그 계단은 대제사장 가야바의 집 지하에 있는 감옥으로 내려가는 계단이었다. 가야바는 그리스도의 처형을 요구한 자였다. 나는 지금도 믿을 수 없을 정도로 깊은 그 구덩이를 정확히 묘사할 수 있다.

죄수들은 위에 있는 구멍을 통해 약 15피트 아래 바닥으로 내려 보내졌는데, 그 감옥은 얼마나 어두운지 믿기 어려울 정도였다. 그곳에서 죄수는 완전한 고독감을 느꼈을 것이며 외부 세계와 완전히 단절되었을 것이다. 우리 구세주께서 겟세마네에서 잡히신 후에 이 구덩이에서 하룻밤을 보내셨다.

많은 이들이 당시 주님은 몸에 밧줄이 감긴 채 구멍 깊숙이 내려 보내졌을 것이라고 믿는다. 이런 구덩이에 관한 설명이 성경에 명시되어 있기에 오늘날의 우리들도 그 느낌을 상상할 수 있다.

주께서 나를 깊은 웅덩이와 어둡고 음침한 곳에 두셨사오며 주의 노가 나를 심히 누르시고 주의 모든 파도가 나를 괴롭게 하셨나이다 주께서 내가 아는 자를 내게서 멀리 떠나게 하시고 나를 그들에게 가증한 것이 되게 하셨사오니 나는 갇혀서 나갈 수 없게 되었나이다 (시 88:6-8)

탐심

그리스도는 무엇 때문에 체포되셨는가? 무엇 때문에 손에 결박을 당하셨는가? 그분을 체포할 때에 관여했던 사람들의 마음에는 무엇이 있었는가? 예수님을 넘겨준 유다의 동기는 무엇이었는가?

사탄이 가룟 유다의 마음에 들어간 것에서 우리는 한 가지 영적인 교훈을 발견할 수 있다(누가복음 22:3을 읽으라). 유다는 도둑이었고 예수님의 사역을 위해 바쳐진 헌금을 훔쳤다. 그는 하나님의 사역에 돈을 어떻게 사용해야 하는지에 대한 주님의 의견에 정면으로 도전했다(요 12:5-6을 읽으라).

유다는 탐욕으로 인해 결국 하나님의 아들을 은 30냥에 팔았다. 유다는 하나님의 사역에 동참했지만 돈을 얻기 위해 예수님을 거리낌 없이 판 것이다. 돈을 사랑하는 마음과 탐욕의 능력을 우리는 종종 너무 과소평가한다. 만약 오늘날에도 우리가 유다와 같은 경건치 못한 태도를 가진다면, 우리의 삶 속에 역사하시는 주님의 능력은 금방 꺼져 버리고 말 것이다. 이런 태도는 예수님의 치유의 능력이 우리 안에 나타나는 것을 막고 목적을 이루지 못하도록 하는 방해 요인이 된다.

질투

분명히 당시의 종교지도자들은 예수님에게서 위협을 느끼고 그분을 극도로 질투했을 것이다. 바리새인들이 주님을 제지할 방책을 논할 때에 그들은 "보라 온 세상이 그를 따르는도다"라고 말했다(요 12:19). 그들은 이 갈릴리 출신의 보잘 것 없는 사람을 그렇게 많은 군중이 따르고 있다는 사실을 참을 수가 없었다. 그들은 주님에 대한 거짓말을 퍼트렸고 심지어 그분을 죄인으로 고소했다. 결국 주님을 체포하려는 그들의 계획은 성공했으며 그들은 계책을 통해 주님을 영원히 제거하길 바랐다.

주님을 체포하고 투옥시킨 사건 뒤에 숨겨진 동기는 질투와 시기였다. 예수님은 "이제는 너희 때요 어둠의 권세로다"라고 말씀하셨다(눅 22:53). 질투가 그 추악한 머리를 들 때에 어둠은 더 큰 힘을 얻는다. 성경은 질투와 시기가 어떤 일을 일으키는지를 설명한다. "시기와 다툼이 있는 곳에는 혼란과 모든 악한 일이 있음이라"(약 3:16). 시기와 다툼이 있는 곳에는 마귀가 문에서 기다리고 있다.

우리가 다른 사람들을 시기하기 시작하면 잘못된 길로 들어서는 것이 된다. 우리는 다른 사람들이 성공하길 얼마나 원하는가? 우리는 이웃 교회가 성장하길 얼마나 갈망하는가? 우리는 다른 사람의 사역이 예수님의 이름으로 효과적인 사역이 되길 얼마나 원하는가? 우리는 정말로 우리 주변 사람에게 최선의 것이 일어나도록 기도하는가? 아니면 다른 사람들의 성공으로 인해 위협을 느끼는가? 질투가 우리 삶 속에 역사하시는 주님의 능력을 가둔다는 것은 확실하다.

위선

위선은 또한 예수님을 감옥에 가두는 역할을 했다. 유다는 겟세마네 동산에 계신 주님께 다가가 입을 맞췄으나, 그의 마음에는 마귀가 가득했다. 당시 문화에서 유다가 보인 행동은 모든 것이 평안하다는 뜻의 인사였다. 하지만 그는 속으로 주님을 해하려는 음모를 꾸미고 있었다. 이에 예수님은 "유다야 네가 입맞춤으로 인자를 파느냐?"라고 물으셨다(눅 22:48).

한편 종교지도자들과 율법사들은 그리스도께 가장 큰 문젯거리만을 가져다주었다. 그래서인지 주님은 순전하고 진지한 사람들과 시간을 보내길 좋아하셨다. 그리고 주님은 위선을 지적하셨는데, 어떤 때는 사람들 앞에서 공개적으로 또 어떤 때는 은밀하게 하셨다. 하나님을 진지하게 사랑하는 대신에 사랑하는 척 시늉만 하는 사람의 삶에는 주님의 능력이 나타날 수 없다.

유다는 주님을 사랑하는 마음으로 주님께 다가갔는가 아니면 주님을 해치려 한 것인가? 그는 예수님을 돕기 위해 왔는가 아니면 은 30냥을 얻고자 한 것인가? 하나님은 우리가 얼마나 자주 교회에 가는지 또는 얼마나 성실히 성경 공부에 출석하는지에 관심이 없으시다. 주님은 우리의 동기를 살피신다. 우리가 무엇을 하든지 간에 주님을 기쁘시게 하려는 동기를 갖는 것이 중요하다. 위선은 여전히 오늘날에도 예수님의 사역을 가둔다.

상한 감정

예수님을 체포하려고 하던 종교지도자들은 주님으로 인해 감정이 매우 상한 상태였다. 주님에 대한 그들의 증오는 모든 사람들이 알 정도였다. 그들은 주님의 말씀을 무시했고 그분이 하시는 모든 일에 반대하며 논쟁했다. 심지어 그들은 주님과 식사를 같이 하는 자들까지 비난했다. 식사법을 지키지 않는다고 트집을 잡는 등 비난할 거리를 만들었다. 그리고 주님이 병자를 고치실 때마다, 특히 안식일에 병을 고치실 때마다 분개를 금치 못했다. 사실 그들은 기적들이 예수님 자신이 누구인지에 대해 말씀하신 바를 입증하는 것임을 알고 있었다.

그때로부터 2000년이 지난 지금도 이런 사정은 달라지지 않았다. 자신들의 상한 감정 때문에 사람들은 그분의 손을 묶고 있다. 만약 당신의 마음에 하나님이나 다른 사람을 향한 적대감을 가지고 있다면, 당신은 주님이 당신 삶에 역사하시지 못하도록 제한하고 있는 것이다. 당신은 주님이 당신의 감정을 상하게 하셨다고 느끼는가? 다른 말로 당신은 주님에 대해 좋은 감정이 들지 않는가? 당신은 당신의 삶 가운데 일어나는 나쁜 일들의 책임이 그분께 있다고 믿는가? 사람들은 누군가 갑자기 사망하거나 아니면 "아직 때가 이르기 전"에 사망했을 때에 종종 책임을 하나님께 돌린다. 그들의 마음이 강퍅해진 것이다. 이런 것들 또한 오늘날 그분의 손을 묶는 행위이다.

그리스도는 사람들을 도와주고 병을 고쳐주고 사랑을 쏟아주시기 위해 고향 나사렛으로 돌아오셨다. 그러나 성경은 그들이 감정이 심히 상해 그분을 믿지 않았다고 기록하고 있다(막 6:3). 다른 말로 하면 그들은 분개한 것이다. "자기가 뭐라고 이곳에 와서 이런 것들을 가르친단 말인가? 우리는 오랫동안 그를 알지 않았는가? 그는 단지 목수의 아들일 뿐이야."

이것이 어떻게 예수님의 손을 묶었는가? "주님은 거기서는 아무 권능도 행하실 수 없으셨다"(막 6:5). 이 얼마나 비극적인 손실이란 말인가! 주님께서 병을 고치시고 생명을 살리셨다면 그들이 얼마나 큰 기쁨을 경험했을지 상상해 보라! 상한 감정을 품는 것은 오늘날에도 예수님의 능력을 가둘 수 있는 옳지 못한 태도이다.

주님은 자유를 원하신다

그 어느 때보다도 지금 예수님은 당신을 위해 자유롭게 일하길 간절히 원하신다. 그분은 우리 교회들 가운데 그리고 개인의 삶 가운데 그분의 자리를 다시 얻고자 애쓰신다. 당신이 어떤 특정 교회를 출석하고 안 하고와는 관계없이 그분은 여전히 당신의 깨어진 마음과 고통을 돕고 싶어 하신다.

혹시 아직도 우리의 생각과 프로그램과 여러 인간의 방법을 해답으로 생각하고 있다면, 다음과 같은 몇 가지 질문에 답해 보길 바란다. 오늘날 교회 안에는 아픈 사람이 더 줄어들었는가? 이혼하는 가정과 깨어진 가정의 숫자가 줄었는가? 자살률이 줄었는가? 포르노나 다른 변태적인 것들에 대한 중독이 감소했는가?

마약이 판을 치고 있다. 심지어 교회 성도들과 청소년 그룹 가운데도 그렇다. 하나님은 이런 모든 문제를 변화시키길 원하시지만, 예수님 당시에 그분의 손을 묶었던 동일한 태도들이 오늘날에도 주님의 손을 막고 있다. 주님은 능력을 잃으신 적이 없으시기 때문에 지금도 동일하게 일하실 수 있다.

나는 "왜 초대 교회 시절만큼 오늘날에는 기적이 일어나지 않느냐?"라는 질문을 자주 받는다. 그 이유 중 한 가지는 우리는 우리 자신의 손을 강화시키고 주님의 손을 묶었기 때문이다. 우리는 하나님의 능력을 의지하기보다는 우리 자신의 능력을 더 의지한다. 주님은 영원 가운데 위대한 일들을 지금까지 해오고 계시지만 사실 우리는 우리가 모든 것을 더 잘 안다고 생각한다. 만약 그리스도의 못자국난 손이 다시 자유로워지고 우리 손이 그분의 손에 붙잡힌 바 된다면 놀라운 일들이 일어날 것이다. 그러면 그 어떤 일이라도 가능해질 것이다!

명쾌한 예화

만일 당신의 자녀가 죽을 병에 걸려 죽게 되었는데, 당신 주머니에 이 병을 고칠 약이 들어 있다고 상상해 보라. 이 아이에게 필요한 것은 오직 이 약을 삼키고 생명을 건지는 일일 것이다. 그렇게 하는 데는 1초도 안 걸릴 것이다. 그러면 많은 고통과 통증을 유발한 질병은 쉽게 고쳐지고 건강해질 것이다.

그러나 의사들이 그들의 의견과 생각 때문에 당신의 해결책을 전혀 원하지 않는다고 생각해 보라. 그들은 효과가 없는 과거의 방법들을 가지고 환자들을 계속 치료하고 있다. 그들은 이 분야에 자신들이 전문가라는 것에 대해 자부심을 가지고 있다. 그래서 그들은 자신들이 다녔던 학교에 다니지 않은 "무식한" 이 부모의 해결책을 듣는데 관심이 없다. 그러나 당신의 아이는 필사적으로 도움이 필요하고 당신은 의사들보다 아이를 더 사랑한다. 이 아이는 당신의 분신이기 때문이다.

그런데 의사들은 당신 아이에게 그 약을 주라고 허락하지 않고 대신에 당신의 손을 묶어서 방에 감금한다. 당신은 더 이상 주머니에 손을 넣을 수도 없고 아이의 고통은 당신에게 고스란히 전해져 오는 것만 같다. 그리고 앞으로 더 많은 고통이 찾아올 것을 느낀다. 이제 당신이 뭔가를 하지 않으면 아이가 죽는 것은 분명해졌다.

의사들이 당신 아이에게 생명을 구원할 그 약을 주지 못하게 하는 것은 시기, 전통, "옛날" 방법, 탐욕과 같은 것들 때문이다. 그들은 결코 이전에 이런 약을 사용해본 적이 없어서 이것을 지레 거부하고 있다. 나아가 만일 당신이 이 문제를 해결하면 그들은 그 공로를 받지 못할 것이다. 만일 그럴 경우에 그들은 지금까지 즐겨 들어왔던 칭찬을 받지 못하게 될 것이다.

당신은 소리를 지르며 사람들에게 도움을 간청하지만 아무도 듣지 않는다. 당신은 당신 아이에게 약을 주기 위해 도와달라고 부르짖지만 어느 누구도 당신을 풀어주고 싶어 하지 않는다. 아이가 상상할 수 없는 고통을 겪고 있는데도 그들은 당신의 간청을 들은 척도 하지 않는다.

당신은 아이와 정말 가까이 있지만 소용이 없다. 당신은 의사들이 허락한 범위에서만 아이를 도울 수 있을 뿐이다. 당신이 가지고 있는 약이 의료계 전체에 획기적인 것이 될 수 있는 명약이지만, 아무 소용없는 노력만 기울이는 의사들은 당신을 가둬두고 싶어 한다. 왜냐하면 당신의 해결책으로 인해 권좌에 있는 자들의 무능력과 연약함과 수치가 드러날 것이기 때문이다.

이제 당신은 우리가 주님의 손을 묶어서 그분이 원하시는 것을 하지 못하도록 할 때에 예수님께서 어떻게 느끼실지 이해했는가? 목회자들이여, 예수님이 다시 당신 교회에서 자유로워지시도록 허락하라. 교회는 그분의 교회이지 당신의 교회가 아니라는 것을 기억하라. 부모들이여, 예수님께서 당신 자녀들의 삶 가운데 자유롭게 일하시도록 허락하라. 당신의 가정에서 그리스도의 손을 풀어 드려라. 언제나 그러셨듯이 주님께서 주님 자신이 되게 해 드려라. 주님은 당신을 사랑하시고 돌봐주시길 원하신다. 그분은 자기 자녀들을 위해 언제라도 무슨 일이든 하실 수 있는 분이시다.

"뭔가가 더 있어야만 한다"

오래 전, 성경 대학을 다니는 학생 사역자 두 사람과 나는 캘리포니아 남부의 한 레스토랑에서 앉아 사역에 대해 이야기한 적이 있었다. 그 중 한 사람이 자기가 어떻게 예수님께 헌신했는지를 설명했다. 그런데 그는 뭔가가 빠진 것 같은 느낌이라고 말했다. 비록 그는 전도 사역에 매우 적극적이었고 명망 있는 성경 대학에 다니고 있었지만 만족스러워하지 못했다.

나는 즉시 그 자리가 하나님의 계획이었다는 것을 알아챘다. 그래서 더욱 마음을 열고 정직하게 그 젊은이와 이야기를 계속했다. "주님과 함께 동행 하고 있지만 뭔가가 빠진 느낌입니다. 더 깊은 뭔가가 있어야 할 것 같고 교회에도 뭔가가 더 있어야 합니다."

그곳은 복잡하고 시끄러운 멕시칸 레스토랑이었지만, 성령께서 그의 마음을 만지고 계심을 느낄 수 있었다. 그는 자신이 다니고 있는 교회 예배가 너무 딱딱하고 형식적인 것에 불만을 가지고 있었다. 학교에서 성경을 공부하면서 예수님의 주변 인물들이 경험했던 흥분되는 모든 것들에 대해 읽을 때에 그의 안에는 깊은 갈증이 생겨났다. 그리고 교회 예배에 참석해 보면 그것은 마치 죽은 의식과도 같이 느껴졌다. 그는 자신이 읽은 것을 경험하길 간절히 원했다.

좌절 가운데 그가 물었다. "뭐가 문제일까요? 오늘날 우리 교회에 무슨 일이 일어난 건가요? 왜 우리는 교회에서 하나님의 실재를 경험하지 못합니까? 우리가 정말 성경의 말씀대로 살 수 있는 걸까요? 지금의 우리는 왜 그렇게 못사는 거죠?"

이런 그의 질문에 대한 답을 깊이 생각하고 있는데, 이 한 가지가 떠올랐다. 즉, 예수님이 스스로 하고 싶은 것을 하실 수 있는 자유가 없으시다는 것이었다. 그분의 손은 우리의 계획과 전통과 의식들로 인해 묶여 있다. 그 결과 하나님의 백성은 고통을 받고 있다.

레스토랑에서의 만남을 마치고 나는 젊은 사역자와 그의 친구에게 작별인사를 했다. 그들은 내가 떠나는 것을 만류하며 "가시기 전에 먼저 우리를 위해 기도해 주십시오"라고 말했다.

그래서 나는 그들이 구하는 바를 주시도록 예수님께 간구했다. 나는 주님께서 그들 마음에 들어오셔서 그들을 성령의 능력으로 덧입혀 달라고 기도했다. 오늘날 이 젊은이는 청소년 담당 목사가 되어 예수님의 사랑을 널리 전하고 있다. 그는 날마다 그리스도의 실재를 체험하며 그의 삶과 사역 가운데서 하나님의 초자연적인 능력을 확실히 경험하고 있다. 우리가 하나님께 순복할 때에 주님이 우리를 사용하시는 방법은 놀랍다.

만일 우리의 여러 의식들이 교회의 뒷문으로 빠져나간다면 예배는 어떻게 될까? 어떤 이들은 정확히 30분 동안만 예수님을 예배한다. 그런데 만일 하나님이 특정 주일에만 아니라 그 이상의 것을 원하신다면 어떻게 할 것인가? 시계가 성령보다 더 중요한가? 우리가 몇 분 더 주님을 예배한다고 해서 세상의 종말이 오는가?

만일 교회 광고를 하지 않고 그 시간에 대신 마음이 아픈 자들을 위해 기도한다면 어떻게 될까? 만일 목사님이 인생을 변화시킬 성경의 진리를 설명하다가 "정시에" 예배가 끝나지 않아 30분 늦게 점심을 먹게 된다면 어떨 것 같은가? 이런 지연은 그럴 만한 가치가 있는 걸까?

만일 예수님이 예배 중에 병자를 고치시길 원하시고 잃어버린 자들을 구원하길 원하신다면 어떻게 할 것인가? 몇몇 소수의 사람들이 철저한 검토를 해야 할까? 만일 당신이 암이나 다른 무서운 질병에 걸렸다면 한 끼를 거르고 하나님의 성령이 그분의 방식대로 역사하시도록 허락할 충분한 가치가 있지 않을까? 아이러니하게도 예수님이 교회를 자신의 피로 사셨지만 우리는 주님이 우리의 계획을 따라야만 한다고 생각한다. 이와 같이 역할이 와전된 것은 교회의 비극이며, 우리 교회들이 힘을 잃은 이유이기도 하다.

그러나 우리를 위해 친히 죄수가 되신 주님은 여전히 신사적이셔서 결코 그분의 뜻을 우리에게 억지로 강요하지 않으신다. 오히려 우리의 계획에 의해 계속해서 제한을 받으시는 편을 택하신다. 그러나 우리가 계속해서 주님의 도움을 거절함으로 인해 고초를 겪는 우리를 보시는 주님의 마음은 얼마나 슬프실까!

사랑하는 예수님, 이제 다시 자유를 찾으소서! 우리의 삶 가운데 당신의 방식대로 일하소서.

당신이 이 책을 읽는 까닭은 하나님의 아들을 원하기 때문이라 믿는다. 당신은 주님의 모든 것을 갈망하며 그분이 당신을 인도하길 소원할 것이다. 그리스도 역시 당신이 인생의 어려운 시기를 통과하도록 돕기를 원하신다. 그리고 주님께 불가능한 것은 없다. 주님이 원하시는 것은 오직 당신이 그분께서 하시길 원하는 것을 할 수 있도록 자유를 내어드리는 것뿐이다.

하나님으로 하나님 되시게 하라. 그러면 만사가 형통할 것이다. 주님의 아름다운 손이 당신을 위해 일하시도록 허락하라. 비록 못 자국이 나 있지만, 그 손은 강하고 사랑으로 가득하다.

사랑하는 예수님,

저들은 당신을 결박하여 감옥에 처넣었습니다. 당신은 저를 위해 죄수가 되셨기에 저는 당신을 더욱 사랑할 수밖에 없습니다. 저는 당신이 저의 삶에서 다시는 감옥에 갇힌 것처럼 느끼시지 않길 기도합니다. 오래전에 당하셨던 것처럼 대우를 받지 못한다고 느끼시길 결코 원치 않습니다. 제가 탐심과 시기와 상한 감정을 가져서 죄송합니다. 그리고 때로 위선자가 되어서 죄송합니다. 저를 용서하옵소서. 저는 주님의 손이 제 인생에서 자유롭게 되길 원합니다. 아멘.

Chapter 14

SUFFERER

내가 그리스도와 그 부활의 권능과 그 고난에 참여함을 알고자 하여
그의 죽으심을 본받아

빌 3:10

예수님은 자신의 마음 가장 깊은 곳으로 당신을 데려가고 싶어 하신다. 그곳에 가면 당신은 이전에 결코 상상할 수조차 없던 사랑으로 주님을 사랑하게 될 것이다. 그리고 그 사랑은 당신의 평생에 계속될 것이다.

당신이 그곳에 갈 수 있도록 성령께서 당신을 은혜롭고 온유한 손길로 준비시켜 주시길 기도한다.

나는 당신이 이 장을 천천히 그리고 기도하는 마음으로 읽길 소망한다. 시간을 충분히 가지고 주님께서 보배로운 길을 따라 당신의 발걸음을 인도하시게 하라. 이제 당신은 고난을 받으신 예수님을 만나게 될 것이다.

잠시 눈을 감고서 이전에 알지 못했던 주님을 발견할 수 있게 해달라고 간구하라. 하나님은 당신이 그리스도의 생생한 고난을 느끼고 주님을 향한 당신의 마음이 녹아지길 원하신다. 내가 자라면서 성금요일 때마다 들었던 기도를 나누고 싶다. 주님의 고난을 찬양한 이 기도문은 지금도 내 마음 속에 깊이 새겨져 있다. 나는 주님과 개인적인 친밀한 관계를 갖고 있기 때문에 이 기도문을 대할 때마다 감동의 눈물을 흘리곤 한다.

오늘 땅을 바다 위에 놓으신 이가 십자가에 달리셨다.
천사들의 왕이신 그분이 가시관을 쓰셨다.
하늘을 구름으로 감싸신 이가 조롱의 자색 옷을 입으셨다.
요단강에서 아담을 자유케 하신 이(세례를 말함)가 얼굴에 주먹질을 당하셨다.
교회의 신랑께서 못박혀 꼼짝 못하신다.
동정녀의 아들께서 창에 찔리셨다.
오, 그리스도시여, 우리는 고난 당하신 당신을 경배합니다.
우리에게도 당신의 영광의 부활을 보이소서.

또 다른 기도문은 주님이 당하신 고통스러운 고난의 진리를 담고 있다.
당신의 거룩한 육체의 모든 지체가 우리를 위해 수치를 참으셨습니다. 당신의 머리에는 가시 면류관이, 당신의 얼굴에는 침이, 당신의 뺨에는 주먹이, 당신의 입에는 식초가 섞인 담즙이, 당신의 귀에는 불경한 신성모독의 말이, 당신의 등에는 채찍이, 그리고 당신의 손에는 갈대가 들렸습니다. 당신의 관절에는 못들이 박혔고 당신의 옆구리에는 창이 꽂혔습니다. 당신은 우리를 위해 고난을 참으셨고 고통에서 우리를 해방시키셨습니다. 당신은 인류를 위한 사랑으로 우리를 향해 몸을 구푸리셨고 우리를 일으키셨습니다. 전능하신 구세주시여, 우리를 불쌍히 여기소서.

일단 당신이 그리스도께서 겪으신 고난을 성령으로 말미암아 당신 안에 생생하게 나타내시도록 허락한다면 당신의 마음은 칼에 찢길 것이다. 그리고 당신의 찢어진 마음에 거룩한 주님이 들어가시고, 당신은 불타는 사랑으로 주님을 사랑하게 될 것이다.

지금은 주님을 저버릴 때가 아니다. 지금은 주님이 이 거룩한 여정을 당신과 함께 하고 싶어 부르고 계시는 때이다. 고난 받는 주님께 가까이 가라. 주님은 당신이 그분의 손을 잡고 이 순간을 통과하길 원하신다. 주님은 자기의 신부를 의지하고 싶어 하신다.

아마도 당신은 예수님의 고통에 대해 어느 정도 알고 있었을 것이다. 그러나 나는 당신이 이 책을 읽으면서 그분의 고난에 대한 생각으로 완전히 잠기게 되길 기도한다. 그것은 당신이 마시는 공기보다 더 밀접한 것이 될 것이다.

나는 크리스마스를 비롯한 중요한 기독교 절기들을 기념하는 가정에서 성장했다. 나는 지금도 이런 절기들을 소중하게 지키고 있다. 그러나 나는 그리스도께서 받으신 고난의 일부만을 인식했었다. 나는 많은 이야기를 들었지만 그것은 나에게 큰 의미로 다가오지 않았다. 그것은 실제로 깊이 느껴지거나 경험되는 것이 아닌 하나의 역사적인 사건에 더 가까웠다.

그분의 극심한 고난이 개인적으로 깊이 다가온 것은 열한 살이 되어 성경을 읽었을 때였다. 나는 당신도 나와 같은 체험을 하고 당신이 사는 동안 그 느낌이 결코 사라지지 않기를 기도한다.

사랑은 모든 것을 원한다

하나님의 어린 양이 받으신 무서운 고난은 너무나 오랫동안 언급되지 않았다. 교회에서나 다른 곳에서 너무 끔찍한 이야기를 적나라하게 할 필요는 없다고 여기며 이를 회피했다. 어떤 이들은 그런 고난에 대한 이야기를 들으면 우울해지거나 너무 생생하게 상상되어 불쾌하다고도 말한다. 그러나 고난이라는 중요한 진리를 외면하는 것은 주님이 받으시기에 합당한 감사의 불을 꺼버리는 것과 같다.

그리스도의 고난을 알면 우리는 주님을 사랑하게 된다. 그분은 갈릴리 해변을 거니실 때나 아니면 피범벅이 되어 십자가에 달리셨을 때나 우리의 사랑을 받으시기에 합당한 분이시다. 주님을 정말 사랑하는 사람은 변화산의 영광스러운 그리스도를 원하는 만큼 갈보리 언덕의 버림받은 주님도 원할 것이다. 참된 사랑은 주님이 어떤 모습으로 계시든지에 상관없이 주님을 만나기를 갈망한다. 이런 사랑은 주님의 모든 것을 원한다. 주님은 당신에게 자신이 겪으셨던 고난을 정확히 보여주길 원하신다. 이제 그분이 고난 받으신 거룩한 길을 따라 하나님의 아들과 함께 걸어가자.

동산에서의 고뇌

예수님은 죄수로 잡혀가 믿을 수 없을 정도의 고문을 받을 참이셨다. 세상의 모든 죄의 무게가 이제 막 그분의 어깨에 놓이려 했다. 그러나 주님은 찾아갈 곳이 없으셨고 도망갈 곳도 없으셨다. 사실 그분이 태어나신 것은 바로 이 순간을 위해서였다.

이 동산에서 주님은 33년 동안 유일하게 찾아갈 수 있었던 한 분을 찾았다. 바로 하나님 아버지셨다. 성경은 주님께서 기도하시려고 해가 뜨기 전에 일어나셨다고 기록하고 있다. 예수님은 하나님 아버지의 말씀을 전적으로 의지하셨다. 때로 그분은 밤새 기도하셨다.

나는 주님께서 아버지의 지시를 받기 위해서 그리고 아버지와 교제를 나누기 위해 이렇게 기도하셨다고 믿는다. 그리스도는 성부 하나님과 성령 하나님만이 진실로 자신을 이해하시는 유일한 분이셨음을 아셨다. 그래서 예수님은 "아버지 외에는 아들을 아는 자가 없고 아들과 또 아들의 소원대로 계시를 받는 자 외에는 아버지를 아는 자가 없느니라"(마 11:27)고 말씀하셨다.

하나님은 주님이 모든 것을 나누실 수 있는 유일한 분이셨다. 이 세상의 모든 죄를 지고 가야 한다는 것은 생각만 해도 엄청난 압력을 받는 일이다. 그래서 주님은 어두운 동산에서 얼굴을 땅에 대고 엎드려 마음을 쏟아내셨다. 인류의 어마어마한 짐이 그를 짓눌렀다. 과거와 현재를 살고 미래를 살 모든 인간의 죄가 주님의 어깨 위에 놓여졌다. 사람들이 외적으로 지은 죄뿐만 아니라 생각과 불결한 동기의 죄까지도 하나님의 희생양에게 얹혀졌다.

이사야는 "여호와께서는 우리 모두의 죄악을 그에게 담당시키셨도다"라고 예언했다(사 53:6). 그때 거룩한 하나님이신 주님이 무엇을 느끼셨을지 상상할 수 있는가? 이전에 주님은 죄를 전혀 알지도 못하셨다. "하나님이 죄를 알지도 못하신 이를 우리를 대신하여 죄로 삼으신 것은"(고후 5:21). 동산에서 일어난 일은 두려운 것이었으며, 예수님은 하나님 아버지의 계획을 계속 따라가면서 그 두려움이 더욱 심해질 것을 아셨다.

"이 잔을 마시라"

주님은 이 세상이 구원을 받게 할 것인지 아니면 버려지게 내버려둬야 할지 결정하셔야만 했다. 완전한 하나님이시자 인간이신 예수님은 선택을 하셔야만 했다. 물론 주님도 다가올 고난을 피하고 싶은 마음이 있으셨다. 주님은 하늘을 쳐다보시면서 외치셨다. "아빠 아버지여 아버지께는 모든 것이 가능하오니 이 잔을 내게서 옮기시옵소서"(막 14:36).

세상의 어느 누구도 이처럼 소름끼치는 임무나 책임을 맡은 적이 없다. 주님은 친구들에게 도움을 구하고 기도해줄 것을 부탁했지만 그들은 잠들어 버렸다. 주님은 제자들에게 가셔서 "내 마음이 매우 고민하여 죽게 되었으니 너희는 여기 머물러 나와 함께 깨어 있으라"고 말씀하셨다(마 26:38). 이를 다르게 말하면 "나는 너무나 큰 고통 가운데 있고 죽을 것 같다. 나는 지금 너희가 필요하다"라는 말씀이다.

그러나 인자는 홀로 남아 결정을 하셔야만 했다. 주님은 하나님 아버지께 이 고난의 잔을 비켜가게 해 달라고 간청하신 후에 "그러나 나의 원대로 마옵시고 아버지의 원대로 하옵소서"라고 말씀하셨다(막 14:36). 비록 당신이 아프고 이해가 되지 않는다 할지라도 그곳은 당신이 하나님을 따르기로 선택하는 신뢰와 순종의 자리이다.

우리의 영원한 삶은 구세주께서 자기의 뜻을 포기했기 때문에 가능했다. 모든 자가 구원을 받거나 아니면 버려질 수 있는 순간에 주님은 사탄을 이기고 승리하셨다. 만일 주님께서 "안 되겠습니다"라고 거절하셨다면 십자가를 통한 역사는 결코 일어나지 않았을 것이다. 이는 당신과 내가 소망이 없는 상태로 영원히 버려졌다는 것을 의미한다. 그리고 당신은 이 책을 읽을 기회를 결코 갖지 못했을 것이다. 왜냐하면 나에게는 쓸 것이 하나도 없을 것이기 때문이다.

그리스도는 다가오는 고난이 무엇인지 아셨고 기꺼이 그것을 받아들이셨다.

- 주님은 자기를 위해 가시 면류관이 준비되어 있다는 것을 아셨다.
- 주님은 곧 채찍에 맞을 것을 아셨다.
- 주님은 말로 형용할 수 없는 구타가 있을 것을 아셨다.
- 주님은 거친 십자가 위에서 자기 손과 발이 못 박힐 것을 아셨다.

그러나 예수님이 가장 두려워하신 것은 하나님 아버지와의 단절이었다. 영원토록 한 번도 아버지와의 사랑과 연합에서 분리된 적이 없으신 주님은 버림을 당하셔야만 했다. 이런 거절을 당하실 것을 알면서도 주님은 당신을 위해 "예"라고 대답하셨다. 제발 당신을 향한 주님의 강렬한 사랑을 다시는 의심하지 말라.

배신

주님이 겟세마네 동산에서 기도를 마치시자 유다가 예수님을 체포하러 온 자들을 직접 이끌고 왔다. 유다는 주님이 가장 힘든 시련을 겪으실 때에 그분을 배신했다. 주님의 제자 중 하나가 무서운 고난을 가중시켰다는 것은 얼마나 수치스러운가! 예수님은 배신이 어떤 느낌인지 누구보다 잘 알고 계신다. 만일 당신이 가까운 사람에게 배신당해 고통당하고 있다면, 주님도 당신이 경험하고 있는 것을 그대로 경험하셨다는 것을 기억하라.

그날 밤, 그리스도를 체포한 자들은 소위 청문회가 열릴 대제사장의 집으로 주님을 데려갔다. 재판을 받기 위해 낯선 자들과 함께 걸어갈 때에 버림받은 느낌을 상상해 보라. 게다가 주님은 사실에 전혀 근거하지 않은 거짓 송사와 조롱을 받으셨다.

대제사장이 물었다. "네가 하나님의 아들 그리스도냐?"

예수님께서 대답하셨다. "내가 그니라."

이 말을 들은 원수들은 화가 나서 즉각 주님을 죽여야 한다고 외쳤다. 그러나 슬프게도 그들은 이것만으로 만족하지 못했다. 그들은 하나님의 아들에게 고문과 수치를 가하길 원했다. 그들은 주님께 침을 뱉고, 구타했으며 "그리스도야 우리에게 선지자 노릇을 하라"고 말하면서 주님을 조롱했다(마 26:67).

이 놀라우신 어린 양이 인간에게 침 뱉음을 당하시고 피범벅이 되신 채 매를 맞는 모습이 보이는가? 그분의 얼굴은 일그러지고 부어올랐다. 한 번 주먹에 맞아도 며칠 동안 멍이 들고 부어오르는데 말이다. 주님의 마음에서 직접 나온 예언의 말씀을 들어보라.

> 나를 때리는 자들에게 내 등을 맡기며 나의 수염을 뽑는 자들에게 나의 뺨을 맡기며 모욕과 침 뱉음을 당하여도 내 얼굴을 가리지 아니하였느니라 주 여호와께서 나를 도우시므로 내가 부끄러워하지 아니하고 내 얼굴을 부싯돌 같이 굳게 하였으므로 내가 수치를 당하지 아니할 줄 아노라 (사 50:6-7).

주님이 매를 맞는 동안에 수염이 뺨에서 뽑혔다. 왕의 왕께서 인간에게 침 뱉음을 당하셨다. 당신은 누군가에게 침 뱉음을 당한 적이 있는가? 이보다 더 수치스러운 기억은 없을 것이다. 주님은 이것을 당하기로 결정하신 것이다.

이제 주님의 얼굴은 너무나 일그러져 아예 다른 사람처럼 보인다. 조롱하는 소리와 욕지거리는 인간이 들을 수 있는 수준의 것이 아니었다. 영원하신 하나님이 인간들에게 몰매를 맞고 계신다. 이 모든 것이 우리 죄 때문이라는 것을 기억하라. 이 모두는 당신을 위한 것이었다.

이리저리 끌려 다니심

고문을 당하신 후 밤에 예수님은 대제사장의 어둡고 추운 감옥에 갇히셨다. 수치스러운 구타를 당하신 후에 주님은 터진 상처를 그대로 갖고 더러운 돌바닥에 누우셔야만 했다.

다음날 아침, 예수님은 로마 제국의 고위 관료인 본디오 빌라도 앞에 끌려가셨다. 만일 당신이 그와 같은 권세자 앞에 선다면 어떤 복장을 하겠는가? 좀 품위 있게 보이고 싶지 않겠는가? 예수님은 그러한 것과는 전혀 거리가 먼 차림이었다.

주님의 모습을 상상해 보라. 얼굴은 피범벅이고 멍이 들었으며 일그러졌다. 그리고 수염의 일부는 없어졌고, 눈은 부어 올라 거의 감긴 상태여서 시야는 기껏해야 뿌옇게 보일 뿐이다. 시편 기자는 "곤란으로 말미암아 내 눈이 쇠하였나이다"라고 썼다(시 88:9).

이런 몰골로 고소자들 앞에 서기로 하신 것 또한 주님의 결정이었다. 주님이 스스로 수치스런 구경거리가 될 것을 택하셨기에 우리가 천국에서 영광 가운데 빛날 수 있는 것이다. 주님이 우리가 받을 수치를 감당하시려고 자신의 아름다우심을 포기하셨는데, 이로써 우리가 그분의 아름다우심을 얻게 하려는 것이었다.

빌라도는 주님이 무죄임을 알고는 헤롯왕에게 보냈다. 그는 유월절 기간 동안에 예루살렘에 있었는데, 자기가 참된 유월절의 어린 양을 심문하고 있다는 것을 전혀 깨닫지 못했다.

헤롯은 예수님을 만나자 기적 행하는 것을 보고 싶어 했다. 고통 가운데 계신 그리스도를 돕는 대신에 그는 '나를 재미있게 할 놀라운 뭔가를 보고 싶군'이라고 생각했다. 애석하게도 이런 식의 생각은 오늘날에도 만연되어 있다. 그리스도의 감정을 진정으로 생각하는 사람들은 정말 극소수이다. 사람들은 자신의 만족과 즐거움 그리고 자신들을 위해 무엇인가를 해 주실 수 있는 주님을 원할 뿐이다.

부상에 모욕을 더하여 헤롯과 그의 병사들은 주님을 더욱 조롱했다. 마치 사랑하는 그분이 아직 충분한 조롱을 받지 못한 것처럼 그들은 주님에게 자색 옷을 입혀 다시 빌라도에게 보냈다.

주님의 등에 난 상처들

예수님은 이런 무례함으로 얼룩진 가장행렬을 마치신 후에 다시 본디오 빌라도 앞에 서셨다. 비록 종교지도자들이 십자가 처형을 요구했지만 빌라도는 "이 사람에게 죄가 없다"고 선언했다(눅 23:4). 그러나 분노한 군중의 압력은 끊이지 않았다. 결국 예수님은 채찍질과 사형을 언도받으셨다.

그리스도께서는 가능한 한 가장 큰 고통과 상처를 주도록 고안된 채찍을 맞으셨다. 그 채찍에는 날카로운 금속과 동물의 뼈들이 붙은 끈들이 여럿 달려 있었다. 이 무기는 깊은 상처를 내면서 피부를 후벼 파 떼어 가도록 고안되었다. 채찍질을 맡은 로마 군사들은 이와 같은 고통을 가할 수 있는 자신들의 능력에 커다란 자부심을 가졌다.

예수님은 기둥에 묶이셨으며 기꺼이 자기 몸을 갈기갈기 찢기는데 내어주셨다. "나를 때리는 자들에게 내 등을 맡기며"(사 50:6). 경배를 드려야 할 인간들이 주님께 고문을 가하는 모습을 천사들은 공포에 질린 채 지켜보았다. 그들은 주님을 돕기 위해 준비하고 있었으나 예수님은 그들의 도움을 결코 요청하지 않으셨다.

사실 주님을 기둥에 묶을 필요는 없었다. 왜냐하면 주님은 스스로 그 기둥을 붙드셨을 것이기 때문이다. 당신을 향한 그분의 사랑이 기둥을 붙들고 참게 했을 것이다. 채찍이 살갗을 후벼 파 피로 범벅이 되셨던 그때에 주님은 당신의 치유를 위한 값을 치르셨다. "그가 채찍에 맞음으로 우리는 나음을 받았도다"(사 53:5).

당신의 나음을 위해 커다란 대가가 지불되었다! 벌거벗은 채로 자신의 살점을 내어주시기까지 주님은 이편을 택하셨다. 예수님, 주님은 그 어느 누구보다도 우리의 사랑을 받으시기에 합당하십니다. 오직 당신만이!

면류관과 자색 옷

그리스도께서 잔혹한 고문과 채찍질을 당하신 후에 병영에 있던 로마 군대 전체가 주님께로 왔다. 아마도 오십 명에서 수백 명에 이르렀을 것이다. 주님은 피로 덮이셨고 그분의 피부 중 많은 부분이 떨어져 나갔으며 뼈가 드러나 보였다. 구약성경은 "내가 내 모든 뼈를 셀 수 있나이다"라고 예언한다(시 22:17).

그러나 병사들은 그런 주님에게 고통을 더하고 싶어 했다. 그들은 억센 가시나무로 면류관을 만들어 주님의 머리 위에 씌웠다. 그런 뒤에 그들은 마치 못을 박는 것처럼 면류관을 내리쳤다. 천국의 왕께서 하늘 면류관을 가시 면류관과 바꾸신 것이다.

예수님, 당신은 그런 대우를 받으실 분이 아니셨습니다. 우리는 당신의 위대한 사랑에 충격을 받고 놀랍니다. 말로는 표현이 안 됩니다. 제발 우리의 마음의 소리를 들으시고 우리가 당신을 사랑한다는 것을 알아주십시오!

십자가 처형이 임박했을 때에 주님은 잠시 멈춰서 힘을 모을 시간조차도 없었다. 병사들은 가능한 한 주님을 괴롭히고자 하는 악행을 멈추지 않았다. 수비대원들은 계속해서 침을 뱉었는데, 그것은 그분의 몸 전체를 뒤덮기에 충분했다. 그런 뒤에 그들은 그분께 자색 옷을 입히고 조롱하여 선언했다. "유대인의 왕이여, 평안 할지어다."

이분은 내가 사랑하는 예수님이시다. 주님은 한 번도 보복하시거나 멈추라고 하지 않으셨다. 주님은 자기의 면류관을 바꾸셨을 뿐만 아니라 천국 성전을 가득 채웠던 옷을 피로 물든 수치의 옷과 바꾸셨다.

"이 사람을 보라"

이 일 후에 예수님은 다시 군중 앞에 서셨다. 빌라도는 "이 사람을 보라"고 외쳤다. 이와 같은 수치 가운데 서 있는 것은 얼마나 불명예스러운 일인가!

이 때 즈음에 주님의 얼굴은 알아볼 수조차 없었다. 그분의 고귀한 몸은 완전히 훼손되었다. 주님은 큰 고통 가운데 자신을 고소한 자들 앞에 서셨다. 모든 자들이 그분의 튀어나온 뼈와 찢겨진 근육을 보았다. "이왕에는 그 얼굴이 타인보다 상하였고 그 모양이 인생보다 상하였으므로 무리가 그를 보고 놀랐거니와"(사 52:14).

당신 마음이 이 고통의 장소에 가도록 허락하라. 그곳에서 당신은 슬픔의 사람을 본다. 사람들은 그분을 짐승 취급했고 하나님께 버림을 당하셨으며 모든 사람들이 이를 보고 조롱했다. 마음으로 이 장소에 가서 주님을 쳐다보면서 주님이 당신에게 머물길 원하시는 만큼 그곳에 머물라. 그것은 모든 시대를 통틀어서 가장 큰 비극이었다. 주님은 당신을 위해 이 모든 것을 행하신 것이다.

수치를 당하시는 그분을 보라. 아! 당신이 예수님의 이런 모습을 잠시라도 본다면 얼마나 좋을까! 깨어지고 매 맞으신 그분을 본 모든 자들은 충격에 빠진다.

나의 친구여, 도망하지 말라. 그저 머물러서 주님을 사랑한다고 말씀드려라. 얼마나 많이 사랑을 고백해 드려야만 할까? 아무리 많이 해도 모자란다. 이러한 사랑의 고백을 들으실 때마다 주님의 마음은 기쁨으로 가득 찬다. 그분이 당신의 사랑을 받으시기에 합당하다고 느낄 때마다 사랑을 고백하라. 이 고난의 장소는 당신이 반복해서 들어가야 할 장소이다. 다음을 읽고 주님을 다시 발견하고 잊지 말라.

고난을 받으신 예수님은

- 요단강에서 성령이 비둘기처럼 그분 위에 임하셨고
- 물위를 걸으시며 폭풍우를 잠재우셨고
- 수천 명의 사람들을 먹이셨으며
- 가시는 곳마다 귀신들이 소리를 지르며 사람들에게서 나오도록 명령 하셨고
- 변화산에서 해처럼 밝게 빛나는 옷을 입으신 바로 그 예수님과 동일한 분이시다.

주님은 종교지도자들과 군중 앞에서 병사들에게 매를 맞으셨지만 고난의 종으로서 잠잠히 서 계셨다. 그들은 주님을 저주받은 자로 여겼다.

"그를 십자가에 못 박으라"

고통 받으신 그리스도께서 영광과 존귀를 받으시길 기도한다! 이제 담대하게 다시 주님의 고난을 선포해야 할 때이다. 당신에게 간청한다. 예수님의 고난에 대해 전함으로써 많은 사람들이 다시 주님을 사랑하게 하라. 주님은 너무나 많은 고통을 당하셨지만 종교지도자들은 주님께 어떤 자비도 베풀려 하지 않았다. 빌라도가 주님을 어떻게 처리해야 할지 물었을 때에 그들은 "그를 십자가에 못 박으라"고 소리쳤다. 총독은 어쩔 수 없이 주님을 도성 밖으로 끌고 가 십자가형에 처하라고 명령했다.

주님은 상처 난 어깨에 십자가를 짊어지신 채 먼지가 펄펄 나는 흙길을 따라 죽으러 가셨다. 그 무겁고 거친 나무를 너덜거리는 살갗 위에 지

고 가는 일은 상상을 초월하는 고통이었을 것이다. 여기에 더하여 주님은 현상적인 세상에서 보이는 것보다 훨씬 더 많은 일들을 겪고 계셨다. 주님은 자신이 저주로 변하시는 고통을 겪으셔야만 했다. "기록된 바 나무에 달린 자마다 저주 아래에 있는 자라 하였음이라"(갈 3:13).

여기서 나무는 십자가를 말한다. 신약시대에 십자가는 반역죄를 지은 자들을 사형에 처하는 가장 극악무도한 처형 방법이었다. 주님께서 정죄를 받아 십자가에서 죽으셨다는 것은 그분이 죽어 마땅한 범죄자로 낙인찍혔다는 것을 의미한다. 사람들은 주님을 악한 죄인, 즉 하나님의 심판을 받은 수치스러운 자로 여겼다. 그들이 옳기도 했다! 주님이 하나님의 심판을 받은 것이기 때문이다. 성경은 "여호와께서 그에게 상함을 받게 하시기를 원하사 질고를 당하게 하셨은즉"이라고 선언한다(사 53:10).

주님은 그토록 사랑하셨던 하나님의 도성 예루살렘을 통과하여 이 죽음의 제단을 지고 가셨다. 구경꾼들은 거리에 줄지어 서서 등에 십자가를 지고 가시는 예수님을 지켜보았다. 그것은 밤에 이뤄진 비밀스러운 행보가 아니었다. 그때는 모든 사람이 볼 수 있는 대낮이었다. 주님은 쉬지 않고 한 걸음 한 걸음 앞으로 나아가셨다. 모든 힘을 다해 다가간 그곳에서 더 심한 고통이 기다리고 있다는 것은 생각만으로도 끔찍한 일이었을 것이다.

그러다가 주님의 몸이 너무 탈진되어 더 이상 걸으실 수 없을 때에 시몬이라는 사람이 십자가를 대신 지고 나머지 길을 갔다. 오늘날 많은 학자들이 골고다로 가는 길이라고 믿는 그 언덕길을 나도 걸어 올라가 보았다. 그 길의 경사는 매우 높아서 그처럼 무거운 십자가를 지고 오르기는 정말 힘들었을 것이다.

사실 우리 모두가 그 십자가를 졌어야만 했다. 그 언덕은 우리가 고통 가운데 올라가야 했던 곳이었다. 심판을 받아 마땅한 우리를 대신하여 예수님이 우리 대신 심판을 받으셨다.

십자가에 못 박히다

십자가형은 극심한 고통을 맛보며 수 시간에 걸쳐 서서히 죽어 가도록 고안된 것이었다. 주님은 이보다 덜 고통스럽게 죽으실 수 있었지만, 길고 고통으로 가득한 죽음을 스스로 선택하셨다.

병사들은 사실 예수님을 그냥 십자가 형틀에 묶기만 할 수도 있었다. 그러나 그들은 그렇게 하는 대신에 주님의 양손에 못을 박았다. 그 손은 어린 아이들을 안아 주시고 수많은 사람들을 고쳐주신 손이었다. 그 손은 간음하다가 현장에서 잡힌 여인을 회복시켜 주실 때에 땅바닥에 글을 쓰셨던 바로 그 손이었다. 그런데 이제 그 손이 나무에 못 박히고 있다.

주님이 죽은 자 가운데서 부활하신 후에도 주님은 여전히 이 못 자국을 가지고 계셨다. 그렇게 하신 데에는 이유가 있었다. 그것은 당신과 내가 주님께서 하신 일을 결코 잊지 않도록 하기 위해서이다.

그런 다음에 그들은 주님의 발에 못을 박았다. 그 발은 기도하시기 위해 산을 오르시고, 사람들을 구원하고 고치기 위해 먼지 나는 도로를 걸었던 발이었다. 또한 그 발은 죄 사함을 받은 여인이 눈물과 머리카락으로 씻겨 드렸던 발이었다(눅 7:38을 보라). 이제 그 발은 십자가에 못 박혀 움직일 수조차 없었다.

아버지로부터 끊어지다

십자가에 못 박히신 주님은 절망 가운데 하나님 아버지께 가장 슬픈 절규를 보내신다. 영원부터 계신 주님은 처음으로 자기의 생명과도 같은 사랑인 아버지에게서 끊어지셨다. 주님은 하나님의 마음을 아프게 했던 죄, 즉 우리 모두의 죄 자체가 되셨다. 세상의 모든 죄가 그 시간 주님에게 쏟아 부어졌다.

가장 고통스러운 순간에 아버지가 당신에게서 등을 돌린다면 어떨지 상상해 보라. 아버지의 지지가 가장 필요한 그때에 아버지가 당신을 쳐다보지도 않는다. 그것은 모든 자녀에게 너무나 고통스러운 거절의 행위가 될 것이다. 이런 일이 바로 하나님의 아들이신 예수님에게 일어났다.

왜 하나님 아버지께서는 이렇게 행하셨을까? 그것은 그분께서 죄를 보실 수 없으셨기 때문이었다. "주께서는 눈이 정결하시므로 악을 차마 보지 못하시며 패역을 차마 보지 못하시거늘"(합 1:13). 그리스도께서는 우리의 죄 자체가 되셨기에 하나님 아버지께서는 그분의 얼굴을 돌리셔야만 하셨다. 우리의 악한 마음 때문에 가장 사랑하는 분이 버림을 받으셨다.

아들 예수님에게는 하나님 아버지가 절실히 필요했다. 물론 하나님 아버지도 돕고 싶으셨을 것이다. 사랑하는 아버지가 어찌 그렇게 하지 않겠는가? 그러나 우리의 너무 큰 죄로 인해 이것은 반드시 치러야만 하는 대가였다. 아들이 자기에게 소리치며 혼자 죽어가는 모습을 보는 하나님 아버지의 마음은 산산이 무너졌을 것이다. 예수님은 모든 사람이 보는 가운데 벌거벗은 채로 수치스럽게 십자가에 달리셨다.

성경은 "인자도 들려야 하리니"라고 말한다(요 3:14). 구세주께서 군중 앞에서 십자가에서 들리셨다. 그분의 수치가 그 산 꼭대기에서 대중 앞에 드러났다. 그분의 고난은 먼 곳에서도 어디에서든지 볼 수 있었다.

시편에 예언된 그리스도의 마음을 들어보라.

나는 벌레요 사람이 아니라 사람의 비방거리요 백성의 조롱거리니이다 나를 보는 자는 다 나를 비웃으며 입술을 비쭉거리고 머리를 흔들며 말하되 그가 여호와께 의탁하니 구원하실 걸, 그를 기뻐하시니 건지실 걸 하나이다 (시 22:6-8)

이처럼 거룩한 순간에 주님의 고통의 외침을 들을 수 있다는 것은 얼마나 영광스러운 일인가! 주 예수님, 우리로 결코 당신의 고난을 잊지 않게 하소서. 우리가 다른 모든 것은 잊되 당신의 고통은 결코 잊지 않게 하소서.

왕관 대신 가시 면류관

다음의 시편 말씀은 그리스도가 느끼신 고통에 대해 더 많은 것을 계시해준다.

내게 그 입을 벌림이 찢으며 부르짖는 사자 같으니이다 나는 물 같이 쏟아졌으며 내 모든 뼈는 어그러졌으며 내 마음은 밀랍 같아서 내 속에서 녹았으며 내 힘이 말라 질그릇 조각 같고 내 혀가 입천장에 붙었나이다 주께서 또 나를 죽음의 진토 속에 두셨나이다 개들이 나를 에워쌌으며 악한 무리가 나를 둘러 내 수족을 찔렀나이다 내가 내 모든 뼈를 셀 수 있나이다 그들이 나를 주목하여 보고 내 겉옷을 나누며 속옷을 제비 뽑나이다 (시 22:13-18)

주님은 천국 보좌를 못 박히신 십자가와 바꾸셨다. 이전에 천국의 위엄의 보좌에 앉으셨던 주님이 지금은 수치의 나무에 달리신 것이다.

마침내 모든 죄에 대한 값을 치르시자 고통은 끝이 났다. 주님은 오직 그분만이 하실 수 있는 두 마디를 말씀하셨다. "다 이루었다"(요 19:30). 이 놀라운 선포의 외침은 세상을 위해 치러져야 할 희생이 온전히 지불되었다는 것을 의미했다. 예수님은 자신의 임무를 완수하셨고 당신을 위해 그분의 모든 것을 주셨다.

참된 사랑은 영원하다

죽음 앞에서 주님이 더욱 고통스러웠던 것은 생전에 사랑했던 자들 중 그 누구도 자신의 고통을 덜어주기 위해 아무 것도 하지 않았다는 사실이다. "비방이 나의 마음을 상하게 하여 근심이 충만하니 불쌍히 여길 자를 바라나 없고 긍휼히 여길 자를 바라나 찾지 못하였나이다"(시 69:20). 12명의 제자들과 그분이 치유해 주신 수많은 사람들 중에 오직 몇 사람만이 끝까지 그분 곁을 지켰을 뿐이었다. 주님을 정말 사랑한 사람이라면 인기가 있든 아니면 미움을 받든지에 상관없이 그분과 함께 할 것이다. 사랑은 위험한 상황에도 거리낌 없이 함께 하는 것이다. 당신은 그분과 함께 했겠는가?

예수님은 오늘날에도 여전히 고통을 받으신다. 나는 서른 살이 될 때까지 이 사실을 깨닫지 못했다. 내가 그분을 내 마음에 영접한지 18년이 지나서야 알게 된 것이다. 내가 애리조나 주에 있는 복음주의 마리아 수녀원을 방문했을 때, 성령께서 이 사실을 가르쳐 주셨다. 이 계시로 인해 나는 주님과 새로운 차원의 관계를 가지게 됐다.

히브리서 13장은 "예수 그리스도는 어제나 오늘이나 영원토록 동일하시다"라고 가르쳐 준다. 성경의 다른 부분에서도 "나 여호와는 변하지 아니하나니"라고 말한다(말 3:6). 이 두 말씀은 우리가 항상 변함이 없으신 주님을 섬기고 있다는 것을 알게 해 준다. 주님의 감정은 조석으로 변하는 우리의 감정과 다르다. 그분은 견고하고 한결같은 우리의 반석이시다.

성경은 주님을 "간고를 많이 겪었으며 질고를 아는 자"로 묘사한다(사 53:3). 주님은 여전히 슬퍼하는 분이시다. 예수님은 우리가 죄를 짓고 세상에서 고난 받는 것을 보시며 슬퍼하는 분이란 말이다. 주님이 이 땅을 거니실 때에 느끼셨던 감정을 바로 이 순간에도 동일하게 느끼신다.

그분의 고난에 참여함

"그분의 고난에 참여"한다는 말은 모순된 말처럼 들릴지 모르지만 이 말을 통해 성령께서 우리에게 가르쳐주시는 것이 있다. 이 말씀은 그리스도와 하나가 되어 그분의 고난을 경험한다는 뜻이다.

그러나 이 여행은 주님을 초청하고 그분이 오셔야만 시작될 수 있는 여행이므로 두려워할 필요가 없다. 시간이 갈수록 당신의 갈급함이 더욱 심해진다면, 이는 주님이 당신을 더 깊은 관계 속으로 부르고 계신다는 사실임을 알고 두려워하지 말라. 주님은 온유하시며 사랑이 많은 분이시다. 주님은 당신에게 평안을 주시고 당신이 감당할 수 있는 속도로 인도하실 것이다.

비록 많은 그리스도인들이 주님을 위해 죽임을 당했지만 나는 당신이 반드시 순교할 것이라고 말하는 것이 아니다. 당신은 굳이 매를 맞거나 채찍질을 당하거나 복음 전파를 인해 고문을 당할 필요가 없다. 물론 이런 일들은 지금도 전 세계에서 일어나는 일이긴 하지만 말이다. 예수님을 새롭게 알아가기 위해서 당신은 주님의 아름다움과 고통 이 두 가지 면을 모두 경험해야 한다.

당신이 문자 그대로 십자가에 달릴 필요는 없지만, 어떤 식으로든 그분이 겪으신 거절과 고통을 느껴봐야만 한다. 아마 당신은 예수님처럼 부당한 재판을 받은 적이 없을지도 모른다. 하지만 당신은 거짓 송사를 당하는 것이 어떤 것인지를 알아야만 한다. 당신은 직접 가시 면류관을 쓸 필요는 없지만, 그분께서 경험하신 대로 사람들 앞에서 수모를 당해 보아야만 한다.

그것으로 인해 어떤 소중한 것을 포기하게 되거나 아니면 심지어 미쳤다는 꼬리표가 붙는 것을 의미하든지 간에 우리는 하나님의 아들이 느끼셨던 고난을 알길 소원해야만 한다. 실제로 나는 아주 가까운 사람에게서 배신과 공격을 당한 적이 있다. 나는 그런 대우를 받을 만한 일을 한 적이 없다고 생각했기 때문에 도저히 그 일이 왜 일어났는지를 이해하기 힘들었다. 그러던 중 나는 이 경험이 나의 기도의 응답이라는 것을 깨닫게 되었다. 나는 예수님께 고난 받는 자이신 주님을 계시해 달라고 간구했었다.

한 번은 또 생생한 꿈을 꾼 적도 있다. 꿈에서 군중이 나를 둘러싸고 있었다. 그들은 내 주위에 원을 만들어서 나를 가두었다. 그들 중 몇 사람이 내 등을 때리기 시작했으며 다른 사람들을 웃으며 조롱했다. 그런데 나를 미워하는 자들로부터 그런 공격을 받는데도 사랑하는 자들이 나를 도우러 오지 않고 구경만 하고 있었다. 정말 무섭고 끔찍한 경험이었다. 그러나 이런 감정은 주님이 고난 받으실 때에 느끼셨던 것의 극히 일부에 지나지 않는다.

예수님께서 우시다

오늘날 주님께 고통을 주는 것이 무엇인지 아는가? 그것은 주님이 세상에 계실 때에 주님께 고통을 주었던 것들과 동일한 것들이다. 성경에서 가장 감동적인 부분 중 하나는 주님이 죽음에 임박해서 감람산 언덕에 서 계셨을 때이다. 주님은 예루살렘을 내려다보시며 눈물을 흘리셨다. "가까이 오사 성을 보시고 우시며"(눅 19:41).

주님께서 눈물을 흘리신 이유는 사랑하는 자들이 그분을 거절했기 때문이었다. 주님은 그들을 긍휼히 여기셨지만 그 도성에게 다가올 멸망을 아셨다. 그리스도가 자신을 주실 때에 그분을 거절하는 것은 비극만을 부른다.

하나님은 당신을 너무 사랑하셔서 그분 없는 당신의 미래—그것이 이 땅에서의 고난이든 아니면 그분의 사랑을 거절하는 모든 자가 당할 지옥의 영원한 형벌이든 간에—를 생각하시며 괴로워하신다. 주님이 보내시는 사랑의 메시지를 거부할 때, 예수님이 느끼시는 아픔을 우리도 경험할 수 있기를 기도한다.

우리는 예수님의 고통이 내가 받는 고통인 것처럼 느끼며 관심을 기울여야만 한다. 우리의 고통은 주님의 고통과 비교하면 지극히 미미한 수준이다. 주님을 사랑한다면 우리의 고통은 아무 것도 아닌 것이 되어야만 한다. 사도 바울은 단지 주님의 고난에 관해 듣기만 하는 것에는 관심이 없었다. 그는 그분의 고난에 참여하여 이를 알고 경험하길 원했다.

예수님은 바울에 대해 이같이 말씀하셨다. "그가 내 이름을 위하여 얼마나 고난을 받아야 할 것을 내가 그에게 보이리라"(행 9:16). 바울의 부르심 중에는 주를 위해 고난을 받는 것도 포함되어 있었다는 것을 생각하라. 당신의 삶을 향한 하나님의 계획 중에 그리스도를 위해 고난 받는 것이 들어있다면 어떻겠는가?

우리는 이런 가르침에 대해 흔히 듣기 어렵지만 성경 전체에 걸쳐 이 사실을 발견할 수 있다.

> 의를 위하여 박해를 받은 자는 복이 있나니 천국이 그들의 것임이라 나로 말미암아 너희를 욕하고 박해하고 거짓으로 너희를 거슬러 모든 악한 말을 할 때에는 너희에게 복이 있나니 기뻐하고 즐거워하라 하늘에서 너희의 상이 큼이라 너희 전에 있던 선지자들도 이같이 박해하였느니라 (마 5:10-12)

이런 고통 가운데 어떻게 평화를 찾을 수 있는가? 오직 사랑, 사랑을 통해서만 가능하다. 일단 신자가 하나님을 이처럼 사랑하는 자리에 도달하면 그는 고난 가운데도 기뻐하고 심지어 예수님께서 영광을 받으신다면 이를 환영하기까지 할 것이다. 사도들이 매를 맞았을 때에 그들은 "그 이름을 위하여 능욕 받는 일에 합당한 자로 여기심을 기뻐했다"(행 5:41).

어떻게 이것이 가능한가? 사랑을 통해선 가능하다. 사랑은 하나님의 능력이다. 사랑은 십자가의 연료이다. 바뀌지 않는 유일한 해답은 바로 사랑이다.

주님을 위해 그곳에 있으라

하나님께서 자기의 감정을 우리와 나누시다니 그 얼마나 영광스러운 일인가! 주님이 우리를 가장 필요로 하실 때에 제자들처럼 잠들지 말자. 우리는 언제나 주님과 함께 그곳에 있길 기도한다.

주님에 대한 우리의 사랑이 자라면 그분의 고통은 우리의 고통이 된다. 주님을 사랑하는 자들은 이 세상에서 고난을 당할 것이다. 실제로 주님은 우리가 그렇게 될 것이라고 약속하셨다. 그와 같은 시간이 오면 그리스도께로 달려가 당신의 고통 가운데서 보배로운 예수님을 발견하라. 만일 그런 과정을 거쳐 그리스도의 참된 성품이 우리 마음에 계시된다면 그건 그럴 만한 충분한 가치가 있다.

사랑하는 사람은 다음처럼 말할 것이다. "나의 주님, 지금 마음에 고통을 겪고 계시다면 저도 같은 고통을 느끼고 싶습니다. 만일 슬퍼하고 계시다면 저도 슬퍼하게 하소서. 제가 원하는 것은 다른 어떤 것도 아닌 바로 주님이십니다."

예수님의 고통을 직접 경험한 사람 중에 구레네 시몬이 있다. 예루살렘을 지나가던 그는 자기가 그 길을 오르게 되리라고는 생각지도 못했다. 그날 그렇게 할 계획은 전혀 없었다. 자기 십자가를 지고 가시던 주님이 탈진해서 더 이상 가실 수가 없었고, 병사들이 시몬에게 주님 대신 십자가를 지고 가라고 명령한 것뿐이었다.

그는 십자가가 저주라는 것을 알고 있었다. 그러나 시몬은 이 수치의 상징을 안아야만 했다. 그는 아무런 죄도 짓지 않았다. 그래서 그는 왜 자신이 이 십자가를 져야 하는지 몰랐다. 게다가 그 무거운 십자가를 드는 것이 온 우주의 하나님을 돕고 있다거나 주님의 고통을 덜어드리는 거라는 생각은 전혀 하지 못했다.

여기에 강력한 진리가 숨어 있다. 주님이 겪으신 슬픔을 알기 전에는 우리가 결코 예수님을 진실하게 섬길 수 없다는 것이다. 우리 모두는 시몬이 그랬던 것처럼 그분의 십자가와 고난의 무게를 느낌으로써 주님을 위로할 수 있다. 시몬이 저주라고 생각한 그 사건은 사실 그의 일생에서 가장 큰 축복이었다. 우리가 오늘날에도 시몬에 대해 이야기하고 있는 것만 보아도 그것을 알 수 있다.

그는 주님의 고통을 덜어드렸을 뿐만 아니라 참으로 보배로운 일에 참여하는 특권을 누렸다. 당시에 예수님의 등에서 흘러나온 피가 십자가에 스며들었을 것이다. 시몬이 십자가를 받아 자기 어깨에 들어 올렸을 때에 어린 양의 피-하나님의 거룩한 피-가 그에게 묻었다. 그 피는 오늘날에도 여전히 죄인을 씻어 주는 보혈이다. 그 피는 하늘나라에서 존귀하게 여김을 받으며 모두가 사모하는 보물이다. 주님이 이 세상을 위해 지고 가시는 십자가를 당신이 들어드릴 때에 당신은 죄를 용서하시는 주님을 만나게 될 것이다.

죽음의 길을 걸어가시는 주님을 돕는 제자는 하나도 없었다. 그 대신 한 낯선 사람이 주님의 고통을 덜어드려야만 했다. 나는 주님께서 당신과 나 이외에 다른 사람에게 대신 도움을 청할 필요가 없으시길 기도한다.

위장된 축복

시몬의 이야기를 당신의 이야기로 만들 수 있겠는가? 어쩌면 당신에게는 인생을 위한 계획과 지켜져야만 한다고 여기는 삶의 스케줄이 있을지 모른다. 아니면 당신은 그날의 시몬처럼 어떤 특정 장소로 이미 가고 있는 중인지 모른다. 그런데 놀랍게도 당신은 계획을 변경하고 당신이 지기 원치 않는 짐을 어쩔 수 없이 지게 되었다.

어쩌면 그것은 사랑하는 사람이 병들어 그를 돌보아야 한다거나 가난한 자를 재정적으로 도와야 하는 일일지도 모른다. 아니면 머물 곳이 없는 어떤 사람을 하루 밤 당신 집에 들여야만 할지도 모른다. 이것이 시몬의 이야기이다. 그는 당시에 온 세상의 구세주를 돕는 특권을 누리고 있다는 사실을 깨닫지 못했다.

당신은 어떻게 주님을 돕겠는가? 당신 주변에서 예수님의 고통을 찾을 수 있다.

- 그것은 당신의 죄 가운데 있다.
- 그것은 배고픈 자의 삶 가운데 있다.
- 그것은 그분의 백성이 핍박을 받는 데 있다.
- 그것은 그분의 이름이 조롱을 받는 곳에 있다.
- 그것은 기도하지 않는 게으른 교회 가운데 있다.

테레사 수녀는 자신이 도와준 사람들을 언급하면서 "각 사람이 위장한 예수님이셨다"라고 말했다. 무거운 짐을 지고 가시는 주님을 찾아 주님에게서 그 짐을 덜어드리자.

어떻게 그렇게 할 수 있는가? 주님을 위해 그곳에 머물러 있으라. 십자가를 품고 기쁨으로 그를 끌어안으라. 어쩔 수 없이 십자가를 지고 가야만 한다고 생각하지 말라. 대신 팔을 벌리고 십자가로 달려가라. 그곳에 예수님이 계신다. 주님을 위해 십자가를 지고 가는 모든 삶 가운데서 당신은 그리스도를 발견할 수 있을 것이다.

그분의 마지막 요청

사도 바울은 하나님의 진정한 성인(saint)이었다. 그는 자신의 삶을 그리스도께 드렸다. 그가 그렇게 할 수 있었던 이유는 주님께서 자신을 그에게 계시하셨기 때문이었다. 다메섹으로 가는 길 위에서 하나님은 문자 그대로 그를 바닥에 넘어뜨리셨으며 그분의 영광으로 눈을 멀게 하셨다(사도행전 9장을 보라).

바울은 도처에 교회를 세우고 병자를 고쳤으며 죽은 자를 살렸고 성령의 영감을 받아 신약 성경의 절반 이상을 썼다. 그리고 그는 유럽과 중동 지역을 여행하며 그 땅에 복음을 퍼뜨린 선구자였다. 또한 돌팔매질을 당하고 가혹한 매를 맞고 많이 굶어야만 했으며 감옥에 투옥되기까지 했다. 물론 하나님이 지진을 일으키셔서 감옥 문을 열어 주셨다. 한번은 독사에게 물렸는데, 아무렇지도 않게 떼어 버렸고 독이 퍼지지도 않았다. 그는 사람들에게서 귀신들을 쫓아내기도 했는데, 귀신들도 그의 이름을 알 정도였다(행 19:15를 보라).

이 모든 것을 이룬 바울이지만, 그는 이에 만족하지 않고 예수님에 대해 더 많은 것을 알고자 했다. 그가 로마의 감옥에 투옥되었을 때에 그는 다음과 같은 고백을 하는 수준에 이르렀다. "내가 그리스도와 그 부활의 권능과 그 고난에 참여함을 알고자 하여 그의 죽으심을 본받아"(빌 3:10).

결국 그는 많은 것을 경험했지만, 더욱 예수님을 알고 그분을 경험하길 원했다. 그의 고백은 다음과 같은 의미인 것이다. "여러분, 저는 모든 일을 마쳤습니다. 저는 다른 어떤 이도 이루지 못한 일을 이뤘습니다. 그러나 제가 정말 원하는 것은 그리스도입니다."

바울은 그리스도의 능력뿐만 아니라 그분의 고통을 알길 원했다. 이것이 비밀이다. 사랑은 그 대가와 상관없이 상대방의 모든 것을 원한다. 예수님을 친밀하게 아는 것은 사도로서 살아가는 양식과 힘이 되었을 것이다. 바울이 자신에 대해 죽었을 때에 주님은 그를 통해 부활의 생명으로 사셨다. 주님 없이 낙원에 있는 것보다 예수님과 함께 고통 받는 편이 훨씬 더 낫다. 내가 만일 그분을 알기 위해 고통에 참여해야 한다면 그렇게 하리라.

그리스도는 이 고통의 길 위에 사신다. 그 길을 걷고자 갈망하는 자는 거의 없겠지만, 그렇게 하는 자는 사랑하는 주님을 만날 것이다.

사랑하는 예수님,

고난을 받으신 존귀한 주님. 주께서 그처럼 고난을 받으시게 한 저를 용서해 주옵소서. 저는 그것이 저의 유익을 위한 것임을 압니다. 하지만 당신께서 그렇게 많이 고통 받으셔야 했던 것에 대해 너무나 죄송한 마음입니다. 수치와 고통을 받으신 주님께 감사를 드립니다. 저는 저의 죄 때문에 주님이 십자가에 오르신 것을 알고 있습니다. 주님의 고난이 제게 생생하게 다가오게 하시고 제가 그것을 평생, 날마다 기억하게 하옵소서. 저는 주님이 오늘도 고통 받고 계시다는 것을 압니다. 하지만 저는 이제 제가 주님이 아파하시는 이유가 되지 않길 원합니다. 저를 믿어주셔서 주님이 아프실 때에 제가 당신을 위해 그곳에 함께 있게 하옵소서. 제가 당신을 알고 당신의 기쁨이 저의 기쁨이 되고 당신의 고통이 저의 고통이 되게 하옵소서. 저는 온 마음을 다해 주님을 사랑합니다. 저의 생명을 주님께 바친다는 고백으로 저의 감사를 표현하고 싶습니다. 주님의 이름으로 기도합니다. 아멘.

Chapter 15

구세주
SAVIOR

하나님 아버지와 그리스도 예수 우리 구주로부터
은혜와 평강이 네게 있을지어다
딛 1:4

당신의 인생에서 가장 필요한 것은 무엇인가? 건강인가? 돈인가? 직장인가? 사랑스러운 가정인가? 한편 하나님께서 생각하시기에 당신에게 가장 필요한 것은 무엇이겠는가? 우리가 중요하다고 생각하는 것이 하나님이 중요하다고 말씀하시는 것과 같지 않을지도 모른다.

2000년 전에 하나님은 우리가 당면한 문제를 해결하시기 위해 무엇을 하셨는가? 건강검진을 위해 의사를 보내셨는가? 우리의 감정을 분석하기 위해 정신과 의사를 보내시거나 우리의 기분을 좋게 하기 위한 처방약을 주셨는가? 마음껏 즐기기 위한 돈을 한 보따리 주셨는가? 우리가 왜 이곳에 있는지를 설명해 주기 위해 철학자를 보내셨는가? 우리가 우리 자신의 문제를 해결하도록 자립공식(self-help formula)을 가르쳐 주셨는가?

하나님은 이것들 중에 어느 것도 보내지 않으셨다. 본 장의 첫 부분에 적힌 성경말씀을 읽어보라. 그러면 당신은 하나님이 누구를 보내셨는지를 알게 될 것이다. 그분은 우리에게 자기의 아들을 주셨지 어떤 시스템이나 아이디어를 주시지 않았다. 날마다 죄를 범하는 자들인 우리에게 가장 필요한 것은 어떤 물질적인 것이 아니다. 오직 구세주만이 필요하다.

그분만이 우리를 구원하실 수 있다. 너무 중요한 것이지만 "구원"의 과정은 잠시 잊고 구세주라는 실제적인 인격에 초점을 맞추기 시작하라.

나는 많은 성경구절을 암송하는 선량한 사람들을 만난 적이 있다. 나는 그들의 성경 암송 능력에 놀랐다. 그러나 나는 그들이 사람들을 그리스도에게 인도하는 경우가 거의 없다는 것과 그들의 말에는 하나님의 사랑이 빠진 것 같은 느낌을 받았다.

물론 나는 하나님의 말씀을 알고 기독교 교리들도 알아야 한다고 믿는다. 만약 성경이 없다면 나는 매일 무엇을 해야 할지 모를 것이다. 성경은 우리 영혼의 생명줄이다. 특히 오늘날에는 그 어느 때보다 성경이 가르치는 바를 정확히 알아야만 한다.

처음에 나는 주님을 효과적으로 증거하지 못하는 이 사람들에게 무엇이 빠졌는지 잘 몰랐다. 그러나 곧 예수님의 말씀 속에서 답을 찾게 되었다. "너희가 성경에서 영생을 얻는 줄 생각하고 성경을 연구하거니와 이 성경이 곧 내게 대하여 증언하는 것이니라 그러나 너희가 영생을 얻기 위하여 내게 오기를 원하지 아니하는도다"(요 5:39-40). 예수님은 "네가 성경을 원하는 만큼 실컷 읽을 수 있지만, 그 안에서 나를 발견하지 못하면 그건 시간 낭비란다"라고 말씀하실 것이다.

예수 그리스도는 살아 계신 말씀이며 만일 그분이 안 계시다면 성경도 없을 것이다. 그분은 신약성경에만 나타나신 것이 아니다. 자세히 살펴보면, 창세기부터 계시록까지 성경 66권 전체에서 예수님을 발견하게 될 것이다. 성경도 "말씀이 육신이 되어 우리 가운데 거하셨다"고 증거하고 있다(요 1:14).

만일 당신이 하나님의 말씀을 읽을 때마다 예수님을 경험하지 못한다면 성경의 본질을 놓치고 있는 것이다. 당신의 인생 전체를 이 소중한 책을 읽는데 사용한다 할지라도 인격이신 그리스도를 영접하길 거부한다면 당신은 천국에 가까이 갈 수 없다.

나는 당신이 내가 오래 전에 배운 것을 실천하길 간절히 바란다. 하나님의 말씀을 읽을 때마다 예수님이 당신을 만나주시고 당신에게 말씀하시도록 간구하라. 주님의 사랑스런 임재를 경험할 수 있도록 성령께 간구하라. 그 결과 당신은 성경을 또 다른 하나의 책으로 읽게 되지 않을 것이다. 즉, 당신은 성경의 심장인 예수님을 경험하게 될 것이다.

당신은 누구에게 기도하는가?

나는 죄를 고백하고 예수님을 자신의 구주로 영접하는 기도의 능력을 믿는다. 나는 내가 예배를 인도할 때마다 예수님은 부활하신 하나님의 아들이시며 우리를 자유케 하기 위해 죽으셨다는 사실을 강조한다. 또한 남녀노소를 불문하고 대중 앞에서 공적으로 예수님을 고백하는 기회를 주는데, 전 세계에 걸쳐 수많은 사람들이 "강단 초청(altar call)"을 통해 이처럼 놀라운 결단을 하는 것을 보아 왔다.

그런데 불행하게도 많은 사람들이 순전히 그리스도를 알고 싶어서가 아니라 종교적 의무감 때문에 교회에 나온다. 그들이 강단을 떠날 때에 그들은 이전처럼 지옥으로 가는 길로 다시 들어선다. 혹은 수많은 사람들이 예수님을 마음속에 모신다면서 "영접 기도"를 드렸으면서도 그들은 기도의 내용대로 살지 않고 계속해서 죄 가운데 산다. 만일 당신이 온전한 마음으로 예수님께 굴복하지 않았다면, 당신이 교회에 나오는 행위는 단지 종교적 전통에 불과한 것이다. 예수 그리스도를 피해서 천국에 갈 수 있는 길은 없다.

나는 "영접 기도"의 유익을 믿지만, 하나님이 우리의 구원을 확증하기 위해 기도문이 적힌 종이 한 장을 천국에서 보내신 것은 아니다. 대신에 자기 아들을 구세주로 보내셨다. 만일 당신이 이 기도에서 주님과의 개인적인 만남을 배제한다면 그것은 아무런 능력이 없다.

전도자들은 죄인에게 기도를 따라 하게 하는 것 자체를 목표로 생각하는 경우가 너무나 많다. 그리고 그렇게 하면 모든 것이 잘 될 것이라고 생각한다. 그러나 그 사람이 예수님을 믿음으로 영접하지 않으면 그 기도는 헛된 것이다. "영접하는 자 곧 그 이름을 믿는 자들에게는 하나님의 자녀가 되는 권세를 주셨으니"(요 1:12). 어떤 전통이나 방법이 아니라 예수 그리스도라는 실제 인격을 우리는 영접해야만 한다. 단지 어떤 그리스도라는 분이 아니라 살아계신 진짜 예수님을 영접해야 한다. 당신은 성경이 말하는 예수, 즉 나사렛 예수님을 영접해야 한다.

구세주를 필요로 하는 사람에게 사역할 때에는 예수님이 그 대화의 목표와 주제가 되어야 한다. 성경에서 어느 누구도 영접 기도문과 같은 문구로 기도한 사람은 없었지만, 수많은 사람들이 새 생명을 얻었다. 제자들조차도 이런 식으로 기도한 적이 한 번도 없었지만 그들은 구원을 받았다.

그들이 강단에 나와 영접 기도를 따라했는가? 당신도 아는 것처럼 물론 아니었다. 그러면 그들은 어떻게 구원을 받았는가? 그것은 그들이 주님께 나아왔고 죄에서 돌이켰으며 주님과 사랑에 빠졌고 그리스도를 따랐기 때문이다. 이 모든 행위는 주님과의 관계 속에서 일어난 것이었다.

친구여, 종교적인 단어들을 떠올리려고 애쓰지 말라. 오히려 당신이 누구에게 기도하고 있는지를 기억하라. 강단으로 달려가는 대신에 당신이 지금 누구에게로 달려가고 있는지를 주의하라. 목사나 상담가가 아니라 구세주께로 달려가라.

사역 초기에 나는 내가 사람들을 천국으로 인도할 수 없다는 사실을 깨달았다. 내가 그들을 예수님께로 인도하면 주님이 그들을 천국으로 인도하신다. 다음 말씀에 귀를 기울이라. "내 눈이 주의 구원을 보았나이다"(눅 2:30). 이것은 마리아와 요셉이 아기 예수님을 드리려고 성전에 갔을 때에 시몬의 입에서 나온 말이다. 그는 성령을 통해 아기 그리스도에 대해 예언했다. 그는 이 인격체를 보고서 그가 구원자를 보았음을 알았다. 당신이 그분을 발견할 때에 그것은 곧 구원을 발견한 것이다.

"주님의 주님 되심"

성자 예수님은 어떻게 구원해야 하는지를 아신다. 주님이 오셔서 하신 것을 보면 이를 알 수 있다. 실제로 예수라는 이름은 '주께서 구원하신다'라는 뜻이다. 주님의 이름은 구원을 주실 수 있는 분이 누구인지를 정확히 알려준다. 구원은 주님 자신이시며, 그분이 하신 어떤 것이 아니다. 예수님이 구원이시다. 당신이 그분을 영접하면 구원은 보상으로 저절로 주어진다.

구원은 불꽃같은 눈과 양털 같은 머리털을 가지신 분이다. 구원은 당신의 마음을 느끼실 수 있으며 당신의 영을 찌를 수 있는 말씀을 가지고 계신다. 구원은 울고 웃으신다. 나의 친구여, 구원은 예수님이라 불리는 인격이다.

너무나 많은 사람들이 교회 활동이나 종교 의식 심지어 성경 암송을 통해 구원을 발견하려고 시간을 낭비하고 있다. 나는 교회를 사랑하지만 교회가 나를 구원할 수는 없다. 오직 구세주만이 구원하실 수 있다. 만일 당신이 구원을 얻길 원한다면 오직 주님만 바라보라.

목이 마르면 당신은 물을 얻기 위해 수도꼭지로 달려간다. 구원도 이처럼 단순하다. 영생을 원한다면 다른 곳을 보지 말고 생명이신 그분을 보라. 사과나무에게 사과를 내라고 말할 필요가 없고 소방관에게 불을 끄라고 말을 할 필요가 없다. 그건 그들이 하는 일이다. 당신이 해야 할 것은 그저 도움을 청하러 어디로 가야 하는지만 알면 된다.

만일 당신이 주님을 발견하고 그분을 사랑한다면 구원은 이미 당신의 것이다. 주님은 준비 태세를 갖추시고 당신의 지친 영혼에 평화와 안식을 주시기 위해 기다리고 계신다. 주님은 "나에게 오라"고 간청하신다 (마 11:28). 이처럼 사랑스러우신 구세주의 초청은 얼마나 아름다운가!

풍성한 생명

어떤 사람들은 구원을 "지옥에서 벗어나 천국으로 가는 것"이라고 정의한다. 이것은 어떤 면에서는 옳다. 그러나 하나님의 말씀에 따르면 구원을 경험하는 것은 단지 당신의 죄를 용서받는 것이 아니라 죄에서 해방되는 것까지를 의미한다.

당신이 "새롭게 되었을" 때에 주님은 당신의 과거의 무게와 멍에로부터 당신을 해방시키신다. 당신이 참된 구원을 경험하면 주님 이외의 어떤 것이나 어떤 사람에게 중독될 필요가 없다. 그리스도는 우리 죄를 위해 고난 받고 죽으셨을 뿐만 아니라 또한 우리에게 건강한 생명을 주셔서 영원을 준비하도록 하셨다. "그가 채찍에 맞음으로 우리는 나음을 받았도다"(사 53:5).

주님이 당신의 구세주가 맞다면, 의사가 부정적인 소견을 말했다고 해서 소망을 버릴 필요가 없다. 주님께 최종 결정권이 있다! 또한 주님은 사망의 공포에서 당신을 해방시키셨다. 사망의 권세는 죄이다. 예수님이 당신의 구세주가 되시면 당신은 더 이상 그 권세 아래 있지 않다. "이는 그리스도 예수 안에 있는 생명의 성령의 법이 죄와 사망의 법에서 너를 해방하였음이라"(롬 8:2).

하나님의 아들이 상처 입은 감정으로부터 당신을 구하셨다. 예수님은 그분께서 당신에게 은혜로 주신 평화를 알 수 있다고 말씀하셨다. "평안을 너희에게 끼치노니 곧 나의 평안을 너희에게 주노라"(요 14:27).

당신 마음에 그리스도가 계시면 죄의 문화를 두려워할 필요가 없다. 당신은 더 이상 그리스도를 모르는 자들이 두려워하는 것을 두려워할 필요가 없다. 예수님은 우리가 이 세상에 있지만 이 세상에 속하지 않았다고 우리에게 말씀하셨다(요 17:16을 보라). 그분은 완전한 구세주이시다!

하나님의 어린양

2000년 전에 세례 요한이라는 이름을 가진 하나님의 담대한 종이 자기 사촌인 예수님을 하나님의 어린양으로 소개하려고 했다. 요한은 그 순간을 기다려왔다.

그러던 어느 날, 마침내 모든 인류가 무릎을 꿇게 될 한 분이 요단강가에 나타나셨다. 요한의 눈은 그분께 고정되었고, 그가 지금까지 한 말 중에서 가장 감동적인 말이 흘러나왔다. "보라 세상 죄를 지고 가는 하나님의 어린 양이로다"(요 1:29). 그의 이 말은 오늘날까지도 예수님을 소개하는 가장 강력한 진리이다. 요한은 주님의 가장 중요한 임무를 선포했다. 그것은 주님이 온 세상을 위한 희생의 어린양이 되는 것이었다.

거룩한 전통

내 고향 플로리다의 타폰 스프링스는 멕시코 만에 위치한 어촌 마을로 미국 내에서 그리스계 미국인들의 비율이 가장 높은 곳이다. 나는 어린 시절에 대가족 가운데 성장하면서 많은 사람들과 다 알고 지내는 좋은 추억들을 가지고 있다.

당시 할머니 집은 모든 일의 본부였다. 그 집을 중심으로 사방에 친척들이 둘러 살았다. 이모들, 고모들, 삼촌들, 종조부들, 사촌들 모두가 한두 블록 안에 살고 있었다. 우리는 모든 이들을 "데아(Thea)" 혹은 "데오

(Theo)"라 불렀다. 이는 '이모', '삼촌'이란 뜻인데, 실제로 친척이 아니어도 그렇게 부르곤 했다. 나는 "마나비(Manavi)"라는 사람을 기억한다. 그는 동네에 트럭을 가지고 와서 야채와 음식을 팔던 남자였다. 우리 가족도 종종 그 트럭에서 식료품을 구입했다. 지금과 같이 경제적으로 놀랍게 성장한 것은 좋은 일이지만, 나는 그 때가 그립다. 오늘날에는 이런 문화의 대부분이 사라졌다.

　공휴일이 되면 할머니 집은 친구들과 친척들로 가득했다. 모든 사람들은 하루 종일 부엌에서 나는 놀라운 냄새를 맡을 수 있었다. 부활절은 전통적으로 가장 특별한 공휴일 중에 하나였다. 우리는 매해 부활절 새벽 한 시에 양고기를 먹었다. 나는 양고기를 좋아하는데, 특히 어머니와 할머니가 요리한 것을 좋아했다. 그래서 나는 새벽까지 자지 않고 그 요리를 먹기 위해 기다리곤 했다. 밤을 새도 좋다는 허락을 받았을 때에 좋아하지 않을 아이가 있겠는가? 비록 나는 그런 전통 의식을 좋아했지만 그것에 담긴 의미는 이해하지 못했다.

　부활절이 되기 몇 달 전에 이 작은 도시의 거리를 지나가면 어린양들의 울음소리가 들렸다. 많은 이웃들이 뒤뜰에 양을 키웠었다. 나는 이 악의 없는 작은 짐승들이 결국 어느 날엔가 우리 식탁에 오르게 될 것이라는 사실은 결코 생각하지 못했다.

죽기 위해 태어나다

　고향에서 여자들이 요리를 하기 위해 남자들은 옛날 이스라엘 사람들이 그렇게 했던 것처럼 어린양의 목을 끊어 고기를 준비했다. 어린양은 오직 한 가지 목적을 위해 키워졌다. 그것은 죽기 위해서이다. 어린양들이 뒤뜰에 있었던 이유는 그들이 애완동물이었기 때문이 아니라 가족들의 유익을 위해 죽임을 당하기 위해서였다.

내가 방금 묘사한 어린 양이 바로 그리스도에 대한 그림이다. 이 예는 주님이 당신과 나를 위해 자기 생명을 어떻게 주시게 되었는지를 설명해준다. 주님의 임무는 이 세상의 죄인들을 위해 죽는 것이었다. 하나님이 그 아들을 이 땅에 보내신 가장 중요한 이유는 결국 희생제물이 되도록 하신 것이었음을 잊지 말라. "그가 곤욕을 당하여 괴로울 때에도 그의 입을 열지 아니하였음이여 마치 도수장으로 끌려가는 어린 양과 털 깎는 자 앞에 잠잠한 양 같이 그의 입을 열지 아니하였도다"(사 53:7).

어린양을 죽이는 것은 곰을 죽이는 것과는 많이 다르다. 곰들은 커다란 소리를 내며 크게 저항하지만 어린양들은 죽을 때에 조용하다. 예수님은 도수장으로 끌려가는 어린양처럼 자기의 죽음의 길로 가셨다. 그분은 결코 하나님 아버지의 계획에 반대하며 저항하지 않으셨다. 침묵 가운데 그분은 자신의 고난에 직면하셨다. 빌라도는 주님께서 자기를 변호하기 위해 아무런 말도 하지 않는 것을 보고 충격을 받았다(요 19:10을 보라).

하나님의 아들이 침묵하신 것은 가장 놀라운 것 중 하나이다. 잠잠한 어린양처럼 죽임을 당하신 주님은 자기를 변호하기 위해 어떤 말도 하지 않으시고 비난을 고스란히 받으셨다.

유월절 어린양

하나님은 유월절 어린양을 준비할 때에 지켜야 할 구체적인 지시사

항을 모세에게 가르쳐 주셨다(출애굽기 12장을 보라). 이 유월절 행사는 그리스도께서 고난 받으실 때에 그분에게 일어날 일들을 상징적으로 보여준다.

- 어린양은 수컷이어야 하며 그달 14일, 동이 틀 무렵에 잡아야만 한다. 그리스도께서도 그달 14일, 동이 튼 이후에 죽임을 당하셨다.
- 사람들은 어린양의 피를 문인방과 문설주에 발라야만 했다. 이렇게 하면 십자가 표시가 되며 이는 예수님의 피를 나타낸다.
- 이스라엘 사람들은 어린양의 고기를 먹었다. 이는 성찬을 통해 영으로 그리스도를 영접하고 그분과 하나가 되는 것을 말한다.
- 어린양은 덮개가 없는 불(open fire)에 요리해야만 했다. 이는 예수님의 죽음이 공개적일 것을 상징하며, 주님께서는 천국과 지옥 사이에 길을 만드신다는 것을 상징한다.
- 불은 어린양을 곧 검게 태웠다. 이는 예수님이 십자가에서 우리의 죄 자체가 되셨음을 말해준다.
- 사람들은 쓴 나물과 함께 양고기를 먹어야 했다. 이는 그리스도의 고난을 상징한다. 쓴 나물은 멀리서는 향기로운 냄새가 나지만 먹을 때에는 쓴 맛이 났다. 주님을 가까이에서 따르는 것보다 멀리서 주님을 흠모하는 것이 더 쉽다.
- 그리스도께서 많은 고난을 받으시며 천천히 죽어 가신 것처럼 이 의식은 천천히 치뤄졌다.
- 빵은 누룩이 없이 만들어야 했는데, 이는 예수님께서 죄가 없으신 삶을 사셨음을 상징한다. 성경에서 누룩은 죄를 가리킨다(막 8:15를 보라).
- 어린양은 검사를 받아야 했고 아무런 흠이 없어야 했다. 하나님의 아들도 대제사장과 빌라도와 헤롯에게 심문을 받으셨다. 그리고 그들은 주님에게서 아무런

흠을 찾을 수가 없었다.

- 사람들은 어린양의 뼈 중 어떤 것도 꺾을 수 없었다. 그리고 예수님께서도 유월절 어린양으로서의 예언을 성취하시기 위해 아무 뼈도 꺾이지 않으셨다(출 12:46, 요 19:36을 보라).

이 모든 것은 하나님의 어린양이신 예수님을 가리킨다. 그분은 모든 세대를 위한 어린양의 희생제물이 되셨다. "우리의 유월절 양 곧 그리스도께서 희생되셨느니라"(고전 5:7).

당신 자신에게 정직하라

어쩌면 당신은 다음처럼 생각할지 모른다. '나는 지금 이 상태가 좋아. 나에겐 좋은 직장이 있고 돈도 잘 벌고 있어. 그래서 정말 기분이 좋단 말이야. 나는 내 꿈을 이루며 살고 있어.'

당신 자신과 하나님께 정직하라. 당신은 부끄러운 일들을 행했다. 당신은 닫힌 문 뒤에서 그만 두었으면 하는 일들을 지금 하고 있다. 당신이 옳지 않다고 생각하는 것들을 당신은 말하고 있다. 만일 당신이 이 거룩하신 하나님께서 당신 삶의 모든 세세한 부분들을 검사하도록 허락한다면 그분은 당신의 부끄러운 것들을 보실 것이다. 실제로 주님은 이미 당신의 모든 부분을 보고 계시며 당신의 생각을 읽고 계신다.

그래서 당신이 구원을 받기 위해서는 천국의 희생제물이 필요하다. 죄는 하나님의 완전한 법을 깨는 것이며 인류의 고통의 뿌리이다. 하나님의 법은 우리가 해야 할 것과 하지 말아야 할 것에 대해 믿을 수 없을 정도로 구체적이다. 그것들은 너무나 자세하고 세밀해서 예수님 외에는 어느 누구도 죄를 범하지 않는 완벽한 인생을 사는 사람은 없다. 예수님은 역사상 죄 없는 삶을 사신 유일한 분이시다.

성경은 우리에게 "모든 사람이 죄를 범하였으매 하나님의 영광에 이르지 못하더니"라고 말한다(롬 3:23). "모든 사람"이란 문자 그대로 "모든 사람"을 의미하며, 물론 당신과 나도 여기에 포함된다. 만일 우리가 유월절의 어린양 없이 하나님 앞에 선다면 분명히 "유죄" 판결을 받게 될 것이다. 그 판결은 영원히 하나님과 분리된 채 살아가는 것을 말한다.

이 영원한 운명은 그 어느 누가 상상할 수 있는 것보다 훨씬 더 두려운 것이다. 예수님은 지옥을 "구데기도 죽지 않고 불이 꺼지지 않는" 곳으로 묘사하셨다(막 9:43-44). "그 나라의 본 자손들은 바깥 어두운 데 쫓겨나 거기서 울며 이를 갈게 되리라"(마 8:12). 성경에 나오는 한 부자는 지옥에 가서 소리쳤다. "아버지 아브라함이여 나를 긍휼히 여기사 나사로를 보내어 그 손가락 끝에 물을 찍어 내 혀를 서늘하게 하소서 내가 이 불꽃 가운데서 괴로워하나이다"(눅 16:24). 불못은 구세주를 거절한 모든 사람들의 집이다(계 20:14를 보라). 이 얼마나 생각만 해도 무서운 일인가!

그러나 당신은 형벌 가운데서 영원을 보낼 필요가 없다. 당신은 예수님과 함께 천국에서 영원히 살도록 보장받을 수 있으며, 이것은 당신을 향한 주님의 가장 큰 소원이다.

주님이 가장 잘하시는 것

다음의 성경 말씀은 하나님 아버지의 크신 사랑을 말해준다. 그래서 하나님은 당신이 예수님께 당신의 마음을 드리길 오래 참고 기다리신다. "주의 약속은 어떤 이들이 더디다고 생각하는 것 같이 더딘 것이 아니라 오직 주께서는 너희를 대하여 오래 참으사 아무도 멸망하지 아니하고 다 회개하기에 이르기를 원하시느니라"(벧후 3:9).

주님은 당신을 구원받기를 원하는 것보다 훨씬 더 많이 당신의 구세주가 되고 싶어 하신다. 너무 죄를 많이 범해서 용서받을 수 없다고 생각하는가? 당신은 지금 과거의 어둠의 짐을 지고 있는가? 구세주께서 하신 이 말씀을 받으라. 왜냐하면 이는 당신을 위한 말씀이기 때문이다. "건강한 자에게는 의사가 쓸 데 없고 병든 자에게라야 쓸 데 있느니라"(마 9:12).

그리스도께서는 죄인들과 시간을 보내셨다는 이유로 조롱을 당하신 후에 이 말씀을 하셨다. 소위 "경건한 자들"은 주님을 문제 삼았다. 주님은 당시에 잘 알려진 죄인들, 즉 모든 사람들이 더럽고 함께 할 수 없는 자들이란 꼬리표가 달린 사람들과 식사를 하셨다. 그러나 잃어버린 자를 찾는 자이신 주님께 그런 자들은 오히려 기쁨이 되었다.

아마 교회 안에 있는 사람들이 당신의 외모와 당신의 어떤 행동 때문에 당신을 노려볼지 모르겠다. 예수님께서도 당신을 뚫어지게 보시지만 그분의 눈길은 당신을 그분의 팔로 안으시려는 사랑의 눈길이다. 당신이 죄를 많이 지으면 지을수록 주님의 은혜는 그만큼 더 넘친다. 주님은 "나는 의인을 부르러 온 것이 아니요 죄인을 부르러 왔노라"고 외치신다(마 9:13).

만일 당신이 자신을 완전히 망가진 가망 없는 죄인으로 여긴다면 이제 당신은 하나님이 구원하실 수 있는 자리에 있는 것이다. 당신은 오직 주님만이 당신을 깨끗케 할 수 있다는 것을 이제 알았다. 하나님은 당신이 지금 모습 그대로 그분께 나오길 원하시는데, 나오기만 하면 당신의 죄를 깨끗이 청산해 주실 것이다.

용서 하시는 분

주님은 너무나 기꺼이 용서하는 분이시다. "우리의 죄를 따라 우리를 처벌하지는 아니하시며 우리의 죄악을 따라 우리에게 그대로 갚지는 아니하셨으니"(시 103:10). 주님은 우리의 죄를 말갛게 씻기시길 좋아하신다. 주님이 우리의 구세주가 되시려면 그분은 우리의 죄를 용서하셔야만 한다. 만일 그렇지 않다면 우리가 하나님 앞에 서는 것은 불가능할 것이다. 성경은 "동이 서에서 먼 것 같이 우리의 죄과를 우리에게서 멀리 옮기셨다"고 선언한다(시 103:12).

성경을 통해 그리스도의 일생을 살펴보면 주님이 긍휼과 용서를 보이시기 위해 가던 길을 멈추셨던 것을 알 수 있을 것이다. 그분은 다른 사람들이 증오하고 죽어야 마땅하다고 여겨지던 자들을 용서하셨다. 한 번은 종교지도자들이 간음하던 현장에서 잡힌 여인을 주님께 끌고 왔다. 그들은 예수님이 이 여인의 죄에 대해 어떻게 반응하는지 보고 싶었다. 그들은 그녀가 죄를 범했다는 증거를 가지고 있었다. 남자들은 그녀의 행동 때문에 그녀에게 돌을 던지려 했으며, 이는 율법도 지지하는 바였다.

주님은 그녀를 고소한 자들을 보시면서 말씀하셨다. "너희 중에 죄 없는 자가 먼저 돌로 치라"(요 8:7). 한 명 한 명 고소하던 자들이 현장을 떠나 곧 그 여인과 주님만 남게 되었다. 예수님의 사랑은 율법을 능가한다. 왜냐하면 사랑이 더 높은 법이기 때문이다. 그분의 사랑이 용서와 자비의 열쇠이다. 누구든지 바른 마음을 가지고 주님께 나아오면 죄는 사라진다. 고소하는 자들이 떠날 때에 고소도 그들과 함께 가버린다.

이제 간음한 여인은 하나님의 아들과 홀로 서 있다. 이 얼마나 놀라운 순간인가! 오직 한 분에 의해 그녀의 얼룩진 과거는 지워지고 새로운 출발을 할 수 있도록 회복되었다. 사랑으로 가득한 마음과 영혼을 녹이는 눈빛으로 그리스도는 그녀에게 물으셨다. "너를 고발하던 그들이 어디 있느냐 너를 정죄한 자가 없느냐 대답하되 주여 없나이다 예수님께서 이르시되 나도 너를 정죄하지 아니하노니 가서 다시는 죄를 범하지 말라"(요 8:10,11).

주님께서는 그녀를 용서할 준비를 하시고 기다리셨다. 주님은 그녀의 과거의 삶을 인정하지 않으셨지만 그녀의 죄를 용서하시고 새로운 삶의 길을 열어 주셨다. 이것은 예수님의 놀라운 자비를 보여주는 이야기이다!

십자가의 능력

이제 잠시 동안 그리스도 곁의 십자가에 달린 두 강도를 생각해 보자. 두 사람 모두 유죄판결을 받고 저주받은 자로 여겨졌다. 그 범죄자 중 한 사람은 예수님을 조롱했다. 하지만 다른 한 죄수는 "우리는 우리가 행한 일에 상당한 보응을 받는 것이니 이에 당연하거니와 이 사람[예수님]이 행한 것은 옳지 않은 것이 없느니라"(눅 23:41). 그런 다음에 그는 모든 사람이 돌이켜야 할 방향인 하나님의 아들에게로 얼굴을 돌이켰다. 그 강도는 "예수여 당신의 나라에 임하실 때에 나를 기억하소서"(눅 23:42)라고 말했다.

이 사람의 말에서 소중한 진리를 한 가지 발견할 수 있다. 먼저 이 강도는 "우리는 우리가 행한 일에 상당한 보응을 받는 것이니"라고 말함으로써 자기 죄를 인정했다. 그런 다음에 그는 예수님이 거룩한 하나님의 어린양이심을 고백했다. 그는 주님이 아무런 잘못도 행하지 않았음을 인정했다. 마침내 그는 주님께 "당신 나라에 임하실 때에 나를 기억하소서"라고 말함으로써 주님이 왕이심을 인정했다.

자신의 고통 가운데서도 예수님은 이 강도를 용서하셨다. 주님은 그에게 "내가 진실로 네게 이르노니 오늘 네가 나와 함께 낙원에 있으리라"고 약속하셨다(눅 23:43). 누구든지 이처럼 정직하고 겸손한 마음으로 주님께 나아오면 과거의 일은 문제가 되지 않는다. 너무 늦어서 바꿀 수 없는 것은 없다. 이 강도는 곧 죽음 가운데 눈을 감았지만 눈을 떴을 때는 낙원에서 하나님의 아들을 보았을 것이다.

당신의 인생에서 가장 중요한 순간

당신이 예수님과 다른 사람들을 얼마나 마음 아프게 했는지에 상관없이 주님은 당신을 용서하실 것이다. 주님은 우리의 과거 죄를 잊으시겠다고 약속하신다(히 8:12를 보라). "나 곧 나는 나를 위하여 네 허물을 도말하는 자니 네 죄를 기억하지 아니하리라"(사 43:25).

당신을 구원해 줄 다른 누가 있는가? 다른 어떤 이가 크토록 오래 참으며 사랑해 주겠는가? 어느 누가 "주가 구원하신다"라는 이름을 가지고 있는가? 이제 주님이 당신을 구원하시도록 허락하지 않겠는가? 당신은 충분히 오랫동안 기다리지 않았는가?

당신이 주님께 구원해 달라고 한 번도 구한 적이 없거나 아니면 오랫동안 그분께 속한 자였든지 간에 상관없이 당신은 언제나 구원의 은혜를 경험할 수 있다. 예수님은 결코 우리의 구세주가 되길 멈추지 않으신다.

당신이 간음하다 현장에서 잡힌 여인처럼 겸손함 가운데 주님께 한 번도 나온 적이 없다 할지라도 지금이 당신을 위한 순간이다. 주님은 당신은 구원하시려고 열심히 기다리고 계신다. 만일 당신이 겸손하게 그분이 필요하다고 인정하면, 곧 가장 위대한 사람을 발견하게 될 것이다. 주님은 결코 당신의 죄를 다시는 언급하지 않으실 것이며 당신을 그분의 팔로 영원히 안아주실 것이다. 당신은 주님과 "결혼했기에" 그 무엇도 당신에게서 그분을 빼앗아갈 수 없다.

그러나 만일 거절한다면 그것은 당신 인생에서 가장 큰 비극이 될 것이다. 당신은 어떤 시스템이나 기도 방법을 거절하는 것이 아니다. 당신을 위해 고난 받으시고 죽으신 바로 그분, 즉 예수님을 거절하고 있는 것이다. 그리고 당신이 그리스도를 거절한다는 것은 당신이 이 책에서 읽은 모든 것에 대해 등을 돌린다는 것을 의미한다. 그것은 당신이 그리스도의 희생보다도 당신의 죄를 더 원한다는 것을 의미한다.

이런 기회가 다시는 결코 오지 않을 수 있다. 이 순간을 제발 붙들라. 주님의 초청을 들어보라. "수고하고 무거운 짐진 자들아 다 내게로 오라 내가 너희를 쉬게 하리라 나는 마음이 온유하고 겸손하니 나의 멍에를 메고 내게 배우라 그리하면 너희 마음이 쉼을 얻으리니 이는 내 멍에는 쉽고 내 짐은 가벼움이라"(마 11:28-30).

하나님은 지금 당신 마음에 말씀하고 계신다. 그분은 팔을 크게 벌리고 당신이 "예"라고 말하길 갈망하신다. 주님께 당신의 삶을 드림으로써 주님이 받으신 고난의 은혜를 제발 갚아 드려라. 구세주가 지금 당신을 기다리고 계신다.

아버지,

저는 당신에게 죄를 지었습니다. 정말 죄송합니다. 저는 구원받길 원합니다. 당신께서 당신의 아들을 이 땅에 보내셔서 저를 위해 십자가에서 고난받으시고 죽게 하신 것을 감사합니다. 죽은 자 가운데 그분을 다시 살려주셔서 감사합니다. 당신만이 저를 구원하실 수 있기에 당신께 나아 왔습니다. 저를 당신의 보혈로 깨끗이 씻어 주옵소서. 당신은 하나님의 아들이십니다. 저는 당신을 사랑하고 영원히 당신을 따르겠습니다. 저는 결코 돌아서지 않겠습니다. 아멘.

Chapter 16

BAPTIZER

그는 성령과 불로 너희에게 세례를 베푸실 것이요

눅 3:16

앞서 언급한 대로 어떤 사람도 세례 요한처럼 그리스도를 소개한 자가 없었다. 그는 주님을 "세상 죄를 지고 가는 하나님의 어린양"이라고 선언했다(요 1:29).

인간이 가장 필요로 하는 것은 자기 생명으로 우리의 죗값을 치르신 하나님의 어린양이다. 그러나 우리는 요한이 주님을 소개한 두 번째 부분도 무시할 수 없다. "그는 성령과 불로 너희에게 세례를 베푸실 것이라"(눅 3:16).

여기서 우리는 성자께서 죄에 빠진 우리를 구원하시기 위해 하늘에서 내려오셨을 뿐만 아니라 성령과 불로 세례를 베푸시려고 오셨다는 것을 알 수 있다. 만일 당신이 구원을 받은 후에 죄에서 벗어나 자유롭게 살려 한다면 주님의 거룩한 능력이 필요하다. 주님을 따르려는 자들은 주님이 이 땅에서 받으셨던 기름부음을 동일하게 받아야 한다. 결국 예수님을 따른다는 것은 주님이 사신 것처럼 사는 것을 의미한다.

하나님은 당신을 무장시키지 않으신 채 사명을 맡겨 보내시지 않으신다. "내가 내 아버지께서 약속하신 것을 너희에게 보내리니 너희는 위로부터 능력으로 입혀질 때까지 이 성에 머물라"(눅 24:49). 제자들이 성령의 강력한 능력 없이 주님의 사랑의 메시지를 전하려고 하는 것은 주님이 가장 원치 않는 것이었다. 주님은 복음 전파의 사명을 감당하기 위해서는 놀라우신 보혜사 성령님이 필요하다는 것을 아셨다.

예수님, 완전한 모범

"성령"이란 말만 언급해도 어떤 사람들은 마음에 장애물을 세운다. 이 책이 성령에 대한 책은 아니지만 삼위일체 하나님은 완전한 조화 가운데 함께 일하시며 언제나 한 분이시라는 점을 기억해야만 한다. 만일 나를 도우시는 성령이 계시지 않았다면 당신이 지금 읽고 있는 이 책은 결코 집필되지 못했을 것이다.

성령이 안 계시면 어떤 사람도 그리스도를 효과적으로 전할 수 없다. 우리 마음에 예수님이 생생하게 다가오는 것은 하나님의 성령 때문이다. 또한 "세례"란 말을 두려워하지 말라. 이 단어는 헬라어에서 왔는데, 단지 '물에 가라앉다, 압도하다, 담그다'란 의미를 지닐 뿐이다. 주님은 당신의 전 존재를 성령과 불에 담그시겠다고 약속하셨다.

주님은 하나님의 아들이셨지만 이 땅에서의 사역을 시작하시기 전에 먼저 성령께서 임하시길 기다리셨다(요 1:32를 보라). 만일 주님께서 이런 경험을 필요한 것으로 생각지 않으셨다면 왜 그분께서 성령과 연합하기 위해 30년을 기다리신 다음에야 사역을 시작하셨겠는가?

만약 하나님의 사역을 하는 데 있어 단순히 자신의 지식과 지혜만을 의지할 수 있는 한 사람이 있다면, 그분은 바로 예수님이시다. 그분은 시작도 끝도 없는 분, 즉 하나님이시다. 그분은 우주의 모든 것을 디자인하셨다. 그래서 예수님이 열두 살에 성전에서 나누신 말씀은 학자들을 놀라게 한 것이다.

하나님의 아들을 의지하지 않고 당신의 교단이나 종교적인 배경을 가지고 사역할 수 있다고 생각하는 것은 큰 오산이다. 부활하신 후에도 주님은 제자들을 가르치시기 위해 성령을 의지하셨다. "그가 택하신 사도들에게 성령으로 명하시고 승천하신 날까지의 일을 기록하였노라"(행 1:2). 만일 완전하시고 부활하신 승리의 그리스도께서 성령의 능력을 힘입어 성경을 가르치셨다면, 연약한 인간인 우리가 예수님을 세상에 소개하기 위해서는 얼마나 더 성령이 필요하겠는가? 우리의 방법과 지성 그리고 어떤 아이디어를 가지고 성령을 대신할 수 있다고 믿는 것은 가장 교만한 태도이다.

예수님은 우리가 따라야 할 궁극적인 모범이시다. "이는 하나님의 영광의 광채시요 그 본체의 형상이시라"(히 1:3). 그분은 몸으로 나타나신 하나님의 뜻, 즉 사람의 모습으로 사신 하나님의 완전한 형상이셨다. 하나님의 뜻을 발견하려면 단지 그리스도의 삶을 보면 된다. 만일 하나님의 아들이 성령 세례가 필요했다면 모든 신자들도 마찬가지이다. 그러나 그분은 신사이시므로 결코 우리에게 어떤 것도 강요하지 않으신다는 것을 기억하라.

아름다운 경험

이 책의 목적은 교리적이거나 신학적인 것을 토론하고자 함이 아니다. 신앙적 논쟁들로 인해 지금까지 그리스도인들 간에 큰 분열이 있어 왔다. 우리의 가장 위대한 역할 모델은 예수님이어야만 한다는 것을 말하고 싶은 것뿐이다. 은사들이 발휘되는 방식이나 어떤 순서로 이루어지는지에 관한 토론은 다른 이들에게 맡기고자 한다.

그러나 우리가 기억해야 할 것은 세례자이신 주님은 특정 어느 교단의 소유가 아니라는 점이다. 이런 경험은 오로지 오순절파나 은사주의자 성도들만의 전유물이 아니다. 그것은 어린양의 피로 깨끗함을 받은 모든 사람들을 위한 것이다. 나는 그리스 정교회 신부들, 루터교인들, 침례교인들, 가톨릭교인들 그리고 이 외에 많은 사람들이 하나님의 자녀들에게 약속하신 능력을 동일하게 받고 그 안에서 사역하는 것을 목격했다.

이 경험에 대한 다른 이들의 의견이 어떠하든지 간에 만일 우리가 주님의 삶을 본받아 살아가면 정말 아름답고 거룩한 인생이 될 것이다. 당신이 보거나 들은 것이 무엇이든 걱정하지 말라. 단지 주님을 바라보라. 많은 사람들이 "아버지의 약속하신 것"이라 부르는 이 소중한 은사를 조롱했다(행 1:4를 보라).

주님이 약속하신 것은 무엇이든 기대할 만한 것이다. 사람이 만든 것들은 우리의 소원이 될 수 없다. 하나님이 주시는 순전한 경험을 하길 원한다면 그리스도가 답이시다. 주님이 요단강에서 세례를 받으시고 놀라운 권능이 임한 후에 어떤 일이 일어났는지 생각해 보라. 주님은 능력을 보이셨고 헌신적이고도 순종적인 삶을 사셨으며 사람들의 운명을 영원히 바꿔 놓으셨다. 당신도 동일한 것을 원하지 않는가?

다른 사람

베드로가 하나님의 권능을 받은 후에 그에게 무슨 일이 일어났는지 떠올려 보라(사도행전 2장을 보라). 그는 체포당하는 것이 두려워 예수님을 부인했던 사람에서 그리스도의 복음을 수천 명의 사람들에게 전파하는 사람이 되었다. 오순절까지도 두려움에 떨던 그는 자기의 생명을 주님을 위해 내놓을 정도로 용감해졌고, 많은 사람들이 한 어부의 설교에 귀를 기울였다.

아마 당신은 구세주를 증거할 만한 자신감이 없을지도 모른다. 당신은 다른 사람들이 어떻게 생각할까 두려워하고 있다. 그러나 베드로에게 무슨 일이 일어났는지 다시 생각해 보라. 당신도 그처럼 담대해지길 원하는가? 그가 그렇게 되기 위해 무엇을 했는가? 예수님이 승천하신 후에 열흘 동안 그는 신학 교육을 더 받으러 갔는가? 무슨 일이 일어났기에 그의 성품이 그렇게 빨리 변화되었는가? 베드로는 세례 요한이 약속한 것을 경험했다. 즉, 예수님은 성령과 불로 세례를 줄 것이라고 말한 그것이었다.

베드로는 다락방에 모인 120명의 성도들과 함께 불과 같이 임하시는 성령을 선물로 받았다(사도행전 2:4를 보라). 이후 베드로가 전한 한 번의 설교를 통해 수천 명이 구세주이신 주님을 만났다(행 2:41을 보라). 성령 세례의 참된 결과는 사람들을 예수님께로 인도하는 삶을 사는 것이다. 사람들이 하나님의 사랑을 알게 되는 것보다 더 놀라운 것이 무엇이겠는가?

당신의 방어벽을 내려놓고 성경의 빛 가운데 모든 것을 검토해보라. 그러면 당신은 주님도 성령의 권능을 받으시고 이를 의지하셨다는 것을 부정할 수 없을 것이다. 주님은 성령이 비둘기처럼 그분께 임하실 때까지 한 가지의 기적도 행하지 않으셨다. 그리고 이 능력이 임하기 전에는 제자들도 두려워 떨며 복음을 들고 세상에 나가지 못했다. 그분의 약속은 영원하기 때문에 그 약속은 오늘날에도 동일하게 필요하다.

우리가 예수님을 알고 주님을 좇아 살려면 마음을 열고 성령 안에서의 능력을 받아야만 한다.

냉혹한 현실

두 해 동안의 목회를 마친 후에 하나님은 무척 어려운 길로 나를 인도하셨다. 그것은 내가 설교한 믿음의 근간을 시험하는 길이었다. 목회자가 되면 다른 어떤 것과 비교할 수 없는 경험을 하게 된다. 목회자는 성도들과 하나가 된다. 성도의 기쁨은 목회자의 기쁨이 되고 성도의 고통은 목회자의 고통이 되는 것이다.

나는 하나님께서 사람들의 삶을 만져주시는 능력을 언제나 믿었다. 목회 사역에 들어서기 전에 나는 장인어른과 함께 세계를 여행하는 특권을 누렸는데, 그때 이성으로는 도저히 설명할 수 없는 것들을 보았다. 그리고 셀 수 없이 많은 기적들을 목격했다.

목회를 하면서 나는 우리 교회 성도들이 어려운 것을 넘어 심각한 상황에 부딪히는 것을 보게 되었다. 이십 대의 젊은 목회자로서 이런 사건들은 나를 힘들게 했다. 나는 더 이상 성도들의 고통과 아픔을 보고 싶은 마음이 없어지게 되었다. 나는 그때에도 여전히 주님을 사랑하고 있었지만, 지역사회와 국가를 단번에 사로잡는 그런 생생한 교회를 일구고 싶었다. 그러나 대부분의 경우가 그렇듯이 하나님이 이끄시는 과정은 우리의 계획과는 완전히 다른 것이었다.

내가 영혼 깊이 충격을 받은 첫 번째 사건은 나의 친한 친구인 조지 하우플러가 죽은 것이었다. 그와 나는 멋진 대화를 즐겼었다. 그는 나와 골프에 대해 이야기하길 좋아했고, 우리는 몇 시간 동안이나 이 주제에 대해 이야기하기도 했다. 조지는 신장에 문제가 있는 팔십 대 중반의 노인이었다. 나이 많고 성숙한 신자인 그와의 대화를 통해 나는 겸손을 배웠다.

어느 날, 나는 병원에 입원해 있는 그를 방문해서 그의 병을 고쳐주시도록 기도했다. 그러나 치유는 일어나지 않았으며 결국 조지는 예수님께로 갔다. 나는 그의 장례식을 인도하는 영예를 누렸다.

그런데 그가 예수님께로 간 이후, 우리 교회에는 도미노 현상이 나타나는 것 같았다. 짧은 기간 동안에 여러 사람들이 암으로 고통을 받기 시작했고 어떤 이들은 병으로 장애를 가지기도 했다. 우리는 하나님이 이 상황에 개입하시길 간절히 바라며 기도했지만 그들 중 치유를 받은 자는 거의 없었다.

거울 들여다보기

사랑하는 이들이 죽는 모습을 지켜보면서 나는 크게 낙담했다. 교회

출석 인원도 줄기 시작했다. 우리의 예배는 생기나 기대감이 없었다. 뭔가가 빠져 있었다. 게다가 사역자 회의는 나에게 커다란 도전 중 하나였다. 모든 것을 다 동원하여 애써 보았지만, 하나님께서 약속하신 것을 보지는 못했다.

무엇보다 교회에는 그리스도를 아는 자들이 너무 적었는데, 그것은 모든 것 중에 가장 다루기 힘든 문제였다. 나는 예수님의 구속의 역사를 통해 사람들의 삶이 변화되길 필사적으로 원했다. 주일 오후마다 아내가 격려해 주지 않았다면 지금 나는 어떻게 되었을지 모르겠다. 나는 낙심과 좌절에 빠진 젊은이였지만 최소한 나 자신에 대해서만큼은 정직했다.

이런 경험들로 인해 나는 아프지만 거울을 들여다보았으며 하나님의 말씀에 비춰 나의 삶을 평가하게 되었다. 마침내 나는 내 자신에게 어려운 질문을 했다. 나는 정말 하나님의 약속대로 살아가고 있는가? 나는 정말 내가 가지고 있다고 생각하는 것을 가지고 있는가? 나는 나의 모든 것을 현미경으로 검사하듯 면밀히 나를 돌아보아야만 했다.

깨어지고 겸손한 마음으로 나는 주님께 고백했다. "주님, 저는 당신이 약속하신 대로 살고 있지 않습니다. 주님께서 제가 12살 때에 저를 위해 해주신 것을 행해주셔야겠습니다. 세례자 되신 주님께서 저를 다시 한 번 만져주셔야겠습니다."

나는 나의 무능력과 약함을 적나라하게 인식했다. 인생을 살면서 이런 자리에 나오는 것은 반드시 필요하다. 이것이 바로 하나님이 나에게 보여주시려고 했던 것이었다. 오래전, 나는 이처럼 굶주리고 내가 얼마나 부족한 사람인지를 뼈저리게 느꼈던 적이 있었다. 소년 시절에 나는 성령의 권능을 갈구하면서 무릎을 꿇고 몇 시간 동안이나 울었다. 당시에 나는 이 권능을 받기 위해 모든 방법을 시도했다. 성령의 불이 어린 나의 삶에 임한 것은 내가 오직 예수님께만 초점을 맞췄을 때였다.

나는 플로리다 올랜도에서 그 일이 있었던 장소로 당신을 정확히 데려갈 수 있다. 당시 나의 미래의 장인이 이 소중한 성령의 은사에 대해 설교하고 있었다. 구세주께서 나에게 생생하게 나가오셨고 바로 그 강단에서 나는 주님께 세례를 받았다. 그분의 놀라운 능력이 나를 삼켰으며 엄청난 전류같은 것이 내 몸을 몇 시간 동안 관통하는 것을 느꼈다. 그날 밤, 나는 그 교회를 제일 마지막으로 떠났으며 전능하신 하나님의 실재와 능력으로 인해 경외감에 빠졌다.

예수님이 이와 같이 놀라운 방법으로 만져주신 것을 기억함으로써 나는 무엇이 진짜이며 무엇이 거짓인지를 알았다. 이제 나는 내가 "목사"란 타이틀을 가지고 있기 때문에 단지 어떤 역할을 맡아 거짓된 삶을 살지 않기로 했다. 나는 진짜가 필요했다!

이 경험이 한편으론 힘들고 고통스럽기도 했지만 하나님께서 내 삶을 다시 영적으로 회복시키시도록 하기 위해 나는 필사적으로 주님께 매달렸다. 우리 모두는 날마다 세례자로부터의 신선한 만지심이 필요하다. 나는 마음의 깨어짐이 열쇠라는 것을 알았다. 더 이상 곤두박질칠 수 없는 침체기에 도달했기 때문에 주님은 이제 개입하실 수 있었다. 우리가 바닥을 치면 그분께서 우리를 구하러 오신다.

나는 일 년 이상 집중적으로 기도하며 예수님을 구했다. 사무실이나 침실에서도 몇 시간 동안 홀로 하나님께 부르짖으며 시간을 보냈다. 나는 주님을 가져야만 했다. 그리고 드디어 그 순간이 임박했다는 것을 뼛속까지 느낄 수 있었다.

세례자께서 나를 다시 만지시다

한 친구가 코네티컷에 있는 한 목사님을 방문하자고 권했다. 그의 교회 예배에는 기적이 일어나고 있었다. 그는 루터교 사역자였는데 오랫동안 미국 해군에서 섬겼다. 그를 만난 후에 나는 그가 내가 알고 있는 그 어떤 목회자보다 더 많은 신학 교육을 받았다는 것을 알았다. 우리는 함께 골프를 쳤다. 우리가 페어웨이(fairway)를 걸어갈 때에 그는 중풍으로 몸이 마비된 후에 어떻게 기적적으로 치유를 받았는지 간증했다. 그의 왼쪽 다리가 마비됐었는데, 그 힘없는 다리를 세우기 위해 보조기를 차야만 했었다.

그러던 어느 날 저녁, 메릴랜드 볼티모어의 한 대형 치유 예배에서 찬양을 부르는데 그는 어떤 능력이 자기 몸을 관통하는 것을 느꼈다. 그리고 즉시로 그의 발이 완전히 고침을 받았다. 그는 한 번도 중풍을 맞지 않은 것처럼 다시 정상인처럼 걸을 수 있었다. 그는 내가 보는 것과 같이 다시 골프를 치게 되었으며 이후로 어떤 문제의 징후도 보이지 않았다고 한다. 실제로 나는 그를 쫓아다니느라 애를 먹었다.

그는 이 이야기를 한 후에 그가 인도하는 밤 예배에 나를 초청했다. 나는 그에게 참석하겠다고 말했고 내 안에선 이미 뭔가가 일어나고 있다는 것을 알았다. 주님께 대한 믿음이 하늘로 치솟는 듯했으며 그분께서 나에게 뭔가를 행하시고자 한다는 것을 감지했다.

그 교회는 진기한 동네에 위치해 있었다. 나는 교회 건물 안으로 들어갔다. 나무 장의자들과 단상 위에 걸려 있는 커다란 십자가가 보였다. 약 70명의 사람들이 성전에 앉아 있었고 나는 혼자 따로 떨어져 앉자 조용히 하나님께 예배하려 했다. 나는 그날 밤 사역할 계획이 전혀 없었다.

나와 함께 앉아 있던 내 친구가 속삭였다. "너에게 뭔가가 일어날 것 같은 느낌이 들지 않아?" 나도 그런 느낌이 들었다. 지금 나는 캘리포니아 오렌지카운티에 있는 집에서 멀리 떨어진 코네티컷의 작은 성전에 앉아 있다. 주님이 내 인생을 바꾸시기 위해 나를 나라 반대쪽으로 데려오셨는가?

이내 한 젊은이가 기타를 집어 들더니 주님께 드리는 사랑의 찬양을 부르기 시작했다. 나는 눈을 감고 그와 함께 찬양을 불렀다. 잠시 후에 나는 하나님의 압도적인 임재를 느꼈다. 나는 그때 나에게 일어난 일이 내가 겪었던 어떤 경험보다 더 생생했다고 자신 있게 말할 수 있다. 거룩하신 그리스도께서 내 마음에 가까이 다가오실 때에 커다란 두려움이 나를 엄습했다.

즉시 나의 손이 뜨거워지고 욱신거리기 시작했다. 땀이 나더니 홍당무처럼 변했다. 나는 그 예배에서 무슨 일이 일어나고 있는지 전혀 알 수가 없었다. 왜냐하면 나의 온 관심은 예수님께 있었기 때문이었다. 이처럼 타는 듯한 감각은 너무 거세져서 그 감각이 내 몸 전체를 휩쓸더니 내 심장으로 옮겨갔다. 내게 일어나고 있는 일을 말로는 설명하기 어려울 정도였다. 이것이 내가 그렇게 오랫동안 기다려왔던 바로 그 순간일까?

이 세상의 그 어떤 것도 문제가 되지 않았다. 그분의 크신 능력과 부드러운 사랑이 동시에 느껴졌고 눈물이 뺨을 타고 흘러내렸다. 나는 크게 압도되어 움직이거나 눈을 뜨거나 심지어 숨쉬기조차 두려웠다. 나는 내가 그분의 마음을 상하게 할 뭔가를 할까 두려웠으며, 이로 인해 이 소중한 순간이 멈춰질까 두려웠다. 그분의 위대한 거룩하심과 권능으로 나는 완전히 잠잠했다. 그러나 내가 느끼고 있는 것보다 더 중요한 것은 내가 하나님의 관심을 받았다는 것을 안 것이었다. 나는 그분께서 나를 향해 얼굴을 드셨다는 것을 알았으며 그것은 나에게 모든 것을 의미했다.

열기가 내 온 몸 전체에서 움직이면서 그 강도는 계속해서 올라갔다. 나는 말로는 이 경험을 제대로 설명할 수 없다고 자신 있게 말할 수 있다. 그것은 정말 실재였다. 그것은 상상할 수 있는 것보다 훨씬 더 생생했다. 이것은 나를 극적으로 바꿔놓은 내 인생의 전환점이었다. 세례자 예수님은 나에게 다시 성령과 불로 세례를 주고 계셨다!

새롭게 된 사랑

왜 하나님은 나에게 이처럼 행하셨을까? 이런 경험은 나의 개인적인 경험을 위한 것보다 훨씬 이상의 것이었다. 나는 다른 사람들에게 그분을 알리기 위해 이런 거룩한 만남을 가졌다는 것을 알았다. 눈물을 흘리면서 나는 어린 아이 같은 기도를 드렸다. "예수님, 만일 이것이 제 사역의 새로운 출발이며 지금 당신의 놀라운 권능이 저에게 임한 것이라면, 목사님이 예배를 저에게 맡기도록 해 주세요."

회상해 보면 그 기도는 내가 인식한 것보다 더 담대한 것이었다. 나는 눈을 떴다. 그러자 그 목사님이 내 앞에 서 있었다. 그가 말했다. "만일 오늘밤 하나님께서 당신에게 뭔가 말할 것을 주셨다면 앞으로 나가서 이 예배를 인도하십시오."

내가 기도했음에도 불구하고 나는 충격을 받았다. 하루도 채 알지 못한 이 루터교 목사님은 나에게 예배를 맡겼다. 하나님의 권능이 여전히 놀라운 강도로 내 몸을 관통하고 있었다. 나는 아무 것도 준비한 것이 없었다. 설교도 준비하지 않았고 노트조차도 없었다. 내가 가지고 있는 것이라고는 내게 임하신 믿을 수 없는 하나님의 권능의 손과 주님을 향해 새롭게 불타오르는 사랑뿐이었다.

그 순간에 나는 오순절 교인도, 은사주의 교인도, 침례교도도, 감리교도도, 루터교도도, 그 어느 것도 아니었다. 나는 단지 성령의 능력에 삼켜진 예수님을 사랑하는 자일뿐이었다. 나는 내 입에서 나오는 메시지를 전했다. 나는 예수님만을 전했다!

내 설교는 어떤 주제를 가지고 "어떻게 할 것인지"에 대한 방법을 다루지 않았다. 하나님은 나에게 위로부터 말씀을 주셨고 그 말씀은 열정과 능력으로 불붙는 것 같았다. 그것은 주님이 내게 말하라고 주신 메시지였다. 나는 새로운 권세와 사랑을 가지고 그리스도에 대해 말했다. 내 말은 가장 강퍅한 사람의 마음도 부술 정도의 무거운 벽돌이 된 것 같았다.

나중에 많은 사람들이 그날 밤에 하나님의 능력을 경험했고 주님의 임재에 압도되었다고 그 목사님에게 전했다. 그날 밤 사람들의 삶이 변했을 뿐만 아니라 나의 삶도 변했다!

내 삶의 심장 박동

오랫동안 내 힘으로 하려고 했던 것이 이제는 하나님이 원하시는 방법으로 행해지게 되었다. 주님은 "오직 성령이 너희에게 임하시면 너희가 권능을 받고 내 증인이 되리라"고 말씀하셨다(행 1:8). 또한 성경은 "이는 힘으로 되지 아니하며 능력으로 되지 아니하고 오직 나의 영으로 되느니라"고 선언한다(슥 4:6).

그렇다. 이는 단순한 것이다. 누군가가 세례자의 만지심을 받았다면, 그들은 예수님을 증거하는데 중독된 자들이 된다. 주님은 "내가 아버지께로부터 너희에게 보낼 보혜사 곧 아버지께로부터 나오시는 진리의 성령이 오실 때에 그가 나를 증언하실 것이요"라고 약속하셨다(요 15:26). 성령의 만지심을 받은 사람들은 주님이 그들을 위해 행하신 모든 것, 즉 주님이 십자가에서 죽으신 것과 그분이 부활하신 것을 말할 수밖에 없다. 그들은 오늘날에도 주님의 마음과 기적을 행하시는 주님의 능력을 보여준다.

이런 일이 내게 일어났다. 예수님은 나의 상급과 목적이 되셨다. 그분은 내가 원하는 모든 것이 되셨다. 그리고 나의 열정은 곧 전염되었다. 이 책은 이와 같은 주님에 대한 사랑이 새롭게 되어 나온 직접적인 열매이다. 그것은 깨어진 마음과 좌절에서 시작되었으며 이 시간을 통과했을 때 주님이 주신 상급은 그리스도 그분 자신이셨다. 내 삶에 이런 일이 일어나라 수 있었던 것은 위대한 하나님의 종들에게 영향을 주었던 바로 그 만지심이 있었기 때문이다. 주님은 그 어느 때보다도 더 생생하게 나타나셨고, 이제 주님의 감정은 나에게 가장 중요한 것이 되었다. 예수님은 곧 나의 사역이다.

나는 인생의 여정에서 많은 실수를 했다. 나는 그 여정의 시작에서 그분의 능력을 구했다. 그것이 나의 첫 번째 실수였다. 나는 모든 능력의 근원이신 그분 자신을 구해야만 했었다. 우리는 그분께서 우리를 위해 무엇을 해 주실 수 있기 때문에 그분을 원하는 것이 아니라 그분 자체를 원해야만 한다. 둘째로 나는 내 사역의 열매를 맺기 위해 이 능력을 원했다. 나는 표적과 기적과 기사를 통해 수많은 사람들이 구원받고 교회가 성장하길 원했다.

　이것들은 그 자체로 나쁘지는 않지만 문제는 내가 왜 그것을 원하는가 하는 것이었다. 나는 나 자신과 교인들을 위해 이것을 갈망했는가 아니면 그리스도를 위해 그리고 그분의 고난에 대한 보상으로 이것을 원했는가?

　내가 변하자 우리 성도들도 변화되었으며 그들도 살아계신 하나님의 아들과 급속도로 사랑에 빠졌다. 그들은 여전히 오늘도 이에 대해 "저는 이 교회에서 예수님을 생생하게 알게 되었습니다"라고 말한다. 만일 성령의 불이 내 삶을 만져주지 않으셨다면 이 모든 것은 불가능했을 것이다.

예수님 먼저

　나는 당신이 "이제 내 때가 왔구나! 나도 내 인생을 바꿀 하나님의 능력을 원해. 나는 이 축복된 경험을 할 준비가 됐어. 그런데 어떻게 해야 이 놀라운 선물을 받을까?"라고 묻기를 바란다.

　주님이 나의 유일한 추구의 대상이 되셨을 때에 나는 세례자를 만났다. 내가 받은 모든 것은 오직 사랑을 받으셔야 할 주님만을 갈망했기 때문이다. 그리고 그것은 나를 위해 죽으신 것에 대해 주님이 마땅히 받으셔야 할 보답이다. 먼저 그분을 발견하고 그 다음에 그런 경험을 구하라.

　예수님은 당신이 주님의 능력을 갖는 것보다 당신이 주님을 아는 것을 더 바라신다. 신랑 되신 주님을 당신 마음의 목표로 삼으라. 그리하면 그분께서는 흔쾌히 당신에게 능력을 주실 것이다. 당신이 진정으로 성령의 능력을 알길 원한다면 당신 자신과 이기적인 갈망들에 대해 죽어야만 한다. 주님은 당신이 먼저 자신을 비우기 전에는 당신을 채우실 수가 없다!

당신의 동기를 살피라. 왜 하나님의 능력을 원하는가? 그것이 당신만을 위한 것인가 아니면 주님의 이름과 주님의 기쁨을 위한 것인가?

당신의 세례자

수많은 사람들이 아직도 그리스도를 모른다. 그리고 이 사실로 인해 그분의 마음은 무너진다. 잃어버린 한 마리의 양을 찾기 위해 아흔 아홉 마리의 양을 뒤로 하는 목자처럼 주님은 여전히 울타리를 벗어나 있거나 아니면 아직 한 번도 그분을 만나본 적이 없는 자들 때문에 마음 아파하신다. 성령의 능력은 당신이 다루기 힘든 자들을 주님께로 데려갈 수 있도록 도우실 것이다. 만일 당신이 이 귀한 은사를 사모한다면 반드시 얻게 되리라 믿는다.

앞 장에서 당신은 구세주이신 주님을 만날 기회를 얻었다. 나는 당신이 이미 주님을 영접했길 바란다. 만일 안 했다면 당신에게 두 번째 기회를 주고 싶다. 성령의 약속은 오직 예수님을 따르는 자들에게 주어진다. "예"라고 대답하고 그분께 당신 존재의 모든 것을 드려라.

만일 당신이 그리스도에게 당신의 삶 전체를 드리면서 구세주가 되어 달라고 간구하면 주님은 당신을 그분의 능력으로 세례를 베풀어 주실 것이다. 하나님의 자녀여, 사랑과 믿음으로 오직 하나님 아버지께 구하고 세례자이신 하나님의 아들에게 나아가라.

사랑하는 예수님,

주님, 빈 마음과 갈급한 심령으로 당신께 나아갑니다. 아버지, 저는 너무 오랫동안 제 방법대로 살아왔고 지금도 당신께서 저를 위해 계획하신 방법대로 살고 있지 않습니다. 저는 예수님처럼 살고 싶습니다. 저는 사람들을 당신께로 인도하길 정말 원합니다. 주님, 당신께서 저를 만져주시고 성령으로 저에게 세례를 주지 않으시면 제가 이 일을 할 수 없습니다. 저는 주님께서 십자가의 보상을 받으시길 원합니다. 저를 사용해 주옵소서. 제가 여기 있습니다. 이제 모든 것을 주님께 맡깁니다. 주 예수님, 성령과 불로 저에게 세례를 주옵소서. 주님의 이름으로 기도합니다. 아멘.

에필로그

그저 주님을 사랑하라

방금 당신은 얼마나 거룩하고 놀라운 여정을 시작했는가! 이제 당신은 예수님을 발견했고, 주님이 얼마나 보배로운 분이신가를 알았다. 당신이 주님을 오랫동안 알아 왔든 아니면 이제 막 그분을 당신 마음에 모셨든지 간에 그분은 언제나 "새롭다."

나는 당신이 정결하고 새롭게 되어 당신의 남편 되신 주님을 향한 사랑으로 불타오르길 기도한다. 새롭게 발견한 이 놀랍고 아름다운 사랑을 즐겨라. 세상에 그 어떤 것도 이 사랑에 비길 수 없다.

그렇다면 이제 어떻게 할 것인가? 어떻게 하면 그리스도와 가까이 머물 수 있는가? 주님은 이 순간도 당신과 너무나 가까이 있다고 느끼신다. 그리고 당신도 이를 영원히 경험할 수 있다. 그분은 "함께 하시는" 주님이시다.

인생엔 굴곡이 있다는 것을 기억하라. 당신도 잔잔한 때와 성난 파도가 치는 폭풍의 시기를 겪을 것이다. 그리고 또 어떤 때는 다른 어느 시기보다 더 풍성할 수도 있다. 가족들의 삶도 한동안 평화롭다가 다음 순간에 괴로움을 겪지 않는가? 그러나 예수 그리스도는 언제나 변함이 없으시며 동일하시다는 것을 기억하라. 그분은 결코 실패하지 않으시며 당신의 인생 가운데 늘 함께 하실 것이다.

주님이 함께 배를 타고 계시는 한 폭풍은 당신을 해할 수 없다. 당신의 눈을 주님께 고정시키라. 그리스도를 당신의 가장 소중한 보물로 삼으라. 오직 그분만을 사랑하라. 왜냐하면 다른 어느 것도 필요치 않기 때문이다.

혼돈과 상처가 있을 때에는 그저 그분을 사랑하라.

근심이 다가올 때에도 그저 그분을 사랑하라.

세상이 무너지는 것 같을 때에도 그저 그분을 사랑하라.

그것은 이처럼 단순하다. 제발 "사랑" 이외의 것으로 일을 더 복잡하게 만들지 말라. 가장 어두운 순간에도 그분의 이름을 속삭이라. 그러면 그분께서 그곳에 계실 것이다. 그러면 당신은 그저 "예수님, 주님을 사랑합니다"라고 말하라.